丝路百城传

特立,不独行

"丝路百城传"丛书编委会和编辑部

编委会

主　任：杜占元

常务副主任：陆彩荣

副主任：刘传铭

委　员：（按姓氏笔画排序）

丁　方　万俊人　马汝军　王卫民　王子今

王邦维　王守常　吕章申　邬书林　刘文飞

齐东方　李敬泽　连　辑　邱运华　辛　峰

张　帆　张　炜　陈德海　胡开敏　徐天进

徐贵祥　诺罗夫（乌）　黄　卫　龚鹏程

阎晓宏　彭明哲　葛剑雄　谢　刚

编辑部

主　任：马汝军　胡开敏

副主任：邹懿男　文　芳

委　员：简以宁　蔡莉莉　陈丝纶

出版说明

2013年，中国国家主席习近平向世界提出共建"一带一路"的倡议。自提出以来，"一带一路"倡议深刻影响世界，逐渐从理念转化为行动，从愿景转变为现实，建设成果丰硕，得到国际社会热烈响应。

古丝绸之路打开了各国各民族交往的窗口，书写了人类文明进步的历史篇章。新时代共建"一带一路"的实践，为沿线国家和地区相向而行、互学互鉴提供了平台，促进了不同国家和地区、不同民族、不同文化、不同文明的深入交流。

城市是人类文明的结晶。"一带一路"沿线的城市中，蕴藏着人类千年的历史、多元的文化和无尽的动人故事。我们希望通过出版"丝路百城传"，展现每座城市独一无二的历史和性格，汇聚出丰富多彩、生动可感的"一带一路"大格局，增进文化交流和文明互鉴。

这是一次前所未有的出版探索，我们虽竭尽全力，也深知有诸多不足。期待这套丛书能够得到读者的喜欢，也期待更多的读者、作者、专家、学者等各界朋友对我们的出版工作给予指正。

"丝路百城传"丛书编辑部

URUMQI
THE BIOGRAPHY

一带一路上的璀璨明珠

乌鲁木齐传

URUMQI

杜雪巍 —— 著

CIPG 中国国际出版集团　新星出版社　NEW STAR PRESS

总　序

刘传铭

如果说丝绸之路研究让我们洞见了一部全新的世界史，一定会有人表示惊讶与质疑；

如果说城市的创造是迄今为止人类文明进程中最伟大的事情，则一定会得到人们普遍的支持与认同。

"丝路百城传"丛书的策划正是发轫于这样一个历史观的文化叙述：

丝绸之路是一条无路之路；

丝绸之路是一条既古老又年轻，"不知其始为始，不知其终为终"的漫漫长路；

丝绸之路是一条历史时空里时隐时现，变动不居，连点成线，连线成网的超级公路；

丝绸之路是点实线虚，点变线变，点之兴衰即线之存亡的交通形态，那些关山阻隔、望洋兴叹的城市，便如一颗颗璀璨的明珠镶嵌在路；

丝绸之路是一个文化概念，叠加其上的影像曾被不同国家不同民族的人们呼作：铜铁之路、纸张之路、皮毛之路、黄金之路、朝贡之路、宗教之路；

丝绸之路是中西文明交流与传播、邦国拓展、民族融合之路，也是西方探秘中国、解码东方之路，更是我们反躬自问"我是谁？我从哪里来？我向何处去？"的寻根之路、回家之路；

丝绸之路是今日中国走向世界的新起点、新思路，是"一带一路"中国倡议走向人类命运共同体的未来之路……

无可否认，一个世纪以来，丝路研究之话语为李希霍芬、斯文·赫定、斯坦因、伯希和、大谷光瑞、于格、橘瑞超、芮乐伟·韩森、彼得·弗兰科潘等东西方人所主导。然而半个世纪以来的大国崛起，正在使"夫唯不争"之中国快速走向文化振兴。我们要将《大唐西域记》《真腊风土记》的传统正经补史、继绝往圣、启迪民智、传播正信，同时也将丝绸之路城市传文学以实为说、以城为据、芳菲想象、拒绝平庸的创作视为新使命、新挑战。让"城市传"这样一个文学体裁开出新时代的鲜花。

凭谁问：昆仑巍峨、河源滔滔、玉山储秀、戍堡寂寞；

凭谁问：旌节刻恨、驼铃悠远、琵琶起舞、古调胡旋；

凭谁问：秦汉何在、唐宋可甄、东西接引、前路正新；

凭谁问：八剌沙衮今何在？罗马的钟声谁敲响；

凭谁问：撒马尔罕的金桃今何在？帕米尔上的通天塔何时建成、何时倾倒；

凭谁问：伊斯兰世界的科学造诣何时传到了巴黎和伦敦；

凭谁问：鉴真大师眼中奈良和京都的樱花几谢几开；

凭谁问：乌拉尔河上何时传来了伏尔加河的纤夫号子；

凭谁问：杭州湾的帆樯何时穿越马六甲风云……

诗人说：这条路是唐诗和宋词的吟唱，是太阳和月亮的战争；

军人说：这条路是旌旗翻卷的沙漠，是铁骑踏破的血原；

商人说：这条路是关涉洞开的集市，是金盏银樽的盛宴；

僧侣说：这条路是信仰鲜花盛开的祭坛，是生命涅槃的乡路……

一个个城市的前世今生，一个个城市的天际线风景，一个个城市的盛衰之变，一个个城市的躁动与激情，一个个城市的风物淳美与人文精彩，一个个城市的悲欢离合，一个个城市的内动力发掘与外开拓展望，一个个城市的往事与沉思，一个个城市的魅惑和绝世风华……

从长安到罗马（大陆卷）和从杭州湾到地中海（海洋卷）是卷帙浩繁的"丝路百城传"系列丛书的框架结构，也是所有参与写作的中外作家和编辑们共同绘制的新丝路蓝图。《尚书·舜典》有"濬哲文明"之句，孔疏曰："经纬天地曰文，照临四方曰明。"《论语·雍也》曰："质胜文则野，文胜质则史。文质彬彬，然后君子。"又《易经·贲卦·象辞》曰："刚柔交错，天文也；文明以止，人文也。观乎天文，以察时变；观乎人文，以化成天下。"故文化乃"人文化成"而以文教化"圣人之教也"。"周虽旧邦，其命维新"，丛书编纂与出版岂非正当其事、正当其时也！

读者朋友们，没有踏上丝路，你的家就是世界；踏上丝路，世界才是你的世界、你的家园……唯祈丛书阅读能助君踏上这样一个个奇妙无比的旅程。

丝绸之路从远古走向未来，我们的努力也将永无休止。

刘传铭

戊戌谷雨前五日于松江放思楼

目 录

引言：亚心之都、荟萃之地 / 1

第一章　建城初始

红庙子的由来 / 11

迪化屯城 / 15

周边屯城与屯堡 / 17

迪化新城 / 20

巩宁城 / 22

乌拉泊古城疑云 / 24

第二章　星罗棋布成一城

驻军、军台、墩塘、驿站 / 29

建城的规模 / 30

三城鼎立·虹桥 / 32

商业的起步 / 35

兴办义学 / 39

庙宇冠乌垣 / 41

流人诗篇 / 43

第三章　军府制的黯淡一页

重心南移，位及中枢 / 51

军府制的确立 / 53

巩宁城破 / 56

阿古柏入侵 / 60

民团三义士 / 61

乌鲁木齐都统 / 64

第四章　收复新疆

收复新疆第一枪 / 73

一炮成功 / 78

驱逐侵略者，收复新疆南疆 / 79

战后迪化城 / 84

修补迪化新城，增建新满城 / 85

筹建行省 / 87

第五章　里程碑：新疆建省

刘锦棠调整行政区划 / 93

"赶大营"进疆 / 95

"博达书院"创办与新疆教育的起步 / 97

电报、电话取代"六百里加急" / 98

发展迪化军工业 / 101

发展照明、尝试"公交" / 104

站街改巡警，短暂"新政" / 105

新、旧津商八大家交替 / 106

义学改学堂，教育"新政" / 109

《新疆图志》编纂完成　／ 111

第六章　纷乱的民国时期

迪化伊犁起义 / 115

首任都督：杨增新 / 116

杨增新遇刺 / 126

阎毓善创办迪化实业 / 129

汽车进迪化与新绥公司 / 131

"四一二"政变，盛世才上台 / 135

俞秀松的婚礼 / 136

茅盾、赵丹在新疆 / 138

"短暂的蜜月" / 140

盛世才离开新疆 / 144

迪化设市，首任市长 / 146

屈武继任市长 / 148

第七章　历史的跨越

凯歌进新疆 / 153

节衣缩食，艰难起步 / 155

百业待兴，同筑梦想 / 159

路和城的诉说 / 161

"复泉涌"的重生 / 166

老商场的蜕变 / 168

大银行的变迁 / 172

水磨沟的沉浮 / 173

第八章　浴火中重生

消失的城门 / 179

消失的江南巷 / 186

飘逝的街、巷 / 189

老马市的变迁 / 198

南关轶事 / 201

远去的老字号 / 203

舌尖上的记忆 / 210

迪化城的民间社火 / 215

百年传奇二道桥 / 219

商帮·会馆·商会 / 223

第九章　百年传承、百年梦想

边城话"园" / 235

"贸易圈"沉浮 / 244

新兵营：星火可燎原 / 248

乌鲁木齐味道 / 250

歌舞之乡 / 253

百年血脉：新疆人 / 256

新疆人的性格、气质 / 262

百年梦想 / 267

乌鲁木齐：艺术之城 / 271

第十章　拥抱未来

"一带一路"添动力 / 277

国际化都市谱新篇 / 281

乌鲁木齐建城大事记 / 288

参考书目 / 311

引言：亚心之都、荟萃之地

写新疆远古历史的人们，往往一开篇便是西王母神话。然而这些又似乎都是昆仑神话所涉及的内容。或许您会认为传说并无多少史实来作为依据，但对于可以每日"骄阳看雪"眺望博格达雪峰的乌鲁木齐人来说，还是会深深感念于这座"神山"带来的诸多护佑。所以自清代在这里筑城开始，人们便开始齐聚在乌鲁木齐的最高点——红山嘴举行"望祭"，行三跪九叩之礼祭拜博格达山峰。

我们当然不能完全否定那些昆仑神话在我们生活中的作用，何况距离乌鲁木齐近在咫尺的还有一个王母娘娘的洗脚盆——天池。

自凿空西域、两次出使塞外的张骞始，走的便是著名的丝绸之路南道，其遗迹大多遗留在和阗、喀什以及中亚一带。西汉时，乌鲁木齐尚属于"十三国之地"，驰骋草原的人还没有习惯建立固定的城池。而东汉时期的班超，在固守疏勒国十八年时，乌鲁木齐还只有居民三百二十户。到了唐代边塞诗人岑参留下壮美的《白雪送武判官归京》一诗，此外很少留下那个时代的印迹。

由草原上的驿站发展成为丝绸之路上的一座首府城市，乌鲁木齐走过了相当漫长的历史发展过程。根据考古发现，乌鲁木齐这个区域早在距今四千至一万年以前的新石器时代，也便有了人类生存的足迹。"战国时代，乌鲁木齐地区属于古姑师——车师人的活动范围。当时乌鲁木齐南郊已居住着较多

红山塔与地标建筑 何忠摄

的人群。他们主要从事农业或兼营畜牧业，同时也有了比较发达的制陶、金属加工等手工业。"西汉时，乌鲁木齐及其周围地区居住着十几个部落的游牧民，史称"十三国之地"，"他们'不建城郭，居无定处，惟顺天时，逐趁水草，牧牛马以度岁月'"。东汉时，乌鲁木齐曾属于卑陆和劫国的辖地，最初的人口只有"三百二十六户，一千八百八十七人"。三国时期，这里曾属于车师后部。晋朝时属于高车（铁勒），后来被柔然占据。北周时期属于突厥，隋朝时属于西突厥，唐朝时属于北庭都护府管辖。唐朝贞元年间时，这里一度曾被吐蕃所攻陷。宋朝时，它又是高昌回鹘的北庭属地。元朝时，它属于回鹘五城的统辖范围。明代时，它属于厄鲁特蒙古（明代称为"瓦剌"）和硕特部的游牧之地。明朝末期，和硕特东迁之后，这里又成为厄鲁特蒙古准噶尔部的游牧之地。

元朝在新疆的厄鲁特蒙古人（元朝称为"斡亦剌惕"）和后来清代戍边新疆的满族人，都曾是崛起于中国北方的游牧部落，他们都是驰骋于草原的马背民族。随着元代开国皇帝成吉思汗弯弓一箭，划出西部连同欧洲这样一个巨大的圈，新疆也便成了察合台及窝阔台的封地。到了成吉思汗的孙辈手里，这些封地发生一次次内讧、纷争，终于被另一个马背民族追赶驱使得东躲西藏，无处安身。清军入关后，西指新疆，欲成一统之势，自然与厄鲁特蒙古人发生了碰撞。两个马背民族，在西部草原上展开了一次次激烈角逐和疯狂厮杀。

清代典籍《三州辑略》在述及乌鲁木齐起源时说："乌鲁木齐，厄鲁公孙此建瓴，地为厄鲁特公族葛尔丹多尔济之昂吉。"哪里水草丰美，哪里就有厄鲁特人的身影。很自然，乌鲁木齐最早是厄鲁特蒙古人的乐园，他们在这里游放牧马，享受草原的富足与安乐。

清军进入中原以后，为巩固平定西部边陲，在统一新疆的进程中，乾隆二十三年（1758）清军在乌鲁木齐修筑了一座屯城，起名叫作乌鲁木齐（urumqi），这便是乌鲁木齐最早的城郭。魏长洪先生说"urumqi"一词最早见于顾炎武的《天下郡国利病书》，译作"委鲁母"。傅恒等所著的《西域同文志》、王初桐著的《西域尔雅》及徐松著的《西域水道记》当中均把乌鲁木齐译作"格斗"；《新疆图志·古迹志》则说"乌鲁木齐"意为"好大围场"之意。当时的乌鲁木齐并非专指一座城池，而是因为乌鲁木齐河将其作为一个地区的名称。乾隆二十五年（1760），清政府在这里设置了乌鲁木齐同知。

习惯于马背生活的厄鲁特蒙古人，自然没有后来者满族人那种充分吸收中原汉文化的包容性。马背和毡房，便是他们的家园，自然他们也用不着定居一地，筑城、建城。

"乌鲁木齐向无城，乾隆二十八年创筑于红山之侧。"这是清代在乌鲁木齐筑城的最早记载。当时清军在今天的迪化屯城以北，也即历史上的老城以北，就是今天的北门到南门之间一大片区域修建了一座新城，城名也由乌鲁木齐改为了迪化。清政府将原巴里坤大臣裁撤，巴里坤提督府移到了乌鲁木齐。乾隆三十四年（1769），曾流放新疆乌鲁木齐的纪晓岚赋诗说"城旧卜东山之麓"。乾隆三十六年（1771），清政府将乌鲁木齐同知改为了参赞大臣。

乾隆三十七年（1772），清政府又在迪化城修建了巩宁城，即现在人们称作老满城的地方（新疆农业大学校内区域），行政中心也由迪化新城移到了巩宁城。乾隆三十八年（1773），乌鲁木齐参赞大臣改为乌鲁木齐都统，设立了镇迪道，隶属于甘肃布政司。在镇迪道下设置了迪化直隶州。迪化直隶州管辖的范围包括昌吉、阜康、绥来（今玛纳斯）。咸丰三年（1853），原属于镇西府的奇台，都划归到迪化直隶州。镇迪道、迪化直隶州的办公地点均在巩宁城。直到同治三年（1864），受陕甘回民暴动的影响，新疆当地上层势力亦发生叛乱，攻陷了巩宁城。当时的乌鲁木齐都统平瑞殉亡于城中，巩宁城也从此废弃不用了。

乌鲁木齐筑城最早只是一个屯城，后来随着人口的增多，又兴建起了迪化新城，还有巩宁城，且筑城规模一次比一次大。这是由于清政府对新疆的治疆政策在不断地发生变化所致。清政府最初对新疆的治理初具规模，但尚未对整个新疆治理做系统的长期的制度性安排，仅是想建一座屯城临时与哈萨克汗阿布赉进行换马贸易。

《新疆四道志》介绍当时迪化县的疆域时说：其辖境"东至水磨河距城一百二十里，与阜康县所属博克打山连界；西至头屯河距城八十里，与昌吉县连界；南至阿勒塔济河距城九十里，与喀喇沙尔小朱勒都斯连界；北至白家海子距城二百一十里，与科布多属大戈壁连界；东北至沙梁距城二百里，与阜康县连界；东南至雅尔岩距城四百一十里，与吐鲁番厅连界；西北至沙梁距城二百六十里，与昌吉县连界"。而当时乌鲁木齐的管辖范围则是：北至古城奇台，西至喀喇乌苏，以及现在的精河县均在其管辖范围内。也即当时乌鲁木齐都统所管辖的行政范围，囊括了现今的乌鲁木齐地区、昌吉州地区、吐鲁番地区、哈密地区，以及博州的精河县、塔城的乌苏市，以及奎屯市等地区。《乌鲁木齐事宜》在论及乌鲁木齐当时的管辖疆域时说："乌鲁木齐至京八千六百里。东界哈密所属之南山口计程一千五百七十里，西界伊犁所属之胡素图布拉克台计程一千五百五十五里，南界喀喇沙尔所属之苏巴什台计程八百里，北界塔尔巴哈台所属之乌尔图布克台计程八百三十五里。"但随着

博格达峰下的美丽家园　李奇渊摄

乌鲁木齐行政区域的一次次调整，它的区划面积反而越来越小了。

终年白雪皑皑的博格达雪山下，春季冰雪融化，从南山喷涌而下，沿着还没有收水入渠的河滩公路肆虐着倾泻下来，乌鲁木齐的中下游顿成一片泽国。由此早先的乌鲁木齐城区，无形中被泄洪的河滩路分隔成了东、西两个部分。

清光绪十年（1884）新疆建省。光绪十二年（1886），刘锦棠将原来的迪化直隶州升格为迪化府，同时在迪化府下设置了迪化县。新疆省府、迪化府和迪化县的治所均在迪化城。

到了清嘉庆年间，乌鲁木齐便由一个驻军屯点逐步发展到一座城市的规模。清代流放此地的史善长说乌鲁木齐"酒肆错茶园，不异中华里"。著名学者，也曾是流人的纪晓岚曾形容乌鲁木齐时说："廛肆鳞鳞两面分，门前官柳绿如云；夜深灯火人归后，几处琵琶月下闻。"其在诗后附注说："富商大贾聚居旧城南北二关。夜市即罢，往往吹竹弹丝，云息劳苦，土俗然也。"当时这里的居民成分，已不再单一，除了有供职于此地的清代官员、驻军外，还有内地迁居而来的中原汉族人，还有维吾尔族人，他们或为担任公职而来，或流放于此。居民中还有很多的生意人，他们皆从天津塘沽一带经营生意定居此地，还有陕、甘一带的小商贩也在此地谋生。

作为一座城市的名字，迪化系乾隆二十八年（1763）乾隆亲自命名颁赐。1954年2月1日迪化改名为乌鲁木齐，改名的理由是"迪化"包含歧视之意。

乌鲁木齐正式设市，是在民国三十四年（1945）。当时乌鲁木齐尚叫迪化市，第一任市长是金绍先，第二任市长是屈武。1949年9月25日，新疆和平解放。12月17日，迪化市人民政府成立。重新划分建立7个区,54个街公所。在郊区建立农民协会，并在土地改革的基础上成立3个乡，至此，城乡各级人民政府初步建立。

1953年，乌鲁木齐将原属于乌鲁木齐县的六道湾、七道湾、八道湾、苇湖梁、乌拉泊、大仓沟划入市区，扩大了市郊面积，城市面积达到了170多平方千米。

1954年2月1日，迪化市改名为乌鲁木齐市。1959年，国家正式批准乌鲁木齐市升格设区市（地一级市），并批准设立相当于县一级的天山区、沙依巴克区、新市区、水磨沟区、头屯河区5个市辖区，将原属于昌吉州管辖的米泉县划归乌鲁木齐市管辖。1971年，乌鲁木齐市又新增设了南山矿区，共计一县六区。

后国务院批复同意将昌吉回族自治州米泉市并入乌鲁木齐市，设立乌鲁木齐市米东区。

如今的乌鲁木齐，是新疆维吾尔自治区的政治、经济、文化中心，也是第二座亚欧大陆桥中国西部桥头堡和我国向西开放的重要门户。它地处亚欧大陆中心，天山山脉中段北麓，准噶尔盆地南缘。全市辖七区一县（天山区、沙依巴克区、新市区、水磨沟区、头屯河区、达坂城区、米东区、乌鲁木齐县），总面积1.42万平方千米，建城区面积261.88平方千米。

乌鲁木齐市位于新疆中部，辖区东以恰克马克塔格至大河沿一线与吐鲁番市接壤；西以头屯河与昌吉市为界；南以喀拉塔格－克孜勒伊接南山矿区，突出部分折向东南，沿未日洛克－阿拉沟以东与托克逊县相连。在夏泽格山脊线以南与和硕县毗连；西南与和静县为邻；北部沿博格达山脊与吉木萨尔县、阜康市分界。

2010年11月1日零时第六次全国人口普查显示，乌鲁木齐市的常住人口为3112559人。乌鲁木齐是一个多民族聚居的城市。民族13个。除汉族外的少数民族有维吾尔、回、哈萨克、满、锡伯、蒙古、柯尔克孜、塔吉克、塔塔尔、乌孜别克、俄罗斯、达斡尔等族。

由曾是镇迪道辖地的古城奇台盛产的硅化木判断，1.8亿年以前，整个新疆还是一片汪洋大海，那时候的人们距离海洋并不遥远。沧海桑田，物换星移。随着欧亚大陆板块与南亚印度板块的碰撞，地壳的运动、变化，昔日宽阔的海洋变成了屹立苍穹的西部高地。

古往今来，许多志士文人都曾在乌鲁木齐这片土地上驻足、停留，写下了"明月出天山，苍茫云海间""忽如一夜春风来，千树万树梨花开"等一大

亚洲大陆地理中心标志塔　张辉殿摄

批描绘乌鲁木齐美好景观的脍炙人口的名篇佳作，使乌鲁木齐名闻遐迩。

前生曾是海洋而今已成高地的乌鲁木齐是一座混血之城、融合之城，是东西方经济文化的交汇点，中原与西域经济文化的融合地，其自古以来，便是沟通东西商贸的一个重要枢纽，被誉为"亚心之都"。

THE
BIOGRAPHY
of
URUMQI

乌鲁木齐传

建城初始 第一章

乌鲁木齐的建城最早起源于"红庙子"的别名，而由"红庙子"成了这里四邻八方人们的聚集地。当然，我们今天寻觅起"红庙子"的踪迹似乎已经有些困难了，但岁月还是给人们那些隐隐约约的记忆留下一些痕迹。

因为要应对新近臣服于清的藩属国哈萨克汗阿布赉，用马匹、牲畜换取内地茶叶、丝绸等物品的需求，清政府在乌鲁木齐建起了屯城，供应双方的交易。

随着城市规模的逐渐扩大，原有的屯城不敷人们使用，加之屯田人数的日渐增多，驻军的增加，迪化新城得以建立，巩宁城也得以修建，乌鲁木齐作为一座城市的雏形渐渐凸显出来！

红庙子的由来

"红庙子"是乌鲁木齐最早的别名,在新疆历史上曾有着上百年的历史。早在晚清、民国时期,新疆本地上了年纪的老人常挂在嘴边的一句话就是:"到红庙子去!"或"逛红庙子去!"然而在新疆建省前,乌鲁木齐当地的居民也仅有数千人,"红庙子"自然是当地人口聚集的一个闹市区域。

据记载,乌鲁木齐历史上曾有过三个不同的"红庙子"。第一个红庙子在哪里呢?昝玉林的《乌鲁木齐史话》记载:最初的红庙子就是明朝故城,即今天的九家湾一带,明朝末期被厄鲁特部称作"瓦剌国"的所在地。乾隆二十年(1755),清军在征讨准噶尔部的叛军时,"红庙子"在战火中焚毁。红庙子虽已焚毁,但那一带的土地肥沃,草木茂盛,水源丰沛,气候宜人,所以清军在这里安营扎寨,从事屯垦。以后逐渐有内地的移民或"遣犯"均安插在这里,从事农业生产。清军入关以后,很快便吸收了中原汉民族的文化,清军及百姓亦将中原汉民族"三国"时期的关羽形象作为民族忠义的化身,即满人的武圣或"军魂"来加以推崇。由此,清政府在平顶山上修建了一座朱红色墙垣的关帝庙,于是人们便把这里称作"红庙子"。

这个"红庙子"坐北朝南,外墙黄红相间,前院有戏台,后院是大殿,屋脊为琉璃瓦装饰,殿内有关帝像。殿内绘有壁画,系三国演义的故事。院内东西两侧有厢房。每年的农历七月初七,这里都要举办三天的庙会戏,而城内的各大戏园子均要在这里演唱《牛郎配织女》。

《话说乌鲁木齐》记载,位于九家湾的平顶山上的最早的红庙子,曾为纪晓岚亲眼所见。他在《乌鲁木齐杂诗》中说:"今地俗称红庙,庙址在旧城(巩宁城)以东,不知何代之庙;因以名地,亦不知始于何人也。"

于维诚在《新疆建置沿革与地名研究》一书中说:在乾隆二十年(1755)

清军在此地修筑了一座土城,起名叫作乌鲁木齐(urumqi),这便是乌鲁木齐最早的城郭。乾隆三十四年(1769),曾流放新疆乌鲁木齐的纪晓岚赋诗说"城旧卜东山之麓"。由此我们推断,最早的土城建在今天乌鲁木齐市的东侧平顶山上的红庙子。

在今天的过境公路上,远远眺望平顶山,还可以看见平顶山上"红庙子"朱红墙壁上那"道法自然"四个大字。

我曾去过这座道观,持慧小师父说:"目前在乌鲁木齐市周边,只有我们这一家道观,堂口有二十余个。"持慧的师兄插话说:"现如今乌鲁木齐的佛教场所有水磨沟的清泉寺、南山的法明寺、米东区的莲池寺三座;红山顶上的大佛寺仅是一个景点,红光山也仅是一个佛教文化场所。"

离开这个属于道教的红庙子道观三天后,我又如约再次赶到了红庙子道观,见到了这座道观的道长陈明德,他是茅山上清宗的第八十代传人。陈道长说,纪晓岚号观弈道人,其本人便是道人。他在流放迪化期间,就曾居住在红庙子道观里。在新中国成立前,乌鲁木齐历史上的道观也比佛教多,红山顶上有玉皇观,山下的道观也很多。历史上,红庙子道观也是历经劫难,几次失火。红庙子道观建于1759年,已经260年的历史了。这座道观建于康乾盛世毁于"文革"。1988年,由信教群众募捐原址重建。

平顶山下有一条小路直通着历任红庙子道观羽化道长的坟茔。其中最大的一座坟墓约有2米高,有同治年间的,有光绪年间的,还有民国年间的,碑上的字迹已经隐隐约约,不太好辨认了。这些坟墓连成了好大的一片。

红庙子道观的南面便是一条下山的柏油路,直达山下过境公路。而过境公路一侧便是乌鲁木齐经济技术开发区的高铁片区,高层建筑鳞次栉比。乌鲁木齐市新建设的大型综合性的火车站、高铁站就在平顶山下西南方向二三千米的地方。毗邻车站一侧的就是万达广场,由此又带热了整个区域的地价飞升。红庙子道观的山下,俨然已经崛起了乌鲁木齐城市发展的新地标。

第二个"红庙子",就是我们今天人们所熟知的乌鲁木齐市的红山。乾隆四十四年(1779),出于祭祀的需要,清军在城北的制高点红山上,修建了一座玉皇庙。《话说乌鲁木齐》曾描述这座庙宇,"壮观醒目"。即使数里

2008年红山　黄永中摄

之外，也能一眼望到。不知不觉，玉皇庙便取代了关帝庙，而成了红庙子的具体所指。

清代，居住在乌鲁木齐的各民族官员都有着祭拜博格达山的习俗，谓之"望祭"！在当时，去博格达山峰当然是可望而不可及，所以选择每年的春秋两季，在红庙子山上举行博格达山的"望祭"。每年春季的四月十五日，举行望祭仪式时，乌鲁木齐的最高行政长官均率领所有在乌鲁木齐的大小官员，列队整齐，穿戴整洁，一齐向博格达山峰行三跪九叩的大礼！

伴随"望祭"，这里还时常举办热闹的庙会。每当此时，山上山下是人山人海，热闹异常。乌鲁木齐大十字一带"津帮八大家"的颓废、演变、赓续，就是因为红山嘴的一场庙会，引发了陕甘人与天津人的一场械斗。

红山嘴山下便是来往十车道宽阔的车水马龙的河滩公路，乌鲁木齐河泛滥成灾，尚未收水入渠成"和平渠"之前，每年的洪水都会给乌鲁木齐人的生活造成很大困难。百姓为了镇住"河神"不要危害百姓，便在山顶上建了一座九级镇河塔。

13

如今的红山，已成为乌鲁木齐这座城市的象征。山顶上原来的玉皇庙早已被焚毁，被重新修建的一座气势雄伟的远眺楼所代替。站在远眺楼上，整个乌鲁木齐的景致都可尽收眼底。

20世纪30年代，盛世才在统治新疆时期，为了显示"进步"将乌鲁木齐的大小庙宇全部拆除，红山顶上的这座玉皇庙自然也首当其冲，庙里的神像全部被移到了九家湾那座"老红庙子"。

新中国成立初期，乌鲁木齐的高层建筑很少，仅有的几座二层楼建筑，大多是苏联人帮助盛世才修建的。那时乌鲁木齐的红山就是乌鲁木齐的一个制高点，从山顶可以看到几十千米外的一举一动。所以在清代时，红山就是乌鲁木齐这个区域的瞭望台，山下即设有关卡，遣放各地屯垦的人，是不可以随意走动的，只能在固定的场所屯垦、劳作。近两百年来，乌鲁木齐的红山一直发挥着这种瞭望、观察的功能，但当今红山的四周，已是高楼林立，高达三十余层的高楼也是鳞次栉比。而昔日乌鲁木齐的象征——红山便显得比较矮小，从远处看，还不及一座现代高楼高。尽管如此，依然不妨碍红山成为乌鲁木齐市的象征。只要一看到红山嘴，你很自然就会想到乌鲁木齐市。

除了前面这两座红庙子，据记载，乌鲁木齐历史上竟然还有一个"红庙子"，那就是今天的南关（南门）以东，今天的小东梁上，还有一座红泥垩壁的关帝庙。关于这一处"红庙子"，史料记载最少。《乌鲁木齐文史资料》说，因以地名，大概是由于南关土城不过二百米见方，而建于山梁上的庙宇，红墙高檐，也颇有镇城之势。因这个"红庙子"名不见经传，仅在一个小小的秃山包上，早就在"破四旧"或城市建设的滚滚洪流中灰飞烟灭了。

也许在不同时期、不同的人所指的"红庙子"都不一样，也不知是这三个当中的哪一个。但乌鲁木齐的这个别名，却已牢牢印在了乌鲁木齐人的记忆里，且以各种传说、故事流传于乌鲁木齐这座城市血液里，流传于人们的记忆当中。

迪化屯城

说到乌鲁木齐的建城，还得从清代经略西域，统御这片疆土说起。清军进入新疆后，首先遭遇的便是厄鲁特蒙古人的激烈抵抗。

清雍正七年（1729），准噶尔台吉噶尔丹策凌发动叛乱，清政府派出傅尔丹为靖边大将军与川陕总督岳钟琪为宁远大将军分路征讨。雍正九年（1731），叛军厄鲁特骑兵约两千余人进攻鲁克沁，即今天的鄯善县一带，唐代时称之为柳中县，清代称辟展。岳钟琪率部属据守着柳中县的土城，准噶尔部的厄鲁特人久攻不下。双方激战了四十余天后，最后厄鲁特人抛下了两百多具尸体，而去改攻吐鲁番的哈剌火州，即今天的吐鲁番二堡。

厄鲁特人三百余副木梯来攻城，但清军据城而守，以逸待劳。激战中，厄鲁特人闻听清军大军将来救援，又丢下三百多具尸体，仓皇而逃。战后，清军总结与厄鲁特叛军的战役时认识到：厄鲁特人善于骑马射箭，适于马上作战，不如筑堡屯田较为稳妥。马上作战清军不敌厄鲁特人，如果储存足够的粮草，坚壁清野，固守城垣则可以以逸待劳，以一当十。

这一年，西路将军岳钟琪奏报雍正皇帝：吐鲁番有通伊犁的道路，乃准噶尔出入的必经之路，应设置卡伦。进而，雍正主张在乌鲁木齐建城，如此才可以防止准噶尔部从哈喇沙尔（今焉耆）抄袭后路。而且乌鲁木齐建城后，可与吐鲁番形成犄角，相互支援与照应。

清乾隆二十二年（1757），清军平定准噶尔部后，于次年要与新近臣服的藩属国哈萨克汗阿布赉商讨擒拿叛匪阿睦尔萨纳等事宜。阿布赉汗趁机向清政府提出了要与大清进行贸易，以马匹来换取内地的绸缎、丝绸、京庄布、茶叶的要求。但当时乌鲁木齐地势空旷，尚未建城。清政府担心与阿布赉开市以后无法对交易进行有效的管理与控制，且双方接触后容易造成"转而滋扰"的弊端。

后来根据奏报，乾隆皇帝也考虑到：在新疆的中部需要建立一个战略支撑点；且乌鲁木齐地处山坳，气候适宜，土地肥沃。于是在乾隆二十四年（1759），决定在乌鲁木齐建造一座城堡。乾隆皇帝谕旨乾清门侍卫努三查勘乌鲁木齐等地可以垦种的土地，并布置陕甘总督黄廷桂在乌鲁木齐试行屯垦，"量力授田愈多愈善"以资配合。屯垦生产的粮食需要储存，于是又在当时的乌鲁木齐建造了二十四间仓库。所有这些建筑工程，都是由负责屯田的副都统定长督建完成的。

这座土城起初只是一座仓库，后称"屯城"，到"迪化新城"建成后，"屯城"称为"迪化旧城"。纪晓岚说的"迢递新城接旧城"便是指这个地方。到了清代在乌鲁木齐建城实行都统制时，这里已经建成了15个大小城堡，后来发展到了三十余个。

因这座屯城的建造最初仅仅是为了换马交易，所以建筑时十分简便、仓促，考虑也不甚周全，其规模自然比较小。于四年后的乾隆二十七年（1762）十一月到乾隆二十八年（1763）九月间，参将吴士胜率领240名绿营兵，在建造阜康营房的同时，又对迪化的这座城池进行了补修，添筑了四座城门，且将城垣加高到了1.5丈，加厚到了1丈。通过这次补建，乾隆皇帝将此城命名为"迪化"，并给四座城门颁赐了名称。

在今天的天山区乌鲁木齐南门解放南路财神楼子以南，即南门汗腾格里清真寺以南，龙泉街（爱国巷）以北便是清代乾隆二十三年（1758）修建的边长一里五分（占地约0.05平方千米）的小城，也就是乌鲁木齐建造的最早的屯城。它还没有现如今一所普通中学的操场的面积大。乾隆二十八年（1763），对这座屯城进行了加固、重修后，"乾隆亲自命名为迪化，并赐东惠孚、南肇阜、西丰庆、北憬惠之城门名称"。乾隆三十二年（1767），迪化新城竣工后，又将"迪化"城名、城门名悉数移给了新城，原先的屯城称为"迪化旧城"。乾隆三十八年（1773），乌鲁木齐巩宁城建成后，迪化新、旧两城并称为"汉城"。

今天乌鲁木齐南门一带的"马市""马王庙"就是因为当时养马、换马的缘故而得名。纪晓岚也曾留下了"谁言天马海西头，八骏从来不易求；六印三花都阅遍，何曾放眼看骐骝"这样的诗句。

乌鲁木齐市解放南路上的财神楼子一直保存到民国三十一年（1942）才予以拆除，其余城墙在光绪十二年（1886）便已不复存在。

在20世纪40年代初，1942年8月29日到9月1日，宋美龄代夫出征来迪化收抚盛世才时，南关一带的街道两边的商铺都被加高成为两层，即沿街一面有窗户、墙壁，背后则空空如也，以营造迪化市的街道繁华假象。

据史料记载，在与现有地名进行核对的情况是：这座城门的北门在今天解放南路亚鸿大厦往南接近十字路口处的财神楼；今天的解放南路与龙泉街及爱国巷之交汇处为南门；今利民巷北侧是城池的西门；今天建中路上的青海寺（原西宁寺）系同治七年（1868）在东门门址上所建；今青海寺巷与解放南路的丁字路口便是乾隆屯城的市中心；今东方寺以西的新市路至市场的一段即屯城的北城墙遗址；今龙泉街到爱国巷（山西巷）为屯城之南城墙遗址；今利民巷以北至新市路，南至龙泉街一段为屯城之西墙；今建中路北至新市路、南至山西巷及和平北路之岔口一段为屯城之东墙；今利民巷与新市路之十字路东南系屯城之西北角；今利民巷与龙泉街连接处即屯城之西南角；今山西巷与和平南路之交汇处之西北，即屯城的东南角；今东方寺附近即屯城的东北角。

今天的自治区卫生厅以东、乌鲁木齐市公安局南关派出所以北，即当年迪化屯城的马市，与哈萨克汗阿布赉交换马匹的场所。很多年后，人们仍能够在此处看到柱顶石、石过梁、石鼓以及木质结构的建筑物。而且此地低于地面一两米，多系经年累月积土煤灰淤垫碾压所致。

据与民国三十六年（1947）屈武任市长时题写签名的《迪化市街区图》核对，其上所列"周一里五分"基本吻合。

迪化屯城建成后，作为战略支点的巴里坤逐步为地处中部的乌鲁木齐所取代。乾隆皇帝也采纳了陕甘总督杨应琚的建议，将安西提督驻巴里坤的提标五营里留驻巴里坤外，其余的移驻到乌鲁木齐。这对迪化城今后的一步步发展产生了重大影响。

周边屯城与屯堡

乾隆二十三年（1758），清军在乌鲁木齐建造屯城。同年，乾隆帝也准许陕甘总督黄廷桂在乌鲁木齐进行屯田，以弥补军粮供应的不足。

这一年，清政府在乌鲁木齐城区陆续兴建了一批城堡，即今天的昌吉老城——宁边城、今天米东区的辑怀城，今天呼图壁县的景化城、阜康县的旧称特讷格尔、吉木萨的恺安城，旧称宝惠城，以及奇台县的古城子。在乌鲁木齐的周边也建起一系列城堡：宣仁（头宫）、怀义（二宫）、乐全（三宫）、宝昌（四宫）、屡丰（七道湾）、惠徕（六道湾）、育昌堡、时和堡。

清乾隆时代的乌鲁木齐，管辖着今天的乌鲁木齐市、乌鲁木齐县及昌吉自治州所有县市、哈密地区、吐鲁番地区、石河子、沙湾、奎屯、乌苏、精河等地。清在辖区内设办事大臣，设立了左、中、右三个营。左营驻在昌吉，右营驻在景化（今呼图壁），中营驻在迪化。

中营共设立了九个屯点。每个屯堡的规模均统一为周长1.7里，堡墙高约一丈一尺，兵房300间。堡名以及城门名，均是乾隆皇帝亲自赐名。建造这些城堡的建造组织者是一位叫永海的都司和一位名叫吴士胜的遣犯官。城堡建成后，永海获得了升职，吴士胜也以游击的官职重新得以录用。

宣仁堡，就是今天的新疆人民大会堂西南，自治区展览馆以西，儿童公园人工湖以南的地方。

怀义堡，俗名又叫中营二宫，"在迪化城西北二十五里"。

乐全堡，俗名左营屯堡。乐全堡的屈家庄子土地肥沃，历史上曾有"粮台子"的美誉。

宝昌堡，俗称四工，左营屯堡。宝昌堡的位置在今天安宁渠的东南处。此地因为缺水，土地贫瘠，堡内屯民多在10里外的地方耕种。

这批城堡的修建仅比迪化屯城的建造晚了5年，比迪化新城的建立还早了3年，更比巩宁城的建造早了约10年时间。这批屯田堡也是乌鲁木齐清代城堡中建造较早的一批屯田城堡，它们均毁于同治三年（1864）的那场农民暴动，实际存在了102年。

水磨沟区因为水源丰富，新中国成立后曾在这里建有新疆纺织行业的翘楚"新疆七一纺织厂"，后来新疆七一纺织厂破产、倒闭、重组、转产，退出了历史舞台。但"七纺"这个地名以及这个企业曾经的辉煌成了人们的永久回忆。

屡丰堡，也叫中营屯堡七道湾。屡丰堡的遗址在今天七道湾的乡政府所在地。1989年，这个城堡的遗址还残存着。在清乾隆至同治之前，此地曾是迪化的粮食主产区，到同治年间，遭到严重破坏。到光绪年间，屡丰堡曾是迪化城里的蔬菜、烟叶供应基地。

新中国成立初期，新疆工业的命脉电力企业新疆苇湖梁电厂便建在这里，在其地下开采出了大量的煤炭，这也是电厂建在这里的原因。如今这一带已成为乌鲁木齐的红光山会展片区，一个个大企业云集此地，一幢幢高楼拔地而起。

围绕迪化城的城区建设，清政府先后在迪化城的周边及外围修建了屯城、城堡，以及诸如达坂城、辑怀城等规模略小的城池，作为迪化主城区的拱卫。这些小城堡，虽然当时的规模都还比较小，离主城区的距离还都比较远，但相距较近的一些城堡最后都成了整个乌鲁木齐的重要组成部分。

千总堡在今天的乌鲁木齐市高新区（新市区）以西，乌伊公路以南，头屯河河床以东的地方又叫头屯所堡。此堡在未建堡之前称土墩子，属乌鲁木齐中营九屯之一。乾隆三十六年（1771），安南国（今越南、老挝等地）莫、黎两姓发生冲突，莫氏失败，其一支化名黄公缵率所属一百余人进入我国滇省（云南），要求内附，清廷也同意了。后来新的安南执政者专门呈递国书，携带贡品要求清政府引渡他们回国。乾隆皇帝拒绝引渡。为避免黄公缵等返回安南扰乱藩属国的安宁，清廷将这部分人安排到了水草丰美的乌鲁木齐的头屯土墩子地方，每户给三十亩地，供给农具、籽种、马匹及租房银两作为生活所需。乾隆四十二年（1777）黄公缵病故。乾隆指派乌鲁木齐都统索诺木策凌在黄公缵的后人中另外选出一人来继承其位。

达坂城，清代时称嘉德城，也称喀喇巴尔噶逊。"喀喇巴尔噶逊"为厄鲁特语，译作"黑虎城"。喀喇巴尔噶逊的遗址在今天的达坂城七队八家户地方，当地人称此城为"鞑子城"。纪晓岚曾有诗云：

峻坂连连垒七层，层层山骨翠崚嶒。

达坂城的姑娘（雕塑）　何忠摄

　　　　行人只作蚕丛看，却是西番下马陵。
　　　　南山口对滋泥泉，回鹘荒塍尚宛然。
　　　　只恨秋风吹雪早，至今蔓草慕寒烟。

　　此诗描绘出了达坂城山的陡峭、险要。达坂城是由南进出乌鲁木齐的必经之路，历来为兵家必争之地。
　　20世纪30年代，著名音乐家王洛宾先生创作出了歌曲《马车夫之恋》，又名《达坂城的姑娘》，经过传唱，成为名曲。如今怀抱吉他的王洛宾雕像也成为达坂城区的一个重要标志吸引着八方来客。

迪化新城

　　今天的乌鲁木齐人民广场，大十字一带，原有着一座占地0.42平方千米的清代土城，这便是最早的迪化城，也叫迪化新城。乾隆三十九年（1774），巩宁城修建完成后，此城便与迪化屯城并称为汉城。

迪化城始建于乾隆三十年（1765）十二月，乾隆三十二年（1767）建成，历时一年十个月竣工。此城建成时，乌鲁木齐办事大臣温福奏请乾隆颁赐了城名"迪化"，以及东西南北四个方向的城门名称，全部移到了这座城，谓之新城。

今天乌鲁木齐市的中山路与和平北路交会处，即为当年迪化新城的东门——惠孚门；人民路与解放北路交会处，即为迪化新城的南门——肇阜门；中山路与红旗路交会口处，即为迪化新城的西门——丰庆门；民主路与解放北路的交会处，即为迪化新城的北门——憬惠门。

据记载，这座迪化新城的建筑物在1935年时尚留存一些，到了1949年以后大部门建筑物还依稀可见。但随着人口的增加，城市规模的逐步扩大，城市改造的日新月异，那些老建筑均已焚毁，不复存在。1985年前后，在这座城市里尚能看到的迪化新城的建筑物有：一是在光华路南段，即自治区党委大院东侧约20米的东城墙；二是今人民路玉雕厂至人民剧场以北的沟渠，经街心花园的渠道，即是迪化新城的旧护城河遗址。

如果说迪化屯城尚是为了换马贸易，那么迪化新城的建立则是清廷真正考虑在此地建城，开始作为统御新疆的一个战略支撑了。

乾隆二十七年（1762），清政府鼓励官兵携带家眷前往乌鲁木齐安家，并提供安家、从事农业生产所需的籽种、口粮、农具等。这使得驻扎乌鲁木齐的兵员迅速增多，加之大规模的屯垦需要，原有的屯城已不能满足需要了。这些措施的实行，使得乌鲁木齐的人口迅速增加。尤其是乾隆二十九年（1764），甘肃皋兰（今兰州）等三十二个州、县、厅发生旱灾，民生凋敝，乾隆遂命令陕甘总督杨应琚动员陕甘灾民及靠近新疆附近的甘肃民户到"甘泉沃土，粮食饶裕"的乌鲁木齐。当时陕甘农民对嘉峪关以西地区的富足早就有耳闻，尤其是安西、肃州（今酒泉）、甘州（今张掖）、凉州（今武威）等地有一两千户农民，可以"不劳而集"，争着来到乌鲁木齐。紧接着内地的小商小贩也接踵而至，这就使得原本一个草原驿站，迅速发展成为一个拥有农业、手工业、商业重要城市。

我们今天的自治区党委大院所在地依然在迪化新城清代提督府的所在地。大院门口便是人民广场，广场中央矗立着解放新疆纪念碑。在人民广场东边不远便是自治区人民政府的所在地。

而迪化屯城和迪化新城的连接线，就是今天的人民路。现如今中央驻新疆的各大金融机构几乎都建在这条人民路上。为此，这条街又号称是乌鲁木齐市的金融一条街。

巩宁城

清乾隆三十七年（1772），迪化新城建成约七年后，清政府又开始建造了巩宁城，历时近两年时间，于乾隆三十九年（1774）九月十五日建成。

巩宁城，即今天新疆农业大学校内。巩宁城是当时清政府在迪化建造的规模最大的一座城池，但巩宁城仅仅存在了八十年，便毁于清同治三年（1864）逆匪索焕章勾结宗教阿訇妥得璘发动的那场叛乱。

按照清代在乌鲁木齐周边建立的24个大小城堡的排序，巩宁城位居第15个城堡，但就规模而言是最大的一座城堡。而就其军事地位而言，从乾隆二十三年（1758）乌鲁木齐建立屯城开始，其在此后的153年中，巩宁城一直作为乌鲁木齐的政治、军事中心而存在，历经乾隆、嘉庆、道光、咸丰、同治五个皇帝，长达91年。

当时迪化屯城已建成13年，迪化新城也已经建成约7年，乌鲁木齐的商业已相当繁荣，形成了新疆北疆的一个经济中心。迪化周边已建成了大大小小14个城堡，而且乌鲁木齐周边的屯田事业蒸蒸日上，已取得显著成效。

此处的农业基本不靠天上的雨水，引天山雪水灌溉，土地肥沃，无须粪田，一年下种一石可以年产8石粮食，一兵垦种可以供养15人消费。仓储殷实，陈陈相因，以致储存的粮食多到腐烂变质。当时流放于乌鲁木齐的纪晓岚曾在释回东归时赋诗说："割尽黄云五月初，喧天满市护柴车；谁知十斛新收麦，才换青蚨两贯余。"诗中注释说："天下粮价之贱，无逾乌鲁木齐者，每车载市斛二石，每石抵京斛二石五斗，价只一金，而一金只折制钱七百文，故载麦盈车，不能得钱三贯。"

当时乾隆考虑在乌鲁木齐驻军、筑城，不仅因为乌鲁木齐的粮食充裕，粮食再不需要西调，而且因为此地产煤、产铁。在乌鲁木齐的河东已无平原，只有妖魔山的北面还有一处依山傍水的平原，可用来建城，且有险可守。

此外，乾隆选择在乌鲁木齐筑城还有一个重要原因是：乾隆三十三年（1768）农历八月十五中秋节，昌吉屯官过节期间，屯官调戏屯民妻女为其陪酒唱歌，激起屯民愤怒，由此引发屯民杀死屯官。后此事不断发酵，从昌吉到迪化，屯民串联返乡。当时，清政府规定：在乌鲁木齐屯田的屯民不得随意离境。当时迪化的红山嘴设有卡伦，"乌鲁木齐南界天山无路可上，北界苇湖连天无际，淤泥深丈许，入者辄灭顶"，迪化城西"万木参天仰不见日，绵亘数十里"，在乌鲁木齐的河东，均有城堡可以控制，清军在乌鲁木齐河以西以逸待劳，镇压了昌吉屯民的骚乱，事件很快得以平息。四年后，清军选择在乌鲁木齐河以西的巩宁城筑城，也是为了预防或弹压遣戍边民的骚乱，且防止昌吉、呼图壁屯户擅自离境。

乾隆三十七年（1772），经陕甘总督文绶报请中央政府，调派甘州（张掖）、肃州（酒泉）、宁夏绿营精壮兵1500名，普通兵300名赴迪化河西修筑满城，负责建城的官员系乾隆侍卫乌鲁木齐巴里坤等七城满汉屯田官兵事务大臣索诺木策凌。乾隆三十七年（1772），索诺木策凌补授参赞大臣。乾隆三十八年（1773），乌鲁木齐实行都统制，索诺木策凌即为乌鲁木齐第一任都统。

乾隆三十七年（1772）开始建城，乾隆三十九年（1774）建成。"巩宁城乾隆三十七年建筑，周里三分，高二丈二尺，五寸厚，一丈七尺城濠，宽二丈，深一丈，城门四：东曰承曦、西曰宜稼、南曰轨同、北曰枢正，城楼四，敌楼四，角楼四。城中鼓楼一座。"巩宁城内还建筑了很多辅助设施，城内"门的周长9.3千米，平均每面墙长约2.3千米，对角长3里。墙高：东部2.35丈，西墙高1.95丈，墙厚1.7丈，墙上可以行使马车。城门、城楼、敌楼、角楼各为四个。城中有鼓楼一座，衙署即各种房屋共计9550间"，到嘉庆年间不断完善。

《乌鲁木齐史话》说："巩宁城里的建筑，更是光怪陆离，斑驳绮丽，军署官衙全部是碧瓦朱门，华表石狮。为满营官兵所修建的六千五百多间营房，全是砖壁石阶，富丽堂皇。"

巩宁城的建设，共使用了公款10万银两，粮食2000余石。在当时同类型的建筑工程中，花费的银两属于很节省的。因为全部城建，都是兵士们自己动手、丰衣足食建造的。

巩宁城建成后，整个迪化屯城、迪化新城等的行政中心便悉数移到了巩宁城。乌鲁木齐的提督府及汉营官兵驻扎在迪化新城内。

如今新疆农业大学背后过境公路的对面仍保留着"马料地"的站名，应该就是当时巩宁城圈养一万多匹战马，饲养马匹、供应马匹草料的地方。

乌拉泊古城疑云

在乌鲁木齐南郊十千米处，有一座古城遗址，人们习惯称其为"乌拉泊古城"。这座古城呈方形，南北长约550米，东西长约450米。古城城垣为生土夯筑而成，残存的高度为5—7米，城垣底部宽度约6—8米。古城的四个角楼遗址尚存，角楼突出。城垣的四面均开设有四个城门。城中建有三道隔墙，将城分成了三个区。据考证，这三个区分别是居民区、衙署区和税卡的所在地。从整个城池残存的状况来看，这座古城当初建造的气势还是比较宏大的。

那么这座古城建于何时？它的建成与乌鲁木齐有着怎样的关系？它的作用是什么？如此种种，均给后人留下了较大的想象空间。

经过三四十年的研究考证及出土文物证实，"乌拉泊古城建于唐贞观年间（约640—648），城名为轮台"。进而《乌鲁木齐记忆》又解释唐轮台时说，640年（唐贞观十四），唐朝大将侯君集在平定高昌国后，唐太宗李世民改易了西域州县的名称与建制，天山以北设置了庭州，属金满、蒲犁和轮台县。这是"轮台"第一次见诸唐朝典籍（《旧唐书·地理志三》卷四十）。这里也仅仅说了唐代典籍有关轮台城的记载，但并没有言辞灼灼地说明此处便是唐代的轮台城。

那么乌拉泊古城是不是唐轮台城呢？历来众说纷纭。在新疆学术界，也曾有着"昌吉说""米泉说""黑沟说"等。有相当多的学者认为乌拉泊古城便是唐轮台的论据有两条：一是地理原因，即其处于大通道的要塞，向东经柴窝堡盆地、达坂城，连通赤亭道，向西连通碎叶道，形成连通东西方世界性大通道的节点；二是关隘作用，具有军事意义。证据便是唐代边塞诗人岑参的诗《白雪歌送武判官归京》。

倾向于乌拉泊古城便是唐轮台城的学者，自然希望乌鲁木齐的建城历史可以向前再追溯一千年，将这座古城变成一座千年古城。这的确是一个美好愿望。但笔者认为，目前的理由还没有充分证明乌拉泊古城就是唐轮台。持乌拉泊古城就是唐轮台的专家均认为唐轮台如何如何重要，历史上如何如何记载，但恰恰没有说明这就是唐轮台。所以此两条理由也给人牵强附会的感觉。另有一点，既然乌拉泊古城就是唐轮台，那么为什么唐以后的众多学人，在途经此地时，却没有记载呢？唐代是一个崇尚诗文的时代，仅凭岑参一个人的诗文来证明恐论据不足。

每年的春、秋季，乌拉泊的风力均可达七八级，也的确犹如岑参诗中所言"北风卷地白草折，胡天八月即飞雪"。

距乌鲁木齐市以东约七十千米处有一个很大的盐湖，在很久以前，凡售卖私盐都得向官府缴纳税赋。这也便是乌拉泊古城作为收税城的主要功能和来源依据。但这座收税城起于何时，似乎目前尚没有定论。

THE
BIOGRAPHY
of
URUMQI

乌鲁木齐传

星罗棋布成一城

第二章

由迪化屯城到迪化新城,再到巩宁城,乌鲁木齐一步步发展壮大起来,成为清政府驻守新疆中、南部的枢纽。而它要通过一个个的军台、墩塘、驿站这些毛细血管将一座座城池连接起来,并通往乌鲁木齐以外地区,构成一个庞大的统治整体。

在乌鲁木齐最早布局的一个个屯城、城堡,都慢慢地连接了起来,构成为一个整体,成了一座城市的化身。

那一座座作为屯城拱卫的屯堡,也似星星一般与屯城连成一个整体。当初的周密布局亦产生出另一个别样的效果,即"星罗棋布成一城"。

驻军、军台、墩塘、驿站

从迪化屯城到迪化新城,再到巩宁城,乌鲁木齐一步步发展壮大,成为清政府驻守新疆中、南部的枢纽。除了其城市本身的规模在一天天扩大,其与内地以及乌鲁木齐以外地区的联络通道是否畅通便是非常重要的了。

清乾隆三十七年（1772）乌鲁木齐设立都统后,管理着乌鲁木齐、巴里坤、古城、库尔喀喇乌苏（今乌苏市）、玛纳斯等地的满汉官兵,及地方一切事务,所以这些地方的大小事务均需要乌鲁木齐都统及时掌握,并作出安排、部署。尽管各个地方也均有驻兵,但乌鲁木齐作为指挥中枢,仍需要调派兵勇遇有突发事件赶赴各地。

乌鲁木齐满营的驻军有最早从甘肃凉州、庄浪满营调来的3000名兵丁,还有索伦、察哈尔、厄鲁特等官兵。这些驻军每年还需与各地的驻军换防,换防或一年一次,或三年一次。

军台是专门为传递各处奏折、文报以及运送官物、应付差役而设立的。当时陕甘总督规定,"凡口外文职以道员以下、武职以副将以下,所有文移俱呈明办事大臣,加封发台递送"。

清代时传递奏报远不像现在这样,一个电话即可解决问题。当时,还是依靠传统的一站一站的军台传递。为保证奏折、文报传递及运送官物的安全,乌鲁木齐都统在管辖地设立了一系列的军台。一个个军台像毛细血管一样将乌鲁木齐都统所在的迪化与辖区各地连接了起来,形成一个交通迅捷、组织严密的安全防护网络。清代当初在乌鲁木齐地区设立的一个个军台,经过二百余年的发展变迁,如今均已成长为丝绸之路上的一颗颗璀璨明珠,熠熠生辉。

在设立军台的同时,清政府又设立了很多的墩塘,作为军台的一种辅助设施。

乾隆四十一年（1776），清廷改革了新疆的官制及机构设置，将乌鲁木齐以东、以北的驿站、墩塘统一划归为乌鲁木齐统辖，即所有往来文报不再由哈密、辟展绕道来驰递。并且各州、府、县的公文也不再交军台来递送。自巴里坤直接到迪化州，中间有十六个驿站。

每个驿站设置驿书一名、马夫一名，有两匹马，专门用于传递公文。有关马夫、马、工料依照安西州的定例来安排。马夫、驿书的费用每月支饷银一两；每匹马一天支草料银八分，每匹马一年支草料三两四钱二分五厘。

从驿书、马夫的人员安排及马匹使用的数量看，驿站的设立较以前开支有了大幅度的减少。机构的改变，带来人员设置的减少，必然也使得费用支出比之前减少了很多，也即用于公文传递的成本大大减少了，效率也大大提高了。

一个个驿站的连通，就仿佛迪化城与中央级各地政府贯通、连接了起来。有了信息的连通，自然也就带来了人的流动、货物的流动。

乾隆二十六年（1761），乌鲁木齐在军台、墩塘、驿站之外，又设立了一系列的卡伦。

建城的规模

从乌鲁木齐的屯田速度及规模上来看，乌鲁木齐最早进行的屯垦属于军屯。从乾隆二十三年（1758）起，到四年后的乾隆二十七年（1762），乌鲁木齐的屯田军人已增至千余人，种地15100亩，当年便收获粮食15000石，平均每人收获折合四吨，一举试屯成功。

乾隆二十七年（1762）以后，清政府陆续在乌鲁木齐，围绕在迪化城的周边建起了二城六堡，即今天的昌吉老城；辑怀城，即今天的米东区。六堡是：宣仁（头宫）、怀义（二宫）、乐全（三宫）、宝昌（四宫）、屡丰（七道湾）、惠徕（六道湾）。这样便形成了乌鲁木齐星罗棋布的大小30余个城堡。

由最早起于昌吉周边罗克伦"寓军于民"性质的军屯，再到后来乾隆二十三年（1758），清政府动员乌鲁木齐屯兵家属出关落户。起初，对于前往乌鲁木齐垦荒的农民，清政府还负责专人专车护送。到达目的地以后，还为农民安家提供银两，耕种土地还给予籽种、耕具、马匹扶持。内地农民来到乌鲁木齐后，除每户农民认种30亩荒地，并提供农具、籽种及耕牛外，还供应生产之余一家人的日常口粮。陕甘总督杨应琚奏请此地当地人口的逐步增加，乌鲁木齐的垦荒面积也在逐年增加。

除军屯、民屯的垦荒外，清代乾隆年间又发配了不少遣犯来乌鲁木齐进行垦荒。

自在乌鲁木齐屯田开始，便有大批遣犯加入屯垦的行列。乾隆二十六年（1761）夏季，清政府首次从内地发配了一批遣犯到乌鲁木齐屯田。同年，清政府原御史观成被发配到乌鲁木齐屯田效力，开了清将内地诸省被治罪的官员发配新疆效力的先例。从此，乌鲁木齐便成了清代流放治罪官员的最大的犯屯基地。

清政府为鼓励遣犯携带眷属到新疆种地，规定对携眷的遣犯本"先给屯地十二亩，与兵丁一体计亩纳粮"。对遣犯家属"酌给地五亩，自行开垦"。此后清政府还将部队中的逃兵，地方上为非作歹的犯罪分子以及一部分犯罪官员均安置到乌鲁木齐屯田。

乾隆三十一年（1766），清政府批准将遣犯中判处死罪的改为五年军流罪；判三年以上有期罪的改为三年；期满后编入民册，连同家属安置为农户。

据记载，乌鲁木齐的芦草沟及所属的阜康、奇台等地都有大批的遣犯，到期为民，安家落户，参加屯田。宁边城自然毫不例外，也安置有大量遣犯。"仅头屯所一地，乾隆三十二年至四十一年（1767—1776）安置为民的遣犯就有537户，种地1.62万亩。"头屯所毗邻宁边城，也就是如今的昌吉市，所以这两地的遣犯均非常多。

据乾隆五十八年（1793）二月乌鲁木齐都统尚安奏称："流放乌鲁木齐的各种遣犯共有3200多名，均参加生产。"

由上述，我们可以得出乌鲁木齐建城所取得的巨大成就，以及乌鲁木齐一步步走过了怎样的发展历程。

老城新貌 薛建忠摄

三城鼎立·虹桥

初夏时节，夕阳西下，我漫步在连接乌鲁木齐天山区和沙依巴克区的西大桥上，眺望着近在咫尺的红山嘴，为这座城市的变迁感慨万千，尤其是乌鲁木齐的大动脉——西大桥。

乌鲁木齐河自南向北，纵贯市区，径直北去。过去乌鲁木齐河滩上没有桥，这给东西两边的发展以及人民群众的生活造成极大不便。乾隆二十年（1755），清平定准噶尔贵族的叛乱以后，需要大规模屯田，但人畜往来没有桥，只得涉水而过。况且乌鲁木齐河上游没有水利设施，一遇春天冰雪消融河水暴涨或夏季多雨，乌鲁木齐河两岸便频遭水灾。这样一来，修建桥梁便显得十分迫切了。

乾隆二十八年（1763）七月，清政府便在古称"涵丛渡"的地方（即今天的西大桥位置）架设了一座桥梁，谓之"虹桥"，沟通了乌鲁木齐河两岸，大大方便了商民们的出行。乾隆时流放乌鲁木齐的纪晓岚曾有诗云："行到幔亭张乐地，虹桥错认武夷君。"清嘉庆十年（1805），因"旧架虹桥，今倾圮无

32

存"，便在原址上又架设了一座木桥。但因结构简陋，没有几年就又被洪水冲垮了。时隔百年后的清光绪三十二年（1906），才又在原址上建起了一座木桥，命名为"巩宁桥"，但巩宁桥也不长久，就像处于王朝末期的清王朝一样仅仅建造八年便倒塌了。1918年，进入中华民国以后，在原桥址上，又修建起了一座新桥——"新巩宁桥"，桥头两端建有牌坊，桥中两边建有望河台。这座桥尽管外观华丽，但毕竟属于木质结构，后几处陷落，最终在1940年被洪水冲垮。

现在的这座虹桥（西大桥），是1959年建造的钢筋混凝土桥墩炸毁后，1996年重新建造的立体交叉式立交桥，桥上、桥下均六车道通行。西大桥的变迁也成了乌鲁木齐城市变迁的一个缩影。

为了沟通、连接、方便人民群众的生活，新中国成立至今，政府在重新修建了西大桥之外，在河滩公路两边又陆续修建了人民路立交桥、三桥，南郊还有乌拉泊立交桥，在西大桥以北，也陆续修建了西北路立交桥、友好路立交桥、新医路立交桥、苏州路立交桥、河南路立交桥、卡子湾立交桥等。如果说，清代仅修了一座彩虹桥，就将迪化屯城、迪化新城、巩宁城三城连接了起来，那么新中国成立后修建了一系列立交桥则将更大区域内的整个乌鲁木齐都紧紧连接成了一个整体。而围绕乌鲁木齐的桥，就足以出一本乌鲁木齐建桥史，而建桥史，就是城市史。

如此，虹桥（今天的西大桥）便把迪化新城与巩宁城，及汉城与巩宁城的满城东西两城相连接在了一起，桥东的迪化新城是由屯城与新城合二为一组成的，桥西则是新修建的巩宁城。

这三座城不是在同一块区域上的修缮、扩建，而是在三个不同的区域，到了最终才连为了一体。由此我们可以看出，清政府对于建造乌鲁木齐的城池建设带着很大的随意性，属于无心插柳。清政府当时的建城始终没有赶得上乌鲁木齐城市本身快速发展的需要。

乌鲁木齐建城一方面取决于乌鲁木齐的战略位置，以及清政府对乌鲁木齐的重视程度；另一方面则是清政府对乌鲁木齐周边大规模的屯垦开发需要。从中，我们也可以看出乌鲁木齐市所走过的行政沿革过程。

迪化屯城建立的第二年,即乾隆二十四年(1759),清政府派侍卫安泰以副都统衔总理乌鲁木齐的屯田事务。随着屯田规模的扩大,乾隆二十五年(1760)陕甘总督杨应琚奏请清廷设立乌鲁木齐提督,管理地方军事,设同知一名管理当地行政事务,通判一员管理粮食的收放。乾隆二十七年(1762)旌额理奏请清廷,开始在乌鲁木齐建筑城堡,陆续建成"惠徕堡""屡丰堡""辑怀城""宣仁堡""怀义堡""宁边城""嘉德城"。

乾隆二十七年(1762)十月,清政府设立了伊犁将军,统管天山南北及巴尔喀什湖以东、以南的各地军政事务。乌鲁木齐以东地区则划归甘肃管辖。乾隆二十八年(1763),陕甘总督杨应琚奏请,"乌鲁木齐为新疆冲要,驻兵四千名,副将不足以资统率,请改为总兵,添设镇标中营及城守营,连原设左右两营为四营,驻兵分隶,听巴里坤提督节制"。乾隆三十年(1765),清政府开始修筑迪化新城。乾隆三十二年(1767),迪化新城竣工。乾隆三十七

西山立交桥美丽夜色　薛建忠摄

年（1772），清廷在迪化新城十里的地方开筑乌鲁木齐规模更大的巩宁城，乾隆三十九年（1774）建成，又叫老满城。乾隆三十八年（1773），清廷在乌鲁木齐设立迪化州，后同知改知州。同年五月，设立乌鲁木齐都统，掌管地方军务，属伊犁将军节制。七月，迪化州改为直隶州，隶属甘肃省管辖。乾隆三十九年（1774），清廷将乌苏、精河划归乌鲁木齐管辖。

随着大规模屯垦的需要，迁居屯城的人口迅速增加，就连屯城周边的五百间商铺也全部租售出去了，导致屯城难以承载下快速增加的人口。以致乾隆三十年（1765）迪化城筹建，迪化的大小十字、人民广场附近，再次兴建起了一座占地1.45平方千米的迪化新城。并将迪化屯城的北部城墙与迪化新城的南部城墙连接在了一起。流放新疆的纪晓岚说的"迢递新城接旧城"便是指此。二城南北连接起来以后，清政府也将先前乾隆皇帝给迪化屯城颁赐的四座城门移到了新城。

商业的起步

因为乌鲁木齐是由屯城发展起来的，屯城建立时，四周便建有五百间铺面用以出租，即"街市房屋渐加稠密"，"挈眷屯田民人陆续前来，其贸易人等亦接踵而至，计开设市肆五百余间，开垦菜圃三百余亩"。于是，政府开始"酌量定额收租"。

当时在迪化亦流行一句话"有了财神楼，穷人能抬头"。鉴于此，乾隆五十八年（1793），倡议在迪化新城连接屯城的肇阜门附近修建了一座财神楼。

到了乾隆末年"南关厢长二三里，买卖商贩市肆俨然都会（厢一城内外街旁廊房商店）。当时雅尔（塔城）的黄金、和阗的玉石及制品、乌什、鄯善、吐鲁番之皮张以及牲畜、干果均集中于此地贸易"。当时的迪化人可以吃到从北京运至归化城（今天的呼和浩特）又从归化城通过骆驼转运来的海鲜。

《红山碎叶》记述：乌鲁木齐商业"繁盛在南关，百货皆集，外夷贸易商贩俱至。巡检署在其间，而土妓曲儿娃一千多家并栖之"。当时的繁荣亦可见一斑。

2002年拍摄的西大桥

同一个角度，2018年拍摄的西大桥夜景，瞬息之间浓缩了16年的发展。

西大桥今夕对比　上图 薛建忠摄　下图 吴强摄

纪晓岚曾有诗云"谁言天马海西头,八骏从来不易求;六印三花都阅遍,何曾放眼看骅骝";"富商大贾聚居旧城,南北二关夜市即罢;往往吹竹弹丝,云息劳苦;""廛肆鳞鳞两面分,门前官柳绿如云;夜深灯火人归后,几处琵琶月下闻"。这均是形容当时乌鲁木齐商业市井的繁荣景象。

当时,迪化屯城建成后,在城的四周便建有五百余间商铺,招徕商家来承租。《三州辑略》说:乾隆二十七年(1762)办事大臣旌额理等具奏,"乌鲁木齐商民开设铺面房五百余间,酌量作为三等,头等者三钱,二等者,二钱,三等者一钱,按月收取。""菜园地每亩每年收租银一钱,商旅买卖牛羊马匹等项牲畜每两抽银三分。"

从乾隆二十八年(1763)到乾隆三十二年(1767)乌鲁木齐房租园地租牲畜税的变化,也可以看出,乌鲁木齐一步步发展呈逐年上升趋势。

民国以后,迪化屯城成为新疆土特产商品贸易的重要集散地,商贸货栈、货场比比皆是。地毯、桑皮纸、干果、土布、活畜、丝绸、毛皮、药材、民族服装、鞋靴、皮革、首饰、铜制器皿等土特产经营非常显著。手工业作坊也集中在这里,今天的自治区贸易厅后门一带即为皮坊区,熏制烟掌、加工面革。南门以外则是染坊区,染制带色土布以及褡裢布的地方。今天的乌鲁木齐市新华书店一带即为磨坊区,糖坊、粉坊、油坊均集中在这里。

绿营兵既然有战马,战马的马料也是一笔不小的消耗。驻扎在乌鲁木齐巩宁城里的满营兵的口粮马匹,每年需要"迪化州供支京石粮51638石"。

驻扎巩宁城里的绿营兵丁及其官兵眷属,他们每天的一日三餐,还有七千余匹战马的草料供给,都需要一个庞大的供应体系才可以完成。这还只是一个巩宁城,还有迪化新城里的汉城,以及迪化屯城均需要大量的粮食、蔬菜等副食品来进行供应。这便是乌鲁木齐周边那些城堡惠徕堡(今六道湾)、屡丰堡(今七道湾)屯堡一百多园户种植蔬菜所起到的供应作用。

乌鲁木齐屯垦的农田和菜圃,几乎是同时出现的。当时乌鲁木齐的菜圃分为大畦、小畦两种。小畦大都集中在城市的周边,多种植早春和经济价值较高的"细菜",如山药、百合;大畦菜圃则以种植一些秋冬菜为主。屡丰堡(七道湾)地区,起初是粮、菜兼种,自乾隆三十七年(1772)巩宁城建成后,

大小西门、红旗路等重点商圈市场成为辐射全市乃至全疆的区域性商品集散地，中山路、解放南路更是荣获"中国著名商业街"和"中国特色商业街"称号　徐连生摄

满城驻扎的满营官兵及眷属骤增至一万多人。因为满族人喜好抽旱烟，迪化也只有东北迁来的锡伯营和索伦营种植。后因满营锡伯营、索伦营在乾隆时期几度驻扎，便把旱烟带到了迪化屡丰堡种植。因为屡丰堡水土特别适合旱烟种植，所以屡丰堡的"索伦烟叶"也闻名全疆。

乾隆三十九年（1774），清时七十一（姓尼玛查，号椿园）在其所著的《西域闻见录》中说，迪化城当时"字号店铺，鳞次栉比，市衢（街道）宽敞，人民辐辏，茶寮酒肆，优伶歌童，工艺技巧之人，无一不备。繁华富庶，甲于关外"。

乌鲁木齐铁厂当时在城东水磨沟温泉边，从事掘矿炼铁的人多为内地遣送来的犯人。黄壶州在《红山碎叶》中记载："例载废员派管铁厂者，十年之限得减三年。""铁厂系武营办理，派管之员无从参与，不过棒橛而已。"他在公务之余，常吟诗作赋，《壶舟诗存》中即收有不少吟诵水磨沟与铁厂的篇什。如他在《水磨沟》一诗中吟咏："水磨沟，六磨流，三磨四磨为最优。山夹亭榭夏当秋，歌舞奕射无不收。人人皆醉红裙酒，独我探源石龙口。"水磨沟在乌鲁木齐清代历史上，不仅以铁厂、磨坊、制币厂载于史册，更以风景优美闻名遐迩，备受文人墨客青睐。

迪化周边屯垦所产生的巨大成效，保证了这几座城池的日常生活的需要。随着农业、畜牧业发展，乌鲁木齐的手工业也得以慢慢地发展起来了。

兴办义学

乾隆三十二年（1767），乌鲁木齐办事大臣温福奏请在管辖内各城均设立一所义学，教授兵民子弟学习文化知识。他对设立义学的教师及教师的薪酬均作出了安排。当时在迪化州设立虎峰书院一所，"膏火地六百五十亩，岁获租银四十两"。其后在昌吉、绥来（玛纳斯县）、阜康、济木萨、呼图壁、奇台县各设立一所书院，教授孩子们学习文化知识，也安排孩子们学习射箭等课程。

乾隆三十四年（1769），乌鲁木齐办事大臣温福再次奏请各县设立正式的学堂，并扩大教授学生的范围和规模。温福的奏请即单独增加一笔开支来作为学堂教师的薪资。迪化直隶州学堂，"奏准学额岁入文生四名，武生四名"。同时，在乌鲁木齐办事大臣所管辖的昌吉县学、阜康县学、绥来县学、镇西府学、宜禾县学、奇台县学都对学堂校址、教室等作出布置安排。在当时那个时代，通过义学、学校学习文化知识，是文化传承的很好形式。

自乾隆二十四年(1759年)清朝统一新疆之后，内地各省区大批汉族军民来到新疆，自然随之输入一些汉文化习俗与娱乐形式。乌鲁木齐每年隆重热闹活动的场景莫过于各种传统节日：如年节、元宵节、土地节、端午节、中秋节等。据齐清顺先生的系列文字介绍："年节在农历正月初一，故当时也称元旦。""元宵节在正月十五。由于这天夜里要张灯庆祝，故又称灯节。""土地节在农历二月初二。传说这一天是土地神生辰。""端午节原称端五节，在每年的农历五月初五。""中秋节……八月十五日……新疆汉人在这天也要赏月庆祝。"

"满汉两城之元宵灯火最盛，汉城尤盛于满城。店面各有灯棚，大店户是灯尤多。然无甚奇巧，大率玻璃沙画而已，佐以锣鼓讴歌，店面施放花筒流星之属，亦有过街龙灯，类如内地乡屯之制，无甚可观。惟秧歌最丑怪，一人扮白苎花面红缨帽，白皮反穿，手执伞灯。领队数人扮如魑魅魍魉，花衣蓬首，数人扮如武士，数人扮如浪子，数人扮如妓女……"黄壶舟给我们描摹记录了一幅活灵活现的乌鲁木齐元宵灯会时商业繁华的场景。

逢年过节的庆祝活动主要是各种文化娱乐形式，自然会有一些内地传入的戏曲乐舞演出。清文人纪晓岚曾写《乌鲁木齐杂诗》一百六十首并自序：此地"今已为耕凿弦诵之乡，歌舞游冶之地"。并吟诗："山围芳草翠烟平，迢递新城接旧城。行到丛祠歌舞榭，绿氍毹上看棋枰。""到处歌楼到处花，塞垣此地擅繁华。军邮岁岁飞官牒，只为游人不忆家。""玉笛银筝夜不休，城南城北酒家楼。春明门外梨园部，风景依稀忆旧游。"并注说："酒楼数处，日日演剧。数钱买座，略似京师。"还说：此地梨园数部遭户中能昆曲者甚多。"元夕各屯十岁内外小童，扮竹马灯，演昭君琵琶杂剧，亦颇可观"，另有"春社扮番女唱番曲"。

黄壶舟来此地，汉文化风俗依旧如故，所以大有感触，他在《红山碎叶》中真实地记载了边塞戏曲乐舞及民俗娱乐活动的所见所闻。演技之人常聚首于"每岁神会，最多俱八月以前，恐下雪也，正月灯市最盛"。所擅长表演"太平歌"，逢时"万室云连，官舍列居，市贾辐辏，虽在关门数千里外，而林总熙熙，如登春台，羁人无事，惟日听太平歌而已"。"太平歌"亦称太平调或太平鼓，此种乐舞形式最初见于宋代城镇街巷瓦肆。

纪晓岚在《乌鲁木齐杂诗》中也谈及：当时流行于边城的内地汉人戏曲有京戏、杂剧、昆曲、越剧、楚调等，同时还提到在"鼓冬鼓冬画鼓"伴奏声中所表演的"夜赛神"祭祀仪式。

后来，乌鲁木齐又陆续出现了"清华班""新盛班""吉利班""三合班""天利班"等戏曲班社及大批知名艺人，从而有力地推动了新疆传统乐舞与戏剧文化的发展。

庙宇冠乌垣

当时，在整个迪化城总共有大小44座各种各样的庙宇，分布在迪化三城的周边，的确是庙宇冠乌垣。

那么乌鲁木齐的三座城池及周边的屯城、城堡建起了这么多用于祭祀的庙宇，就得把满族人的原始宗教，及其风俗、习惯做一个简单的介绍。

当时的满族人最早信奉的宗教是萨满教，"萨满"即满语"激动不安的人"。萨满教的图腾崇拜、祖先崇拜、多神崇拜和自然崇拜，反映了满族人原始的宗教情绪、宗教心理和意识。"萨满教形成于渔猎经济的基础上，是原始渔猎经济世界的反映，它以'万物有灵'的思想意识为教义，以萨满作为人灵沟通的使者，是一种与巫术活动相结合的一种原始宗教。"

满族人崇拜的神灵包括自然神，如山神、动物神（如马王）、祖先神以及人间神（如关帝）。萨满成了这些神灵的代表和化身，只有萨满能够沟通人与神灵之间的关系，从而构成人与神灵交流的方式。

萨满教不是一个统一、成熟的宗教，在信仰萨满教的民族和部落中，从来没有将其作为一种正规宗教的共同经典、共同信奉的神祇和统一的宗教组织，它只是一种自发的民间信仰活动。

满族原在东北长白山，他们崇拜长白山神。进入新疆后，又出现了对博格达山峰等灵山的崇拜。

人们创造了这些被崇拜的神，必然把自己的安危与祸福寄托于这些神。于是祈求神灵的各种祭祀活动中，便产生了交往于人和神之间的使者——萨满。萨满信仰的神有几十种，其中属于自然的神有天神、地神、风神、雨神、雷神、火神，还有很多动物名目的神。所有这些神都有自己的偶体和偶像。

关帝信仰在清代是大力提倡的，规定凡是关帝庙都要春秋致祭，所以关帝崇拜风行全国。清军进入新疆以后，天山南北满、汉各城均要建关帝庙。

祭祀对于满族人来说是非常重要的事情，是满族出于对自然和祖先的崇拜而举行的活动，是体现其民族特点的重要习俗。由于过去他们在山林中居住且从事狩猎活动，自然对山川树木的崇拜很早就形成了。满族的祭祀还有"星祭"和"家祭"的区别。

在乌鲁木齐建造屯城、迪化新城和巩宁城的同时，清政府便非常重视通过寺庙、习俗来对民众进行启迪教化，吸收汉文化，培养民众心中的信仰。

每年到了春秋两季，乌鲁木齐都统要率领满朝文武官员到关帝庙（鼓楼北正中的）、城隍庙（北街偏西的）、文昌宫（北街偏东的）、文庙（东门外路北的）、社稷坛（西门外西南隅的）、先农坛（东门外东南隅的）、龙王庙（灵应山上的）、八蜡庙（蜘蛛山向南的）举行祭祀活动。嘉庆十年（1805）昭忠祠建造完工后，在迪化的满朝文武官员也一样在这里需要举办一年春秋两次的祭祀活动。由乌鲁木齐都统率领满朝文武官员举行的祭祀活动属于公祭，至于一般百姓求神拜佛，平时需要祭祀的则不受时间限制了。

满族人非常重视传统节日的庆祝活动，如一年一度的春节是十分重要的活动。另外还有每年农历十月十三日必须要庆祝的"颁金节"，每年农历十二月初八日的"腊八节"，每年农历正月十五日的"元宵灯会"，每年农历正月十六日的"走百病"习俗，每年农历二月初二的"领龙"，每年农历五月初五的"端午节"，每年农历六月二十四日的"祭关公诞辰日"等。

举行祭祀活动时，由乌鲁木齐的最高军政长官都统率领迪化满、汉城的几十名文武官员，身着朝服，庄重地予以祭祀。在每年的农历十月初六这天的黎明时分，全体文武官员皆身穿朝服由乌鲁木齐都统率领，列队整齐齐聚万寿宫礼堂，向上苍行三跪九叩首礼。在每年的冬至日这一天的黎明，同样由乌鲁木齐都统率领满汉文武官员身穿朝服齐聚万寿宫礼堂，举行三跪九叩首礼。在每年的元旦黎明时分，乌鲁木齐的都统率领穿戴整齐的文武官员，在万寿宫礼堂举行三跪九叩的首礼。在每年的四月十五日这天，还要乌鲁木齐的都统率领身着朝服的文武官员前往红山，遥望博格达山峰，举行"红山嘴望祭"仪式，全体官员面向博格达山峰三跪九叩首礼。博格达山峰虽抬头可见但毕竟距城市太远，去时多有不便，故在红山遥祭山神。举行仪式前，先由主祭官宣读祭文，再行跪拜之礼。在每年的春秋两季，还要举行给"大成至圣先师"的三跪九叩首礼。每年的春秋两季，还要在关帝庙向"关圣大帝"行三跪九叩的大礼。在文庙，举行春秋两季由乌鲁木齐都统率领文武官员向"文昌帝"行三跪九叩的首礼。每年的春秋两季，还要由乌鲁木齐都统率领文武官员在社稷坛举行祭祀仪式，行三跪九叩首礼。每年的春秋两季，乌鲁木齐都统还要率领文武官员举行向"龙神"行二跪六叩的首礼。每年的仲春时节，在先农坛，乌鲁木齐都统还要率领文武官员举行三跪九叩的首礼，在先农坛与社稷坛举行的仪式程序相同。如祭祀关帝庙活动举行之前，一定是先由主祭官于关帝香案前，跪着摆上香，然后行一跪三叩首礼之后，即行初献礼；然后引唱，将酒敬上，再带领众人行一跪三叩之礼。

由官府主持的祭祀活动，所有祭祀活动皆由当地的最高长官乌鲁木齐都统率领文武官员，身着正式的朝服进行。而在民间自行举办的祭祀活动，如祭祀佛祖、观音，财神等则数不胜数。在乌鲁木齐兴建的众多庙宇中，也有各地商会、会馆自行修建的庙宇，如乾州商人在乾州会馆建造了一座城隍庙，山西商人在山西会馆修建了一座关帝庙，五凉商民在城内北关又修建了一座五凉会馆关帝庙等。

流人诗篇

新疆是清政府遣发重罪官员的主要地区，史载："文武职官犯徒以上，轻则军台效力，重者新疆当差。成案相沿，遂为定例。"据乾隆五十八年（1793）二月乌鲁木齐都统尚安奏称"流放乌鲁木齐的各种遣犯共有3200多名，均参加屯田生产。"而在《三州辑略》中记载：起于乾隆二十五年（1760），到嘉庆十二年（1807）流放乌鲁木齐的大小官员是"册载380余员"。或许这380多名官员已包含在3200多名遣犯当中了。

乾隆三十二年（1767）翰林院编修纪昀流放新疆，典籍中也开始留下流人遣戍新疆的诗篇。

纪昀（1724—1805）字晓岚，又字春帆，号石云，又号观弈道人，河北献县人，是清乾隆年间的著名学者。

纪晓岚12岁随父定居北京，师从戴亨。17岁时参加乡试，24岁中举人，乾隆十九年（1754）中得进士，入翰林院编修。时间不久，纪晓岚便牵扯进一桩泄密案，其姻亲两淮盐运使卢见曾获罪，清廷奉命查抄。据后来追查，纪晓岚是泄密者之一，因而乾隆三十三年（1768）被革职充军发配至乌鲁木齐。

纪晓岚发配乌鲁木齐时，正值44岁，其在乌鲁木齐仅二年时间。其间，纪晓岚没有写下任何诗词，只是"草奏草檄，日不暇给，遂不复吟咏"，在获释返回京城途中，根据脑海中对边陲乌鲁木齐的深刻印象，追忆成了《乌鲁木齐杂诗》160首。其回到京城后，又在其《滦阳消夏录》《如是我闻》《槐西杂志》《姑妄听之》和《滦阳续录》收入了大量在乌鲁木齐的所见所闻趣事。

纪晓岚遭戍迪化期间，正值乌鲁木齐迪化新城建造、扩建，新城连接屯城的时间，当时满城巩宁城尚没有兴建。纪晓岚遭戍乌鲁木齐的第三个年头二月，即乾隆三十六年（1771）他便得到自己释回的消息。而这一年正好是渥巴锡率领土尔扈特部近16.9万人东归祖国的那一年。纪晓岚获释返回的第二年，满城巩宁城便开始兴建了。

纪晓岚流放乌鲁木齐时，正值温福任乌鲁木齐都统。温福是满人，他的汉语水平不高，最初给乾隆皇帝的奏折中，错字、白字连篇，几次遭到乾隆皇帝的申斥。温福遂延请流放新疆的纪晓岚帮忙处理文牍奏章事宜。此后便再也没受到皇帝的申斥，进而官运亨通起来。

纪晓岚一生曾作有两篇长赋涉及新疆，均收入在徐世昌编纂的《大清畿辅先哲传》中。纪晓岚著有一篇《乌鲁木齐赋》不见经传，少为人知。在今天乌鲁木齐市"人民公园"内的西侧，建有纪晓岚的"岚园"，以纪念这位学人在此留下的印迹。

纪晓岚释回52年后，清道光九年（1829）又一位清代著名学人史善长被遭戍乌鲁木齐。

史善长（1768—1830）字春林，浙江山阴人，潇洒倜傥，才华出众。道光年间，应童子试不第，后依照朝廷例捐了个知县。后被任命为江西余干县知县，仅任职一年多，便深受百姓爱戴，所治理之县也得到大治。后因为失察之罪，被褫夺官职，遭戍乌鲁木齐。其在乌鲁木齐约三年时间，即被释回。史善长时年63岁，著有《味根山房诗抄》。

当行走到哈密时，史善长赋诗一首《至哈密》："将身裹入黄沙里，头昏气促口侈侈；人烟一缕残魂起，伊州三日驻行李。"因为史善长年事已高，漫漫长途，他怎抵得上身强力壮的年轻人。"行路之难竟如是，此身能得几回死。骨肉拚吹化虫豸，且领南行票一纸。"遣戍乌鲁木齐之旅，对于史善长来说，无异于就是一次艰难的死亡之旅。

过哈密以后，史善长便感到头昏脑涨，呼吸急促，疼痛不已。到了吐鲁番后，他便觉得濒临死亡一般。因为史善长毕竟是一个年过六旬的老人了，出关肯定不会像年仅44岁遣戍时的纪晓岚那般轻松自如。史善长仿佛交代后事似的回忆了其一生："生死地有定，悲苦徒伤情；就令从此逝，神完魂亦清；痛念幼失怙，母氏抚育成；有姊早出嫁，无弟难为兄；妇死媳佳弱，初学作羹汤；孙虽不异儿，年少事未更；闻我死关外，惨惨哭无声。"想来史善长也是悲从中来，在幼年时父亲便过世了，是母亲将他抚养成人。如今自己的夫人已死去，儿媳妇也柔弱不堪，孙子还年幼。自己却又发配关外，当他们听到我死在了关外，不知道哭得会多么伤心啊！

当行走到吐鲁番时抵达乌鲁木齐后，史善长又写得一首诗《到乌鲁木齐》：

到戍如到家，喜得息行李；况我病狼狈，九死一生耳；初望见汉城，一道烟光紫……何处秀野亭，久圮无遗迹；酒肆错茶园，不异中华里；……两仆掖我下，摇摇步难徙；……乡友四五人，亲情骨肉比；劝慰伴晨昏，饮食谋甘旨；一笑语我仆，到此即便死；已胜吐鲁番，黄钱无半纸。

史善长遣戍乌鲁木齐来时走的是哈密—吐鲁番—达坂城这条路，三年释回时走得是乌鲁木齐—阜康—奇台—木垒—巴里坤这条路，从其沿路所写的诗文中，我们可以清晰看到这一点。史善长遣戍乌鲁木齐期间，七月曾与几位友人踏游水磨沟，留下了"塞上山多却少水，听说水字心先喜""青山露面远相迎，不曾见水已闻声""谁触机心将磨置，雪花玉屑时盈器"等诗句。

道光十二年（1832），史善长得到了自己将被释回的消息，心情也立刻变得舒畅起来。在《巳卯三月初四日自乌鲁木齐起程东还夜住古牧地》诗中，史善长眼里看到的青山也变得多情起来。"恩许东还得自由，苍茫鸿爪雪泥留。离情待付春冰解，呜咽清溪不肯流。青山如主最多情，留住斜阳送客行。入耳顿教相思慰，绿杨阴外吒牛声。纪略诗编第一程，还乡人爱马蹄轻。于今南下无游牧，胜有垂杨惯送迎。"道光十二年（1832）史善长被释回的七年后，他的又一位浙江同乡江南才子黄壶舟也遭戍来到了乌鲁木齐。

黄壶舟，名濬，字睿人，号壶舟，台州太平(今浙江温岭)人。道光二年(1822年)进士，历任江西萍乡、雩都、临川、东乡、彭泽等地知县，署南安府同知。道光十一年（1831），黄濬因在彭泽知县任上，境内"客船遭风失银，被诬为行劫，落职后又遭陷害，被流放，道光十九年(1839年)抵达戍所乌鲁木齐"。黄壶州于道光十八年(1838年)启程，次年夏季抵达新疆乌鲁木齐，先寓东关，后移居城中八条巷，自题寓所为"四素堂"，自称"四素老人"，以示淡泊名利，安之若素。其间，他曾奉命管理城郊铁厂，从事批阅试卷等文教工作，以及教授乌鲁木齐都护惠吉的两个女儿。黄壶州在乌鲁木齐期间，更对红山情有独钟，以至于将游历见闻"聚叶为薪，积叶成屋"荟萃汇集，冠名为《红山碎叶》。撰写了许多与红山有关的诗词，如《望红庙次韩昌黎山石韵》《迪化州红山》《二月十三日赴汉城过红山嘴》《红岫迭霞》《晴雪戏占》《辛丑花朝过汉城途中口占》等。

鸦片战争期间，清廷将两广总督林则徐与闽浙总督邓廷桢革职，均从重发配伊犁，效力赎罪。林则徐于道光二十二年(1842年)十月七日抵乌鲁木齐。以禁烟抗英的凛然正气闻名于世的爱国英雄林则徐，受到此地都统、提督、道员及流放边城的黄濬等人的热情欢迎。时隔三年后的元宵节前后，林则徐奉旨赴南疆勘查垦荒又路经乌鲁木齐，"都护、观察诸公坚留过灯节"。他乘兴与黄濬、黄冕等友人同游红庙，饮酒话别，吟诗对词，所见"元夕灯市颇盛，自城内至东关外，通衢多竖牌坊，燃灯数夜"。因黄濬与林则徐的人品、才学、命运相近，自邂逅即结为知音。两人常书信来往，酬唱歌吟。黄濬赋诗盛赞其友"戍客相逢皆骨肉，诗才无敌有云泥"。林则徐收阅后，回赠词《金缕曲·寄黄壶舟》云："沦落谁知己，记相逢，一鞭风雪，题襟乌垒。同作羁臣犹间隔，斜月魂消千里。爱尺素，传来双鲤。为道玉壶春买尽，任狂歌，醉卧红山嘴，风劲处，酒鳞起。"远在天涯，沦落人结为知交，情系边城红山，醉酒话别，交谊深笃。黄濬后来将谪戍乌鲁木齐的吟诵诗章汇集为《壶舟诗存》一书，林则徐为其人作序，文曰："为诗若文，能深涵万有，不主故常，汪洋恣睢，惟复所适，窥其意境，若长江之放乎渤澥，竹木舟扁舻，不遗巨细，而无乎不达。"

林则徐非常推崇黄濬诗文的气雄、笔健。二人短聚长离，然而心驰神往，"分手离居时，以邮简相倡和"。追忆其"剪烛论文，连宵不息，各出其丛残，相评骘商略去留，不存形迹"。黄壶州在《红山碎叶》记载：道光二十二年"五月初三日，巴里坤地震，城宇坍坏，毙人无算，闻信恻然"。故和唐代诗人杜甫《茅屋为秋风所破歌》韵律作诗一首，以抒发忧民之情怀。次年，黄濬奉命督修巴里坤地震后之重建工程，至道光二十四年（1844年）十月方才完工，令他欣慰的是就在此年年底接旨获释东归。道光二十五年（1845年）正月，黄壶州结束了长达七年的流放生涯，自东归后一直从文游学于江南各地，并相继撰写出《漠事里言》《倚剑诗谭》《东还纪程》《壶舟诗存》《壶舟文存》《红山碎叶》等书籍，以及编写出可供上演的两种杂剧。晚年他主讲于黄岩萃华书院、太平宗文书院与鹤鸣书院，教学之余，吟诗作赋，著述立说，而所著笔记《红山碎叶》则为黄濬流放乌鲁木齐期间的真实写照。

据《红山碎叶》书前"台州壶舟黄濬自叙"所知，此书实为清代文人游记随笔之文体，故刊本定名为"台州壶道人随笔"。此作类似嘉庆年间，先后发配于伊犁的清代文人洪亮吉之《天山客话》与祁韵士之《万里行程记》，如实记录了西行沿途山川城堡、名胜古迹、行程道里、风土特产、饮食起居、民族风情，兼有引经据典，考证、演绎、评述，以及附录诗词文赋，惯常将流放见闻，随手疏记，投行箧中，抵戍或遭返后，再略加编缀成篇而流传于世。

李銮宣（1758—1817）是又一位遣戍乌鲁木齐的著名人物。李銮宣字石农，号伯宣，山西静乐人。乾隆五十五年（1790）李銮宣与洪亮吉同一年考中进士，李官至云南按察使。嘉庆十一年（1806）夏，"于龙世恩戮毙龙显恩一案，平反错误，被参革职"。尚未离任，又查出另有积压案件二十余起，遂一并下旨拿问。

嘉庆十一年（1806）十一月十四日降旨，经查李銮宣耽搁案牍，系父亲病重，精神昏聩所致，属自籍诿词，发往乌鲁木齐效力赎罪。

李銮宣接旨后，将父亲送回家乡，即行赴戍。出关时，禁不住赋诗曰："春风吹不到，抬眼见天山。一万八千里，流人过此间。莫须惊远戍，犹复冀生还。去去频回首，行行今出关。"

李銮宣自哈密翻越天山到巴里坤，从木垒走奇台，长途跋涉到乌鲁木齐。当时遣戍乌鲁木齐的流人约372人。李銮宣在乌鲁木齐时，做《壶中》一诗："壶中岁月幻中身，闭户钞书又浃旬。昕夕往来皆戍客，古今迁谪几诗人。庭花沐雨生秋色，暮燕倚风结比邻。抬眼天山万年雪，一回凝睇一伤神。"

李銮宣在乌鲁木齐不过三年，嘉庆十四年（1809）适逢嘉庆帝50大寿，大赦天下，李銮宣得以释回。

李銮宣释回后，官至广东按察使、四川布政使。嘉庆二十二年（1817）九月二十四日，旨令其代理云南巡抚。但谕令发出还不到一个月，李銮宣便于十月十一日去世了。其流放期间著有诗集《荷戈集》。

THE
BIOGRAPHY
of
URUMQI

乌鲁木齐传

军府制的黯淡一页

第三章

当东汉派驻西域，驻守南疆疏勒城的班超派遣副使甘英一路西行，抵达红海，看着汹涌的大海时，便停止了脚步，望洋兴叹，铩羽而归。在西域草原上驰骋八百年的匈奴人，终于在汉军的沉重打击下，纷纷向西败退到了大欧罗巴的多瑙河流域。

当唐代的杜环将造纸技术传入中亚，将中原文明推进向中亚文明时，满族人快速崛起于北方，迅速南下。在他们向西开疆拓土时，自然与厄鲁特蒙古人狭路相逢。

满族人建立的清王朝西进时很快就发现，可以马上得天下却不能马上治理天下。于是，驻军屯田的军府制统治便在新疆应运而生。然而最初军府制确立时，表面上看起来还适逢其时，但基础并不牢固。

清政府最先经略新疆的着眼点是在新疆北部伊犁，所以清王朝将统御新疆的中枢放在了伊犁，但将目光投向地域辽阔的南疆时，伊犁又显得鞭长莫及。所以战略重心不得不向南迁移，由此乌鲁木齐的战略中枢作用便逐步凸显出来。

重心南移，位及中枢

从乾隆二十四年（1759）建造迪化屯城，到四年后的乾隆二十八年（1763）建迪化新城，再到九年后的乾隆三十七年（1772）的巩宁城建造，我们可以清晰看出：清政府对乌鲁木齐的建城并没有一个长远规划。其中原因，便是清政府在治理新疆的思路上发生着变化。

清政府从准噶尔部叛乱平定到"众建以分其势"，再到军府制政策的制定，从南疆剿灭大小和卓的叛乱到各城设兵置守，采用军府制治理方式，经过了一个复杂的过程。

新疆地处亚欧大陆中心，是处于丝绸之路经济带上的核心区域，起着沟通中西交通的重要作用。控制住了新疆，也便扼守住了新疆通往中原与西方各国政治、经济、文化等方面交往的咽喉，而且还可以此为基地东进中原、西出葱岭、南下西藏、北控大漠，四面出击。

中原历代王朝在与北方游牧民族争霸过程中，中原王朝经营西域往往从南部着手，而北方游牧民族则多从北部入手。而由北向南则比由南而北要容易得多，控制了北部，才能最终控制南部。这是新疆的自然地理条件决定的。

新疆远离内陆，四周高山环绕，属典型的大陆性气候。天山山脉横亘其间，将新疆分为了南北两个相对独立的区域。北部系围绕古尔班通古特沙漠，即准噶尔盆地四周形成的绿洲经济；南部则是围绕在塔克拉玛干大沙漠，即塔里木盆地四周形成的绿洲经济。南部则又处在喀喇昆仑山与天山山脉交会形成的世界屋脊——帕米尔高原，北有天山山脉阻隔，来自太平洋和印度洋的东南暖流与来自北冰洋和大西洋的西北冷空气均很难抵达这里。

这里气候干燥、炎热，沙漠一望无际，只是沙漠边缘的盆地会有一些少量的冰山雪水形成的一些可供人类居住的绿洲。因此，绿洲农业是这里的主要经济特征。中原王朝从河西走廊进入南疆，主要还是南疆的农耕经济同自己的农耕经济形态十分相似，很容易形成联盟。但南疆的自然经济其基础非常脆弱，长久经营，还有赖于南疆当地脆弱的自然经济来维持，一旦河流改道，政权便不复存在。当地居民的赋税很难供养驻军的粮饷，由内地转运粮食等十分困难。于是，中原王朝驻军于此，往往采取"寓军于农"的办法，来保证其统治。

相较于南疆而言，北疆则要湿润得多。天山山脉与阿勒泰山脉将准噶尔盆地从东、南、北三面包围了起来，西面则异常开阔。西北的冷湿空气南下，形成降雨，加之北疆纬度较高，蒸发量较小，气候凉爽，无霜期短。部分地区适宜农耕外，其余地区则是优良的天然牧场。这些牧场与东部的蒙古高原和西部的哈萨克草原连接在一起，形成游牧民族的理想场所。

南北不同的经济形态，决定了古代天山南北不同的经济格局。南部散落在一片片绿洲之上的城邦诸国，往往以农耕为生，面临外敌入侵时，很容易被各个击破。北部则基本没有田畴之忧，往往呼啸而来，呼啸而去，常年的游牧厮杀，使他们形成了一种粗犷彪悍、好勇斗狠的尚武精神。由于他们娴熟的骑射技术和迅捷的军事行动，他们往往很容易征服南部各地，将其作为自己的人力、物力补给地。此便是"北可制南，南不可制北"的缘由。

欲取南疆，必先取伊犁。这也是伊犁所处的地理位置所决定的。伊犁北部的东、南、北三面环山，外部不易进入，西部地势开阔，是内外出入的重要通道。伊犁正处于这个咽喉位置，其北部是塔勒奇山雄踞，南部是汗腾格里山屏藩，东部是博罗布尔噶苏山，仅敞开西部之山口，伊犁河自东向西贯穿其境，流入哈萨克斯坦。伊犁河谷地土壤肥沃，水源丰沛，冬暖夏凉，宜耕宜牧，是理想的天然牧场。据有伊犁，不仅很难受到来自北、东、南面的攻击，且又可以向东迫焉耆，西进中亚，南越天山穆素尔达坂，直向乌什、阿克苏、库车等地。所以驻守伊犁，若没有重兵，又很难控制得住。这也是清代在此屯兵驻扎，粮秣供给极为便利，"以西域治西域"之策，在伊犁实行驻军肩负戍守边陲与屯田生产之双重任务。这也便是清代在新疆建立伊犁将军府的根本原因，也即清实行军府制，"寓兵于农"的由来。

军府制的确立

清代新疆军府制度的确立经历了一个漫长过程。它是一个循序渐进、不断加强、不断巩固和不断完善的过程。

扎萨克制度是清政府为了统治蒙古各部,结合满洲八旗制度和蒙古部落制度的特点,逐步设立的一种带有军事色彩的地方行政管理制度。

康熙三十五年(1696),清军进剿准噶尔部噶尔丹到哈密,哈密的维吾尔首领额贝都拉率众归顺清朝。第二年,额贝杜拉属众擒获了噶尔丹的儿子塞卜腾巴尔珠尔等人,交给清廷。清政府为了奖赏额贝都拉的忠勇遂授予他"一等部长;伊子郭帕白克、白奇白克授二等部长,分编旗队,并令伊子郭帕白克率一百人驻扎肃州",帮助他们一起办理回民事务。就此扎萨克制度在哈密率先确立下来。

雍正九年(1731),清军进剿到吐鲁番,吐鲁番的维吾尔族首领额敏和卓不甘忍受准噶尔部的侵扰,请求内迁。次年,清政府因额敏和卓协助清军作战有功,授封额敏和卓为"扎萨克辅国公"。由此,吐鲁番地区的扎萨克制度也得以确立。

随着清政府在哈密、巴里坤、吐鲁番、辟展(今鄯善县)等地开始驻军屯田,为了管理随军进疆的内地民户,清政府在乌鲁木齐及其以东地区也实行了与内地相同的州县制度。

乾隆七年(1742),清政府在哈密增设了"管粮员二员,经收粮务,兼理民情"。乾隆二十四年(1759),清政府将安西提督移驻巴里坤,将靖逆副将、都司移驻哈密,均归巴里坤提督府节制。同时,将安西道移驻哈密,安西同知移驻巴里坤,靖逆通判移驻哈密。次年,乌鲁木齐仿照哈密、巴里坤例。同年十月,清政府定哈密、巴里坤为直隶厅,有关事务照内地规制办理。新疆东部一带的驻防行政体制初步完善。

在出兵平定准噶尔部之前,清乾隆制定的统治政策是"众建以分其势"。清军初步平定准噶尔之后,仅留了定北将军班第500名驻扎伊犁,但阿睦尔撒纳的叛乱及准噶尔部其他各部落的反复降叛,迫使乾隆帝平定叛乱后,在伊犁驻扎重兵镇守。乾隆二十一年（1756），清军再次平定准噶尔部叛乱后，乾隆帝便以定边右副将军兆惠为"驻扎伊犁等处办事大臣"，统兵2000人，镇守伊犁。新疆北部的驻防体制初步确立下来。

而南疆各地，起初乾隆帝本着"因俗施治""齐其政不易其宜"的原则，最初打算委派归附清廷的大小和卓招抚其地，实行代理统治的，但大小和卓很快反叛，打破了清廷的原有计划，中央政府决定在保留原有各地伯克的基础上，派兵驻守，对南疆采取直接统治。乾隆二十三年（1758），清军先后攻占了库车、阿克苏、乌什，派出大员驻防办事。次年，清政府在已经平定的喀什噶尔、叶尔羌、和阗、英吉沙尔、喀喇沙尔（今焉耆）设立办事大臣和领队大臣，统兵驻防。新疆南部的军政体制基本确立。

清军平定新疆后，在各地实行驻防制、屯防制、换防制、扎萨克制、伯克制、州县制多种形式并存。伯克、扎萨克官员办理各项事务，均有驻在当地的办事或领队大臣监督，驻防满营均受各地办事大臣、领队大臣的统率，驻防绿营兵则受巴里坤提督的节制，州县官员则由陕甘总督委任。

乾隆帝放弃了将新疆划入甘肃管辖的计划，进而派将军、大臣驻扎伊犁，统兵驻防的计划最终确定了下来。早在乾隆二十三年（1758），乾隆帝就下旨说："伊犁入我版图，控制辽阔，不得不驻兵弹压。……其驻防伊犁大臣，即兼理回部事务。"

乾隆二十五年（1760），清政府委任参赞大臣阿桂为办事大臣总理伊犁事务。次年，清政府令明瑞赴伊犁代替阿桂办事。乾隆二十七年（1762）十月，清政府正式任命明瑞为"总统伊犁等处将军"，新疆军府制正式确立。

伊犁将军府设立后，为完善军府制体制，清政府对新疆原有的统治机构做了相应调整。乾隆二十七年（1762）十月伊犁将军府设立后，清政府又在伊犁设立了参赞大臣与领队大臣，协助伊犁将军处理军政事务。

乾隆二十九年（1764）至三十四年（1769），清政府将原伊犁领队大臣分为满洲、锡伯、索伦、察哈尔、厄鲁特领队大臣5员，分管各旗事务。乾隆三十四年（1769）至四十八年（1783），又在惠宁城、固特扎、惠远城、绥定城、塔勒奇城分设了管仓粮员。乾隆四十四年（1779），清政府又在绥定城设置了总兵1员，管理绿营屯工事务。如此这般，伊犁军府制军政体制算基本完成。

在新疆军府制建置的调整过程中，乌鲁木齐及其以东地区是最为繁复的一个区域。乾隆二十五年（1760），清政府在巴里坤设置提督1员，乌鲁木齐驻副将1员。乾隆二十八年（1763），该乌鲁木齐副将为总兵，归巴里坤提督节制。同年，将罗克伦巡检移驻特讷格尔，归乌鲁木齐同知管辖。昌吉巡检移驻呼图壁，归昌吉通判管辖。乾隆二十九年（1764），清政府将巴里坤提督移驻乌鲁木齐，乌鲁木齐总兵移驻巴里坤。乾隆三十七年（1772），清政府在乌鲁木齐设参赞大臣、领队大臣、巴里坤领队大臣各1员。乌鲁木齐满洲绿营官兵的一切屯田事务，参赞大臣皆与提督总管办理。改乌鲁木齐迪化府为迪化州，不久又改为直隶州，设知州1员，归镇西府管辖。又将巴里坤道移驻迪化，改为镇迪道。同年，清政府又因"乌鲁木齐所属地方宽阔，而距伊犁遥远，兵民辐辏，应办事件甚繁"，而将乌鲁木齐参赞大臣改为都统，成为掌管乌鲁木齐及其以东地区的军政事务的最高长官，仍归伊犁将军节制。

乾隆四十一年（1776），清政府改特讷格尔州为阜康县，设训导、典吏2员，仍隶属迪化州；改奇台通判为奇台县，隶属镇西府。乾隆四十三年（1778），清政府改玛纳斯县丞为绥来县知县，隶属迪化直隶州。乾隆四十四年（1779），设吐鲁番同知1员，巡检2员；哈密理事粮厅1员，巡检1员，归镇西府管辖。乾隆四十五年（1780），改辟展办事大臣为吐鲁番领队大臣。乾隆四十八年（1783）、五十六年（1791），清政府又陆续设立了库尔喀喇乌苏、精河、喀喇巴尔噶逊粮员。乾隆四十九年（1784），清政府因乌鲁木齐人口稠杂，将其编排保甲，实行与内地相同的保甲制度。至此，经过不断的补充、完善，乌鲁木齐及其以东地区的军政建置已经基本完成。

军府制通过了数十年的调整和补充，到了乾隆末期至嘉庆初年，新疆的军府制建置已基本完成。其间虽然也有过一些调整，但均无关宏旨。直到新疆建省以后，军府制才逐步处于次要地位，并最终为行省制所代替，乌鲁木齐成了新疆理所当然的一个政治、经济中心。

巩宁城破

1875年11月，赴新疆塔尔巴哈台上任的李云麟在《西陲事略》中说，造成新疆一系列变乱的根源是："迨咸丰年间，东南用兵兼以中原多事，各省饷粮不能供给者十余年，关内外满绿各营，饥疲虚弱，直同虚设。因之回逆得以乘机而起，势如燎原。盖东南用兵，以致西北饷匮，是为乱根。溯陕甘变乱，起于咸丰之末，成于同治元、二年间，新疆南路变起三年，诸城失在四年。"

如今将近150年过去了，我们回过头来再看看那些过去导致新疆沦陷，以及乌鲁木齐巩宁城被焚毁的具体原因时便会发现，事情还远远不是我们所想的那样。但也正是如此，我们可以看出新疆的繁荣与稳定，与内地中原局势的稳定是息息相关，唇亡齿寒，休戚与共。

同治三年（1864），暴乱风潮很快就波及了新疆，整个迪化城的汉城和满营兵屯驻的巩宁城也顿时处于风雨飘摇的动荡之中。

同治三年（1864）五月，甘肃玉门的逆匪杨春趁着纷乱的形势潜藏到了新疆库车一带，他勾结当地的回族头子黄和卓煽动叛乱，如此一来库车城便很快陷落了。同治三年（1864）五月初一，那些回民暴动分子迅速北上进攻喀喇沙尔（今焉耆），包围了喀喇沙尔办事大臣依奇哩的官邸。依奇哩遂紧急向乌鲁木齐都统求援。"喀喇沙尔闻变，征兵乌鲁木齐，杨春亦潜求救于索焕章。"五月初八、初九两天，乌鲁木齐都统也得到了喀喇沙尔办事大臣依奇哩的求援奏报。

在喀喇沙尔办事大臣依奇哩向乌鲁木齐都统求援的同时，逆匪杨春也向乌鲁木齐提督府的索焕章在求救。因为杨春和索焕章之前就非常熟悉。当时，索焕章正任乌鲁木齐的参将，他的父亲便是前任甘州提督索文。索焕章素怀异志，得到杨春的求救信息，他便暗中与杨春商定计划，来阻止乌鲁木齐提督派出援兵去援助喀喇沙尔。

当时乌鲁木齐的提督是业布冲额，索焕章先给业布冲额汇报说，手下正在操练的兵丁很难调遣，以此来阻止提督调兵求援。也正因为平常索焕章对乌鲁木齐提督业布冲额的蛊惑非常有效，以致乌鲁木齐都统平瑞下令给业布冲额时，业布冲额竟称病不出。可当平瑞提出要亲自去探病慰问他时，业布冲额竟也不出面。于是，平瑞才连夜下令派乌鲁木齐提督派兵援剿。平瑞还与镇迪道伊常阿、粮饷主事达春泰等筹集粮草，准备车、驼随营转运。平瑞先派协领穆克德肯、佐领佟瑞带400名兵勇，都司张维昶带巩宁城守营的100名兵勇，合计500人，在五月十三日先行出发前去救援，然后又派库尔喀喇乌苏领队大臣文永带领佐领穆隆额等带满营兵500名、绿营兵100名前去喀喇沙尔救援，遭勇陈子才筹集400人随后出发，所有部队均归文永节制统率。

五月二十五日夜，陈子才率领的400名遭勇从迪化汉城启程去救援时，落在后面的遭勇朱小桂一抬头便瞅见，隐藏在迪化南关巷道中站满了一个个手握兵器磨刀霍霍的暴民。朱小桂手持兵器一阵狂奔返回提督府，急忙向提督索焕章报告，"大事不好"。朱小桂哪里会知道，阴谋叛乱的匪首恰恰是索焕章自己。索焕章眼见自己的阴谋败露，反而诬陷朱小桂谎报军情，将朱小桂五花大绑，推出去斩首。与汉城相距约十里地的巩宁城里的乌鲁木齐都统平瑞也很快得到消息，派了一名主事荫德赫前往提督府去索要朱小桂，希望再审一审，以查明究竟。然而此时，朱小桂早已经被逆匪内应索焕章杀掉了。

没有多久，托克逊便传来消息，托克逊发生暴动。平瑞得到消息后，立刻命令回族乡绅马如智告示回众，"以朝廷分良莠，不分汉、回之义"。同时，命令玛纳斯副将德祥、济木萨参将倭贺尽快召集兵勇，以与前去救援的文永部形成策应之势，且同时命令吐鲁番及山北各州、县严格把守关隘，搜捕外来煽惑叛乱者。

一个月后，从东面勘地回来的人告诉平瑞说，奇台县的汉城、回城均已经被暴动农民攻占陷落了。

第二天，又有消息传来，逆匪杨春已勾结索焕章秘密潜往乌鲁木齐南山，并纠结了约二千余名暴动农民攻打乌鲁木齐的南边关隘达坂城。霎时间，达坂城关隘火光四起，关隘很快便被暴动农民攻破了。

两个月后，北边伊犁也传来消息，已经派出的4000名援兵原定启程来援的，却因为叛匪猛攻惠远城的东南角，叛匪利用地下开凿地道炸开了城墙而延误了下来。

当时，围在巩宁城外的叛匪也在开凿地道，整夜的炮声隆隆，没有停歇。待到二十三日这天，巩宁城内的曙光才刚刚出现，城内的地雷爆炸了，顿时山崩地裂，城内外喊杀之声如涛声传来。

而这时候，已被围困多日的巩宁城内的所有粮食都吃完了，牛、马、鸡、狗也都被吃干净了。更为凄惨的是，就连用来酿酒的麸皮、小麦，还有牛、马的皮革都被煮熟了用来充饥，"茹草根，啖树皮，孚篚枕途"，指挥作战的将帅和兵勇，也全部病倒了。

两天后的夜里，呼图壁民勇送来了200余车粮食，但送粮车队走到离巩宁城还有三十里的地方，再次遭到劫持。"九月初三日寅初风起，……俄而城内关帝、城隍各庙皆火起，贼掘东门拥入"。都统平瑞在巩宁城的西北角上督兵接战。有人提议平瑞可以先出城，以后再图发展从长计议时，遭到都统平瑞的斥责："我平某受国重恩，城亡与亡，恨未能仰报君上，诸公死生自裁，我不能强。"

都统平瑞的顾问在城上对他说，若要打巷战，还是我来吧！当时巩宁城还剩下20多个少年，手里拿着枪，跟随着他。都统平瑞知道这么做不会达到目的，但他手执佩刀对那些少年说："我身为大臣，不可受贼辱，尔等各觅生路。"平瑞说完，向城关跪下叩头，然后站起来自戕身亡。其身后的夫人，两个女儿，两个公子皆举着火把，相拥着抱坐在火药桶上，一家六口自杀身亡。

十一年后，光绪二年（1876），清军收复乌鲁木齐后，都统英翰统计查明这次事件，平瑞在已经点燃的火药桶上英勇殉职。巩宁城都统及以下两万人被杀。

索焕章与宗教阿訇妥得璘阴谋暴动成功后，在如今的团结路中段建造了一座"清真王国都城"。这座城周长1260米，面积0.1平方千米，原来城高3米，墙厚2米。

这片土地原是一片耕地，占地两斛。乌鲁木齐市第六中学的东校门院墙及自治区电影发行放映公司之间是当年这座城的东门，城东南角在今天的乌鲁木齐六中的水房附近，城东北角在现陶瓷厂西北家属楼处，西南城角在和平南路的南端,"皇城清真寺"处,城西北角在今天和平南路小巷内。因此城当初建在此片区域的地高处,从大湾引来的河水经二道桥—饮马巷—西河坝入乌鲁木齐河,地处高处的"皇城"无水可饮用,主要依靠渠水,所以后来清军进攻此城时,皆切断其水道。

同治十年(1871),此城被马人得以及阿古柏等侵略军进行过毁灭性的破坏,城内房屋也被夷为废墟平地。此城只存在了五年时间。

索焕章叛乱后,河州流窜到迪化南关的阿訇妥得璘,自称为"清真王",建造了伪皇城。妥得璘的逆回弟子马泰、马仲、马明、马官,打着他的旗号分别盘踞在古牧地、吐鲁番、玛纳斯等城。

六年后,逆回妥得璘信徒曾与阿古柏匪帮发生激战,失败后,妥得璘向阿古柏祈求投降,依附了阿古柏。阿古柏允许妥得璘可继续自称"清真王",盘踞在迪化城。后徐学功率领乌鲁木齐民团,集聚在乌鲁木齐南山,攻打妥得璘等匪徒,战斗中杀了妥的党徒马仲。其后,妥得璘也很快毙命了。自此,乌鲁木齐陷入阿古柏的黑暗统治时期。

塔尔巴哈台参赞大臣李云麟曾在《西陲事略》中说:"西陲变起……乌垣境内先经汉回将旗汉人民残杀殆尽……官兵克复地方复将汉回诛杀殆尽,今统计乌垣辖境内,东自巴里坤之镇西厅起,西至伊犁迤东,绥来县境止,山北之地绵亘数千里,民不及三千户,而商户及汉回在内,不过千数百耳。尝行经其地唯见各军留防,客勇棋布星罗,联营不断,或竟日不见居民,所历城池市镇旧日人烟凑集处,荆棘成林瓦砾满地不见一人,伤心惨目不可胜言。细询其故,半由乱后……焚毁使然,半由克复后,驻防客勇拆屋为薪,日久拆毁净尽……今数千里内一片焦土矣,兼之满汉额兵荡然无存,去客勇则无兵,无兵何以为守?留客勇则有兵无民,何以供支?仰给内地则劳费万状岂能持久?"

光绪二年(1876),清军驱逐了阿古柏匪帮以后,收复新疆,亦采取坚决镇压的措施。《清实录》记载:清军进入迪化"经过卡垒一律踏平,悉数歼除,搜斩无遗"。

同治十一(1872)年秋,阿古柏侵入乌鲁木齐,叛乱匪首妥得璘败走玛纳斯,后城陷自尽。匪首索焕章在阿古柏侵入迪化后,镇守吐鲁番,后病死。一个无耻的卖国贼，最终落得个惶惶不可终日、急火攻心得病而死的可悲下场。

阿古柏入侵

爆发于清同治三年（1864）的那场陕甘大动乱，波及面之广、影响之巨大令我们今天想来仍不免毛骨悚然，心有余悸。

同治三年五月初一（1864年6月4日），库车的回族、维吾尔族农民首先暴动起义，攻占了库车县城，杀死了库车办事大臣萨灵阿及维吾尔族阿奇木伯克等。此后南疆各地农民纷纷响应。同治五年（1866）春，伊犁农民起义军攻占了惠远古城，伊犁将军明绪自杀。清在新疆各地的统治机构基本瓦解，清政府残余势力被迫退至哈密、巴里坤等地区坚守。

清同治四年（1865）一月，浩罕统治者趁新疆内乱迭起，派军官阿古柏率军挟持了和卓后裔、张格尔之子布素鲁克侵入喀什噶尔。阿古柏以伊斯兰教与布素鲁克的名义欺骗喀什噶尔民众，首先占据的喀什噶尔回城疏附县，取得了立足点。然后阿古柏依靠从与沙俄战败中败退投靠而来的大批匪帮做帮手，采取各个击破的方式，很快打败了各地的割据政权。1870年年底，阿古柏侵略军不仅占领了天山以南除哈密之外的全部地区，而且还占领了天山以北的乌鲁木齐、玛纳斯一线。

妥得璘要的是他的伊斯兰清真王国，阿古柏要的则是统治整个新疆。在满足了自己的欲望之后，妥得璘便委身于阿古柏匪帮，继续以宗教之名欺世盗名了。当时乌鲁木齐南山一带活跃着徐学功的民团义民，投靠阿古柏匪帮的马仲等率众前往进剿，被身材高大、手持大刀的徐学功挥刀斩于马下。后马仲的儿子袭承了亡父的阿奇木伯克之位，但其与妥得璘向来不睦，遂再次纠结阿古柏匪徒攻打妥得璘。妥得璘很快毙命后，其属下马明、马官均投降了阿古柏匪徒。从此阿古柏便在乌鲁木齐征收地税，"命令回汉剃发易服，效其旧俗，皆光顶园领，并搜刮汉回人金帛，转输南路，实其窟穴，而乌垣各城遂沦为异域矣"。尤当此时,在陕西逆匪白彦虎从甘州扁都口败窜出关也来到了乌鲁木齐。白彦虎自知力量不敌阿古柏,也便剃发易服顺从了阿古柏。

同治六年(1867),阿古柏在南疆建立了"哲德沙尔"政权,也叫"七城政权"。阿古柏按照中亚中世纪封建农奴制的方式对新疆进行统治,实行"苏玉尔阿列"制度,即将侵占的地方分封给他的随从亲信,当地百姓则沦为由他们任意役使和盘剥的农奴。在阿古柏统治时期,"各种税赋名目繁多,毫无定额,广大农民群众的财产收入几乎被掠夺殆尽"。阿古柏豢养有6万人的军队,另有遍布各处的密探,一发现对其统治不满者,便随意逮捕杀戮。

面对阿古柏入侵及残酷统治,新疆各地民众也开始了不屈不挠的反侵略、反占领、反奴役斗争。在南疆,阿古柏入侵之初,司迪克便带领柯尔克孜族群众六七千人在喀什噶尔进行抗击。在叶尔羌城下,当地维吾尔族、回族军民均数次大败阿古柏侵略军。

19世纪60年代末,沙皇俄国亦完成了对中亚浩罕、希瓦和布哈拉三国的征服。沙俄已根据不平等条约《中俄勘分西北界约记》吞并了中国新疆44万多平方千米的领土,而且沙俄并未停止其侵吞新疆的步伐,随时伺机对新疆进行更大规模的入侵。同治九年(1870)底,当阿古柏侵略军侵入天山以北的乌鲁木齐、玛纳斯等地时,沙俄认为侵入新疆伊犁的时机已经成熟,抢在阿古柏之前侵占伊犁地区。同治十年(1871)四月,沙俄军队开始侵入伊犁地区。

民团三义士

阿古柏侵略军进入新疆,尤其进入北疆乌鲁木齐之后,对当地农民横征暴敛,激起当地民众的激烈反抗。在北疆各地相继出现了很多的民团组织,如由赵英杰领导的哈密民团,万忠恩领导的木垒民团,张和、邓生玉领导的古城民团,孔才领导的济木萨民团,徐学功领导的迪化民团,沈廷秀领导的昌吉民团,豪强高四领导的芳草湖民团,赵兴体领导的绥来民团,李孝领导的乌苏民团。其中,规模人数最多,实力最强的当属孔才、徐学功、赵兴体三支民团,时称"关外三义士"。

徐学功(1842—1911),字仲敏,迪化南山人,出生于将门之家,祖父徐正泰,曾任甘肃凉州千总。乾隆四十二年(1777)奉命调防驻守迪化,擢升守备。其父徐登治曾任达坂城把总,管理南山头工、二工、七工一带的屯田驻守。

徐学功兄弟八人,其排行老二。兄名学信,六个弟弟名字依次是学敏、学忠、学孝、学第、学策、学义。徐学功十二岁时便投拜名师学习武艺,十年间练就了一身过硬功夫。他读过书,明事理、讲道理,且身材高大,力大无比,武功高强,在远近乡里非常有名,人送外号"徐无敌"。

徐学功画像

妥得璘在迪化叛乱成功后,战乱很快波及迪化南山一带。为了保卫家乡,以求自救,徐学功带着大哥及六个弟弟,挑头组建了迪化南山民团。

同治三年(1864)五月,索焕章勾结阿訇妥得璘在迪化旧城,南关一带发动叛乱。叛匪很快便将战火烧到了迪化新城,因于城中的乌鲁木齐提督业布冲额被杀后,叛匪很快便占领了迪化新城。紧接着,叛匪便包围了迪化的军事、行政中枢巩宁城。叛匪很快也占据了迪化周边的南山一带。叛匪占据南山,居高临下,很快包围了老满城—巩宁城。当时城中的绝大部分兵勇借去了喀喇沙尔救援平叛,趁此当口,索焕章勾结了宗教阿訇妥得璘发动了叛乱。乌鲁木齐都统平瑞率领少量兵勇拼死抵抗,无奈城中弹尽粮绝,岌岌可危。紧要关头,徐学功组织民团数百人,冒着危险,乘夜给巩宁城中供粮。抵达巩宁城下,周围全是妥得璘的回民军,城下是深深的壕沟。于是,徐学功让民团将驼马运去的粮食卸载到壕沟里,再让城里的人将粮食拉上去,解决了城里的粮食供给。

在给巩宁城的多次送粮过程中,叛匪屡次在周边设置路障,阻截周边民团百姓给巩宁城运送粮食,民团时常与叛匪遭遇,激战。徐学功的三个弟弟学忠、学敏、学孝,还有迪化的武举人王秉正、义民吴敖在运送粮食的遭遇战中,英勇献身。对于徐学功等民团的舍命救援,乌鲁木齐都统平瑞深受感动,

劲风　徐新林摄

挥泪慰劳，谓其忠义。城中军民，皆深受鼓舞，奋勇杀敌。

巩宁城失陷后，徐学功率领的迪化民团与索焕章、妥得璘的宗教叛匪作战。无奈叛匪的力量过于强大，人数众多，紧接着阿古柏侵略军也从南疆进攻到了迪化城。徐学功的南山民团力量不敌，他们便且战且退到了呼图壁以北的北沙窝一带。徐学功率领的迪化民团败退沿途又不断收留了一些不甘逆匪蹂躏的百姓。徐学功又联络了绥来民团赵体先，芳草湖民团高四，在北沙窝的红柳丛中，利用梭梭、红柳、梧桐为材料筑起了一座土城——马桥子。徐学功的民

63

团以此为根据地继续与阿古柏的侵略军展开斗争。

起初,徐学功的迪化民团只有百余人,几年后便发展到四五千人。他们不断与其他各地的民团联系,互为犄角,共同打击阿古柏侵略军。

直到后来,徐学功民团被哈密办事大臣文麟收编,与清军一起参与收复新疆的战役,直至驱逐了阿古柏侵略军。

徐学功从同治三年至光绪二年,随军参战十三年,身经大小战役数十战,深受左宗棠的嘉许。

2011年"五一"长假期间,我随著名诗书画家王念慈老人前去徐学功当年退居一隅的马桥子古城遗址探寻。但见马桥子古城遗址尚存,马桥子古城分两个区域,一个是居民区,一个是训练区。断垣残壁至今还依然清晰可见。王老欣然命笔一首《七律·凭吊马桥子古城》:"外寇内贼本沆瀣,清末祸乱南北疆。杀戮哀鸿遍四野,割据烽火燃八方。徐公愤起举团练,难民投奔荷戈枪。荒漠筑城屯耕战,书写丹青留篇章。"

乌鲁木齐都统

清政府在乌鲁木齐的军事行政管理方式经历了乌鲁木齐办事大臣、参赞大臣和乌鲁木齐都统这样一个过程。乾隆二十四年(1759)设置乌鲁木齐办事大臣,到乾隆三十六年(1771)改为乌鲁木齐参赞大臣,共8任。乌鲁木齐参赞大臣历经2任到乾隆三十八年(1773)改为乌鲁木齐都统,一直到新疆建省时裁撤,历经64任,均受伊犁将军的节制。

乌鲁木齐的首任都统是索诺木策凌(1710—1782),满洲镶黄旗人,姓钮钴禄,额亦都五世孙。乾隆三十六年(1771)授予伊犁领队大臣,进入新疆任职。乾隆三十七年(1772)授予乌鲁木齐参赞大臣,次年补授乌鲁木齐都统,总理巴里坤等处屯田事务。乾隆四十年(1775)三月,伊犁将军伊勒图赴京觐见期间,署理伊犁将军一职,直至伊勒图返回任上,其回任乌鲁木齐都统。

乾隆三十六年(1771)清政府将乌鲁木齐办事大臣改为参赞大臣。乾隆三十八年（1773），又改乌鲁木齐参赞大臣为乌鲁木齐都统。乾隆三十七年（1772）索诺木策凌补授乌鲁木齐参赞大臣，清政府改乌鲁木齐参赞大臣为都统时，索诺木策凌也顺理成章被授予了乌鲁木齐都统一职，即索诺木策凌为乌鲁木齐的首任都统。

索诺木策凌上任乌鲁木齐参赞大臣时，正值乌鲁木齐建造巩宁城，城池扩建大兴土木，蒸蒸日上的时候。两年后，巩宁城建造竣工，大批满营官兵入驻，各类相关服务设施及庙宇也已陆续建成。

索诺木策凌任职乌鲁木齐都统九年，是任职时间最长的一任乌鲁木齐都统。在其任职期内，清廷已完成了对新疆的统一，社会生活进入稳定时期，经济秩序也进入了恢复与重建时期。

索诺木策在任期间，乌鲁木齐的南关屯城、迪化新城、巩宁城形成了三城鼎立的格局。其辖内吉木萨尔建立了恺安城、保惠城；巴里坤建造了会宁城；玛纳斯建造了康吉城、绥宁城；奇台兴建了边关城；吐鲁番兴建了广安城；鄯善兴建了辟展城。这些城池的陆续兴建，对加强戍边屯垦，保卫疆土及社会安定起到了一定的作用。

为保证满营驻军及其眷属的日常生活需要，索诺木策凌曾倡导军民兴建渠道、引水造田、移民屯田、发展手工业生产、实行军屯制度，这都对乌鲁木齐的开发建设起到了积极的推动作用。

索诺木策凌在任乌鲁木齐都统期间，督促属下在水磨沟建造了嵌泉、建亭、建庙。在乌鲁木齐的红山上建造了砖塔庙宇。

若依照索诺木策凌以上的政绩，他还算是一个政绩卓著的清廷官员，无奈人走过的路径总会留下这样那样的痕迹。索诺木策凌步步晋升、平稳安享晚年的如意算盘被第三任乌鲁木齐都统明亮打碎了。

乾隆四十五年（1780），索诺木策凌调走几个月后，伊犁将军伊勒图在查处巴里坤知府嵩柱的贪污案时，牵扯出了索诺木策凌的贪腐行为。此案越查牵扯的人越多，终于暴露出了乌鲁木齐都统管辖区域内的其他人的问题。伊勒图迅速奏报了朝廷，革去了索诺木策凌盛京将军的官衔。

乾隆四十六年（1781）十月，伊犁将军伊勒图"疏劾原任镇西府知府嵩柱折收监粮，旋复买补。因前任都统索诺木策凌据实复奏，失于觉察，咎实难辞"。后副都统图思议奏参革哈密通判经方亏短银库达四十七万九千余两，由该处径行报销，实际上全部由索诺木策凌在该处径行报销支取走了。"十二月，都统明亮查实，经方所管库内应贮银十三万三千余两，皆经方私用。据供称私取偿债，又被家人、吏役花费，以致亏短。前任都统索诺木策凌每年收受节礼食物并未查办。部议经方论罪如例，索诺木策凌应革职。"

后经调查，查出乌鲁木齐都统索诺木策凌在任内共侵吞库银47万两，以及向属下索贿3万两的丑闻。乾隆四十七年（1782），伊犁将军伊勒图上奏乾隆皇帝，后经过九卿会审，赐令索诺木策凌自裁。受此案牵连的11名官员，全部被先后处死。

《清宫流放人物》载："乾隆三十八年（1773）后粮食价格迅速下跌，迪化（今乌鲁木齐）知州德平等人趁机钻空，在收购粮食时，按三十八年后的现行低价付款，向国库报销时，却按以前奏报的高粮价结算。这样每收购一石粮食，可以剩银三四钱及五六钱。各级官员就把这笔数目可观的冒销银两全部私下瓜分，贪污肥己。七八年间竟无一人上奏揭发。到四十七年（1782）案发时，所查各级历任官员贪污的银两，少则数百、数千两，多则数万至十余万两。宜禾（今巴里坤）知县瑚图里贪污银十二万三千两，奇台知县窝什浑任职不长时间，就贪污银四万余两。经一一查证，几乎所有主要军政官员都与此案有牵连。"

明亮（1735—1822）字寅斋，富察氏，满洲镶黄旗人。父亲广成，官至都统。其姑母是乾隆皇帝的第一位孝贤皇后。乾隆三十年（1765）明亮在銮仪卫任上授伊犁领队大臣之职而赴新疆，随行的有任职伊犁将军的堂兄明瑞去镇压乌什起义。乾隆四十六年（1781）参与镇压甘肃撒拉族起义，后被授予第三任乌鲁木齐都统。

明亮赴任途中遇到了哈密通判经方贪污案发，其与哈密办事大臣佛德一同奏报经方贪污15万两之事。乾隆四十七年（1782）二月十日，又将接受贿赂、徇隐不报的镇迪道员巴彦岱判处斩监候，秋后处决。其后，明亮又查出了更大的窝案——乌鲁木齐采买冒销贪污案。首任都统索诺木策凌被赐令自尽；

明瑞的胞弟、第二任乌鲁木齐都统奎林也因失察，被革去承恩爵位。

乾隆四十八年（1783），在清统一新疆后，乌鲁木齐一年一度的四月十五日在红山山顶遥祭博格达山神的祀典上，明亮曾主持了"望祭"仪式。

明亮自乾隆四十六年（1781）就任乌鲁木齐第三任都统。乾隆四十八年（1783）夏天，因河水断流，影响农田灌溉，明亮率清兵前往勘察。移开了阻塞河水向下泄流的渠道，解决了缺水的问题。但他引天池水灌溉农田的行为，却遭图思义（第四任乌鲁木齐都统）诽谤，乾隆四十八年（1783）八月，明亮被缉拿解赴进京，追究其天池引水，实与屯田无益，即令停止开挖。所用银两皆由明亮赔缴。

乾隆四十九年（1784）明亮获释，以监翎侍卫跟随大学士阿柱镇压固原回民起义后，授头等侍卫。后历任乌什、喀什噶尔参赞大臣兼刑部尚书，乾隆五十七年（1792）后出任黑龙江将军。乾隆五十九年（1794）底调任伊犁将军。乾隆六十年（1795）秋，黑龙江将军衙门总管舍尔图派遣家人赴京控告将军舒亮、副都统安庆贱价强行向属下购买貂皮。明亮亦受到牵连，被乾隆下令：杖一百，徒三年。从重发往乌鲁木齐效力赎罪。

明亮被流放不到一年，于嘉庆元年（1796）再次被起用，先后参与镇压湖南苗农民族起义。六年（1801）入觐授二等侍卫，次年秋再赴乌鲁木齐任乌鲁木齐都统一职。这是明亮继乾隆四十六年至四十八年（1781—1783）任乌鲁木齐都统19年之后再次赴任乌鲁木齐都统一职。

明亮这一次的任职历经两年，他在乌鲁木齐红山的西北面修建了一座公园，即明园，在乌鲁木齐友好路至西北路之间的自治区石油管理局的位置。

明亮英勇善战，嘉庆九年（1804）任兵部尚书，十五年（1810）授协办大学士。次年因隐瞒家中仆人聚众赌博降为西安将军，后复官至兵部尚书、协办大学生。嘉庆二十二年（1817）晋升为武英殿大学士，道光二年（1822）去世，享年87岁。

由明亮的经历，可以看出清代的官吏皆是能上能下，而且没有任职年限限制，直到任职去世。我们再看另一个两度任职乌鲁木齐都统的人尚安，又叫宜绵。

尚安曾在乾隆五十二年至五十九年（1787—1794）、乾隆五十九年至六十年（1794—1795）两度出任乌鲁木齐都统。

乾隆四十七年（1782），尚安在广东巡抚任上，"以盐商沈翼川狱瞻徇，褫职，戍新疆"。后来，尚安以四品衔授为吐鲁番领队大臣，历任库车办事大臣、喀什噶尔办事大臣、乌鲁木齐都统。乾隆四十一年（1776）时，乾隆曾下谕：子孙班辈永绵二字，将来承绪者，以永作颙，以绵作旻，将尚安改名为宜绵，以示对其职器重。尚安任乌鲁木齐都统时，乌鲁木齐经常发生水灾，他便在红山山顶与之相对的雅玛里克山上各建造了一座九级青砖塔，用以镇水消灾。乾隆五十九年（1794）奉旨进京，途中遭遇陕西固关发生水灾，其即去赈抚，卓有成效，乾隆大为赞赏。乾隆六十年（1795）授陕甘总督之职。

和宁（1740—1821）字太庵，因避讳道光帝旻宁而改名为和瑛。俄勒德特氏，蒙古镶黄旗人。乾隆三十六年（1771）进士，"娴习掌故，优于文学"。曾任西藏办事大臣8年，嘉庆五年（1800）调任山东巡抚。嘉庆七年（1802）春，济宁州府金乡县生员控告童生张敬礼等，和瑛诬断，遭弹劾。

八月三十日，道光皇帝下谕旨：和瑛革职，发往乌鲁木齐，效力赎罪。

和瑛接旨随即赴戍，除夕抵哈密接到谕旨，命其蓝翎侍卫任叶尔羌帮办大臣。其赋诗自嘲说："驿路七千二，年华六十三。伊吾除旧岁，叶尔税征骖。戎俗春光闹，劳人夜梦酣。五更羊胛熟，爆竹听何堪。"嘉庆八年（1803）十月，和瑛调任喀什噶尔参赞大臣。其任职次年，便撰成《回疆通志》十二卷，至今也是研究清代天山南北政治、经济、军事、文化方面不可或缺的资料。

嘉庆十一年（1806）十月，和瑛调任乌鲁木齐都统后，很快又完成了《三州辑略》九卷的编撰，为研究清代哈密、吐鲁番、乌鲁木齐三地的通志。

嘉庆十四年（1809）春，和瑛奉旨进关，授陕甘总督一职。后迁任盛京刑部侍郎，回京任兵部尚书。因在任盛京将军时失察于宗室裕瑞强娶有夫之妇，被降为盛京副都统。嘉庆二十一年（1816）授工部尚书，奉旨赴甘肃按察仓库亏空，查得陕甘总督先福徇庇贪纵，革职发往伊犁效力赎罪。和瑛晚年授军机大臣、领侍卫内大臣、文颖馆总裁。其一生诗作总汇于《易简斋诗抄》四卷，存诗576首。

平瑞是清政府在乌鲁木齐的最后一任乌鲁木齐都统。在平瑞殉亡及至阿古柏入侵，统治新疆12年时是清政府在新疆实行军府制统治的极其黑暗时期，直至新疆建省后，军府制衰亡，乌鲁木齐都统也寿终正寝。

在150多年的军府制统治时期，先后有奎林、图思议、明亮、海禄、宜绵（原名尚安）、永保、和宁（又名何瑛）、平瑞、景廉、金顺、恭镗等64人担任过乌鲁木齐都统一职。有些人甚至是两任、三任乌鲁木齐都统；也有很多人任职的时间非常之短，几乎没有留下什么印迹。

THE
BIOGRAPHY
of
URUMQI

乌鲁木齐传

第四章 收复新疆

19世纪六七十年代，左宗棠挺身而出，力挽狂澜，将遭受侵略者阿古柏蹂躏达12年之久的160多万平方千米的国土从列强口中收复回来，保证了国家的领土完整。若非如此，那大清的西部疆界就只能退缩到距京畿仅有咫尺之遥的张家口一带。

梁启超曾说，左宗棠"乃五百年来第一伟人"。1944年，路过兰州的美国前副总统华莱士也说："左宗棠是近百年世界伟大人物之一……我对左宗棠抱着崇高的敬意。"美国作家贝尔斯曾说："他是一位伟大的将军，一位伟大的政治家，也是一个伟大的人。"

收复新疆第一枪

在今天乌鲁木齐市水磨沟区北塔山公园的中心广场上，矗立着一尊高大的左宗棠雕像，其南边是一座"一炮成功"炮台。

在绿荫环抱的山体上，左宗棠安详地看着这座城市，似乎对自己挥师西进，驱逐外寇阿古柏匪帮，使新疆重又回到中国怀抱，给新疆人民带来的和平、安宁，感到万分欣慰。

如今的乌鲁木齐人都普遍对收复新疆的左宗棠充满着敬仰。这种敬仰全赖左宗棠对保全新疆这片土地所作出的巨大贡献。

位于乌鲁木齐市水塔山公园的左宗棠雕像　杜雪巍摄

清朝中叶，中国国内的各种社会矛盾相继爆发，一个个西方列强也趁势围扑过来。是继续忍辱求和，还是放弃新疆？严峻的形势摆在了清政府面前急需答案。

权倾朝野的三朝重臣李鸿章向慈禧太后奏曰："新疆乃化外之地，茫茫沙漠，赤地千里，土地瘠薄，人烟稀少。乾隆年间平定新疆，倾全国之力，徒然收数千里旷地，增加千百万开支，实在得不偿失。依臣看，新疆不复，与肢体之元气无伤，收回伊犁，更是不如不收回为好。"由此，是要海防还是需要塞防，在清廷上下引起了一场轩然大波。

陕甘总督左宗棠说："天山南北两路粮产丰富，瓜果累累，牛羊遍野，牧马成群。煤、铁、金、银、玉石藏量极为丰富。所谓千里荒漠，实为聚宝之盆。""若此时即拟停兵节饷，自撤藩篱，则我退寸，而寇进尺。"

看起来是"海防"与"塞防"的分歧，是两个人的辩论，一个是要尽快扑灭硝烟、平息浩劫；一个是听之任之，只求不伤元气。李鸿章身后也有一批支持者，自从其独掌淮军，平定捻军功居第一后，历任湖广、直隶总督，官拜文华殿大学士。李鸿章从心眼里看不起这个湖南人，认为他三试不第。在朝廷看来，危急关头更能显示忠臣良将忠君爱国的热忱，考验出他们的赤胆忠心。

李鸿章极力主张，对已经出塞和准备出塞的部队"可撤则撤，可停则停，其撤停之饷，即匀作海防之饷"。清廷如若采纳其建议，对已经驻扎新疆哈密的 17000 名西征大军无异于是釜底抽薪。这自然引起了左宗棠等人的坚决反对。

左宗棠并非不要海防，他是坚持"海防"与"塞防"并重的主张。光绪元年三月初七（1875 年 4 月 12 日），左宗棠在其呈递的《赴陈海防塞防建设及关外剿抚粮运情形折》和《遵旨密陈片》中，详细分析了敌我形势，提出了自己的主张。左宗棠说，"周秦汉唐之盛，奄有西北，及其衰也，先捐西北，以保东南国势浸弱，以底灭亡。""重细节者，所以保蒙古；保蒙古者，所以卫京师，西北臂指相联，形势完整，自无隙可乘；若细节不固，则蒙古不安。非仅陕甘、山西各边，时虞侵轶，防不胜防，即西北关山，亦将无晏安之日。"其从巩固国防的高度，论述西北边陲的战略地位，可谓精辟入里。

最后，左宗棠和时任湖南巡抚的王文韶等人的观点得到了执政的武英殿大学士、军机大臣文祥的支持。文祥也认为，"以乌桓为重镇，南钤回部，北抚蒙古，以备御英、俄，实为边疆久远之计"，遂"排众议之不决者，力主进剿"。这样也便坚定了清廷用兵收复新疆的决心。

光绪元年三月二十八日（1875 年 5 月 3 日）清廷以"六百里加急"谕旨，任命左宗棠为"钦差大臣、督办新疆军务"，授予其筹兵筹饷、指挥军队的全权，同时明令把镇迪道划归陕甘总督统辖，也基本采纳了左宗棠建议的人事安排，重新组建了西征军的最高统帅机关。从此，揭开了武力收复新疆的序幕。

其实早在左宗棠 21 岁时，便写下"西域环兵不计年，当时立国重开边。"的诗句。还有林则徐的生前嘱托，都在左宗棠心底留下了深深的烙印。

在新疆局势极度动荡时，整个清廷的统治也正经历着生与死的考验。太平天国运动的爆发，捻军的爆发，陕甘回乱的爆发皆考验着清政府。

清廷当时之所以会出现"海防"和"塞防"的争论，还是因为清廷的财政空虚。当时要收复新疆的确遇到了巨大困难。首先国库空虚，要想筹集到巨额的军费，且要在粮草的转运上跨越重重困难，左宗棠面临着巨大的压力。

既然确定了要武力收复新疆，那后面便是如何来打的问题。经过深思熟虑，左宗棠确定了收复新疆的作战方针是：一、"先北后南""缓进急战"；二、对出关部队的冗员进行裁撤、整顿、集训，严明纪律；三、改进装备，增设炮队；四、筹粮、筹饷、运粮，军屯、民屯并举。

所谓"先北后南"，左宗棠是充分利用了清军仍控制着北疆的哈密、巴里坤等地，据此可以作为进攻和出发的物资补给基地，一举攻占乌鲁木齐，扼守住进出南疆的通道。如此也可以先避免两个拳头出击，避开俄国觊觎新疆伊犁地区的锋芒。"缓进急战"则是谨慎前敌，作战要迅速、果断、坚决，避免消耗战。

左宗棠十分明白在西北用兵，绝不能靠人多势众，而是兵在于少而精。当时关内外各个部队的冗杂疲弱已经到了极点，于是左宗棠开始对西征军进行大规模裁减、整顿。原来乌鲁木齐提督成禄所部是17个营，不超过两三千人，冗员多杂；原署理陕甘总督穆图善所部4个营半，虚额很多，纪律废弛；钦差大臣景廉所部34营，实际只有半数，毫无战斗力所言；原乌里雅苏台将军金顺部30个营也不过半数；哈密办事大臣原有4个营，虚额就占了1400人。左宗棠为了西征，果断对这些军队进行了裁撤、整顿，也不怕得罪满族官员。左宗棠上奏罢免了成禄，调走了穆图善、景廉，将他们的部队进行了裁撤、淘汰。成禄部裁减剩下了3营，穆图善、文麟的部队全部被裁撤，遣散。金顺、景廉的部队合并后裁撤仅剩下40营，此后又裁去了20营。原有部队共90营，裁撤后剩下了23营。左宗棠首先以身作则，对自己所率领的部队也一视同仁，原有部队180营，裁去了40营。

由于出关作战，条件十分艰苦，左宗棠不想勉强战士出关。所以要求：对于不愿意出关西征的将士，允许回原籍，发给路费。如此一来，出关的将士皆士气饱满，斗志昂扬。

为了缩小敌我双方武器装备上的差距，左宗棠对所有出关西征的部队进行了武器充实、更换。他给金顺部配备了开花炮1门，张曜部配备了连架劈山炮10门、德国后膛大炮1门、七响连发枪10杆。刘锦棠的主力部队配备更是精良，除了原有枪炮外，又新配了各式火炮10多门、枪1000多支，另外还建立了一支拥有116名官兵的专业炮兵部队，装备后膛炮12门，成了一支与外敌作战的专业炮兵部队。

所有西征部队的武器装备的充实、更新，左宗棠是采取两个方式予以解决的：一个是委托胡雪岩在上海洋行从外国购进；二是兰州机器局自行研制或仿造的。

整个西征部队约7万人，每年需要军饷约600万两白银，加上运粮每年又需要200万两，一年共需要白银800万两。自平定陕甘回乱以来，清政府就规定内地各省，每年出协饷724万两。但实际上，各省自顾自都很困难，无法解决那么多的协饷，实际只能解决500万两。截至1875年11月，左宗棠已欠发部下军饷2740万两。此后海防也吃紧，东南各省防务开支大大增加，纷纷要求停止或缓解给西征军的协饷，这样给西征军每年的协饷就只有200万两，仅够给西征军运送粮草的费用。

不得已，焦头烂额的左宗棠被迫向洋人洋行借钱。左宗棠先是命胡雪岩向英国怡和洋行借款300万两。1876年春，清廷批准左宗棠再向洋行借款1000万两，遭到两江总督沈葆桢的强烈反对，最后只借得500万两。户部拨给200万两，各省、关提前拨解西征协饷300万两，总共凑足了1000万两。此后，1878年左宗棠第三次借洋行350万两。战争打的就是钱、粮，没有钱、粮，西征军没有物质做保障，收复新疆就会化为泡影。

西征大军的后勤补给运输因路途遥远极其困难，虽然它不像解决协饷那样艰难，但也要左宗棠完全依靠自己的智慧和组织才能。他撤掉了原来负责西征粮台的袁保恒，任命自己的得力助手杨昌濬来协助自己做粮草的转运事宜。他在上海设立了采办局，负责购运枪炮、弹药、筹借外债、搜集情报；在湖北设立后路粮台，转运上海购进的军需物资；又在西安设立一个总粮台和一个军需局。在1872年年底，又设立了甘肃制造局，光绪元年（1875）又建立了兰州火药局。如此一系列后勤补给措施，保证了西征大军的顺利进行。

除此之外，左宗棠还在北路归化（今呼和浩特）设立一个西征采运总局，在包头设立分局。这一路从光绪元年（1875）三月到五月，陆续运到新疆巴里坤的军粮就约有四十余万斤，南路是从河西走廊的凉州（今武威）、甘州、肃州一带，从同治十二年（1873）到光绪元年（1875），便采购了17.5万石。到光绪元年六月，"肃州局存现粮三万余石，西安局存一百万斤"此外光绪元年（1875）五月，俄国军官索斯洛夫斯基到兰州窥探虚实，左宗棠利用他与他签订了一个500万斤的购粮合同，约定从斋桑淖尔包运到古城子，粮价与运费总计每百斤银·七两五钱，比从西安运到古城子每百斤少银四两左右。截至光绪三年（1877）四月，"俄粮之运古城者，可得四百八十余万斤"。

在筹措军粮的过程时，左宗棠非常注意处理"军粮"与"民食"之间的关系。他严明军纪，不与民争粮，命令部队就地屯田，解决了部队的部分军粮问题。光绪元年（1875），"嵩武军"垦荒地19000多亩，收获军粮数千石。第二年再次收获5160石，可以弥补四五个月的军粮。

左宗棠在做好军屯的同时，也强调办好民屯。要做好民屯，必须"由官给赈粮，给种籽、牛力，秋后照价买粮"。左宗棠要求部队，"若民屯办理得法，则垦地较多，所收之粮除留种籽及自家食用外，余粮皆可给价收买，何愁军粮无出？"军屯、民屯的解决，可以大大节省长途运输的费用。

1876年4月6日，左宗棠将自己的大营从兰州迁至肃州，就近指挥。湘军统帅刘锦棠按照左宗棠的指令，率领主力部队二十五营（约一万一千人左右）分四批浩浩荡荡进入星星峡。因为之前的金顺部、张曜部、额尔庆额部早已出关，左宗棠又派蜀军徐占彪部率五营出关驻扎巴里坤，以巩固后路。为收复新疆，西征军在西北地区共集结了一百四五十个营，约七万多人。先头部队就有八十个营约四万人。

左宗棠接受任命后，立即整编部队，"改派由刘锦棠统率的湘军为收复新疆的主力；设法筹集饷银1000多万两；组织运输大批粮食、武器供应部队；并制定了'先北路、后南路、再伊犁'和'缓进急战'的作战方针"。

光绪二年（1876）春，湘军从凉州（今张掖）向肃州（今酒泉）出发，兵指新疆。左宗棠命刘锦棠为负责营务指挥，率湘军25个营（相当于一万二千余人），分兵三路向新疆进发。

1876年7月（农历闰五月），刘锦棠率领的清军抵达新疆的吉木萨尔，与帮办新疆军务的金顺会合。由此，前后参与收复新疆作战的总人数已达到五六万人。

刘锦棠与金顺会合后对金顺说："不备不虞，不可以师。……前史用兵西域，军每饥苦。今自北路进，宜先据阜康，为储量屯师之地，料敌形势，进可以攻古牧地，撤乌鲁木齐藩屏，退可以折其冲。济木萨去古牧地四百里，非所以便我而待贼也。"古牧地即后来的米泉，如今的乌鲁木齐市米东区的南面。当时是阿古柏侵略军的前哨阵地，有投降阿古柏侵略军的白彦虎率重兵把守，且有相距较近的占据乌鲁木齐的头目马人得随时可以前来支援。

刘锦棠抵达新疆与金顺会合后，剑指阜康，逼近古牧地的阿古柏侵略军。1876年7月21日，湘军统率刘锦棠与乌鲁木齐都统金顺在吉木萨尔会合，商量进兵计划。7月30日，清军首先在乌鲁木齐地区的黄田向敌人发起了进攻，打响了收复新疆的第一枪。

8月11日，西征军出奇制胜，占领了古牧地的黄田。两军合兵一处，展开攻坚战术，很快击溃了前来增援的阿古柏援军。17日，清军收复了古牧地，歼敌五六千人。

当年打响收复新疆第一枪的米泉古牧地黄田，现在已经归属于乌鲁木齐市的米东区。作为刘锦棠率领清军打响收复新疆第一枪的这个地方也立起了一尊高大的刘锦棠雕像，留住了那个光照千秋的历史一页。

一炮成功

其实乌鲁木齐最早的"一炮成功"炮台的准确位置，并不在现在建起的"一炮成功"这个地方。此处景点属于异地重建。虽然属于异地重建，但它毕竟为这座城市保留下了一段可歌可泣的历史。

刘锦棠、金顺在打响收复新疆第一枪,顺利完成了黄田战役之后,迅速进军乌鲁木齐。金顺所率领的清军直接去包抄了乌鲁木齐的巩宁城,而刘锦棠则在乌鲁木齐的制高点——六道湾山梁上架起了几门大炮。当时的乌鲁木齐没有什么高层建筑,都是一些土坯房屋。清军瞄向侵略者的据点、营房,仅一炮,吓得敌军抱头鼠窜,很快乌鲁木齐便得以光复。为了纪念这次战役,后来的人们便将这座山梁以"一炮成功"来命名了。

乌鲁木齐市异地重建的"一炮成功"炮台
杜雪巍摄

11月11日,金顺率部在刘锦棠部和伊犁将军荣全的支持下,围困达两个月之久的玛纳斯得以收复。

在刘锦棠率领清军完成了收复新疆的乌鲁木齐战役后,迅速将战役扩大到了当时的镇迪道区域,即以乌鲁木齐为中枢的镇迪道区域,也就是今天的哈密地区、吐鲁番地区等。

驱逐侵略者,收复新疆南疆

清军在新疆中部乌鲁木齐地区的收复战告捷以后,阿古柏侵略军惊恐万状。阿古柏又紧急拼凑了二万七千名匪徒进行负隅顽抗。在现今乌鲁木齐市以南的达坂城区,便是当年清军在乌鲁木齐"一炮成功"之后,继续向南扩大战场的一个主战场。

达坂城是天山上的一个重要隘口,是通往南疆的门户。阿古柏派4000名精兵,携带30门大炮在这里守卫。阿古柏还派出他的次子海古拉率6000人,携炮6门屯扎在托克逊。从北路逃来的马人得、白彦虎等匪军则驻守在距离此

79

地不远的吐鲁番。

西征军南下之前，左宗棠便分析了当前的军事形势，他认为："南路贼势，重在达坂、吐鲁番、托克逊三处。官军南下，必有数次恶仗。三处得手，则破竹之势可成。"基于此，左宗棠如下部署："徐、张攻吐鲁番，总统攻达坂城，两处克复，乃进攻托克逊坚巢。其师其则徐、张先而刘后，贼势则达坂重而吐鲁番轻也。"

1877年春夏，新疆北部的收复战结束后，左宗棠调集金运昌部五千人出关驻守乌鲁木齐。同时，西征军分兵三路由北、东两个方向向吐鲁番展开钳形攻势。4月20日，刘锦棠率军攻克了达坂城，全歼守军。25日，西征军兵抵白杨河，刘锦棠兵分两路，一路命罗长佑率部直驱吐鲁番；自率一路直捣托克逊。此时，托克逊的守军早已弃城逃走，沿路抢劫，焚烧房屋。4月26日，西征军很顺利便收复了托克逊城。

在刘锦棠率部南下之时，张曜的"嵩武军"和徐占彪的"蜀军"也分别从哈密、巴里坤进兵吐鲁番的门户——七克腾木。然后，很轻松就拿下了鄯善，26日即抵达吐鲁番城下。此时，三路合攻，马人得在清军气势如虹的强大压力下不得不举旗投降，吐鲁番遂得以全境收复。

西征军的进攻态势，基本上是按照左宗棠最早征求王柏心意见时预想的那样在推进。达坂城、托克逊、吐鲁番三次战役的胜利，可以说是西征军与阿古柏侵略军的一次决战，重创了阿古柏的有生力量，被俘、被歼的侵略军约有二万人，相当于阿古柏侵略军的一半兵力。此时，阿古柏侵略军已分崩离析，阿古柏也是众叛亲离。5月初，阿古柏便在库尔勒服毒自杀了。

阿古柏死后，他的两个儿子之间发生火并，内部更加分崩离析。刘锦棠率部三十二营以托克逊为基地，在8月25日发动秋季攻势，张曜部的十五营为第二梯队。左宗棠另外调集易开俊马步七营镇守吐鲁番。

刘锦棠战前将整个收复新疆的战役分成了四个阶段。第一阶段是收复天山北部的乌鲁木齐、玛纳斯。清军在追剿阿古柏侵略军的过程中，所谓"清真王国的皇上"妥得璘已经自杀，玉冶、金万中占据古牧地，马人得占据乌鲁木齐，白彦虎驻乌鲁木齐河西巩宁城。刘锦棠约金顺夜袭黄田包围了古牧地。歼灭阿古柏及白彦虎联合军队六千人，清军以迅雷不及掩耳的速度迅速在古牧地和玛纳斯两地，消灭了大批敌人。

八月，清军在收复玛纳斯时击毙并俘获了敌元帅海玉、马得明、马兴、马受、马有财、黑俊等。但由于清军指挥不当，贪功轻进，也致使千总孔宪明、乐万德，把总李发魁战死。到1876年10月，清军便全部收复了乌鲁木齐、玛纳斯、呼图壁、昌吉等被阿古柏侵略军占据的大片地区。

第二阶段是以收复吐鲁番、鄯善、托克逊为中心，打开了通往南疆的大门。达坂城是乌鲁木齐通向南疆的要道，两山对峙，异常险要。阿古柏侵略军在这里经营了多年，且有精锐部队把守，企图阻止清军南下。光绪三年（1877）四月一日，刘锦棠经过仔细观察，充分准备后果断出击，一举包围了达坂城守敌。清军歼灭了守卫达坂城的阿古柏侵略军及白彦虎属下二千人，生擒了一千二百人，其中俘获阿古柏侵略军军官43人。刘锦棠取得围歼达坂城守军胜利后，在达坂城安置了被白彦虎裹胁的回族群众三百多人，给予他们种子、粮食，让他们在那里凿渠耕种，尽快安定下来，以恢复生产。

当年4月，刘锦棠收复了托克逊、吐鲁番。在达坂城全歼了阿古柏侵略军的主力部队，攻克了敌军守卫的七克腾木（今鄯善县内），迫使阿古柏侵略军向南逃去，于是通往新疆南疆的门户打开了。

当西征军继续南下向库尔勒进发时，白彦虎掘开了开都河，焉耆到库尔勒之间的道路被河水淹没，清军只好涉水、搭桥前进。10月17日，清军在库车郊外追赶上了白彦虎大队，歼敌千余人，迅速攻克了库车、阿克苏、乌什。

从库尔勒到库车，清军六天走了约800里，前后解放了被阿古柏侵略军裹挟的维吾尔民众约10万人。

12月27日，西征军冒着严寒，攻占喀什噶尔，又陆续收复了叶尔羌、英吉沙，于1878年1月2日收复和阗。

西征军仅用了一年半的时间便光复了新疆南疆，实际作战不超过八个月，进展速度非常惊人。这样一来，除了新疆伊犁尚在俄国手中外，新疆大部分沦陷地区都已经得到收复。

刘锦棠第三阶段的任务是收复南疆七城。光绪二年（1876）八月底，清军从吐鲁番西进,阿古柏匪帮的部下望风而逃。刘锦棠率军奋起急追,在当地维吾尔族群众的积极支持和配合下,到十月底仅发生了几次小规模的战斗,便相继收复了库尔勒、库车、阿克苏、乌什等南疆以东部分地区。

刘锦棠第四阶段的任务便是收复南疆西四城,也是刘锦棠率领清军最后、最雄壮的一个阶段。

光绪二年(1876)十一月初,刘锦棠率领的清军从阿克苏出发,分几路进攻喀什噶尔和莎车等地。光绪四年(1878)收复和阗。此战役击毙了安集延阿里达什、粉碎其再次入侵噶什喀尔的企图。刘锦棠带领的清军创造了一夜行军四百里,一个月行军三千里的纪录。俘获伪元帅王元林、于小虎、马元、金三、马老二、孙依虎、斩兰得全、白彦龙、金相印父子等。

刘锦棠原计划推进速度没有那么快,刘锦棠所率清军也想稍微休整一两个月后再继续向前进发,但此时节节败退的阿古柏侵略军政权内部已分崩离析,"和阗的尼亚斯(原维吾尔伯克)、据守喀什噶尔汉城的何步云(原清政府官员,后投降阿古柏)相继反正降清"。何步云率部占据喀什噶尔汉城却遭到阿古柏的另一个伯克胡里的攻打,战斗非常紧张,何步云危在旦夕。得到消息的刘锦棠率领的清军果断抓住战机,不顾疲劳,提前行动,一举歼灭了据守喀什噶尔的阿古柏侵略军。

到1876年12月底,刘锦棠率领的清军就昼夜兼程,以迅雷不及掩耳的速度陆续收复了喀什噶尔、英吉沙县、叶尔羌、和阗等地。由于清军的努力及各族人民的支持,北疆所谓的"清真王国"和南疆阿古柏所谓的"七城之国"顷刻土崩瓦解。

至此,刘锦棠所率清军前后只用了一年半的时间,就肃清驱逐了阿古柏侵略军。刘锦棠所率清军在如此短的时间里,完成了收复新疆的任务,不但出乎全体国人的意料,也大大出乎英、俄等国的意料。也为下一步收复被沙皇俄国占据的新疆伊犁奠定了基础。

1871年,俄国悍然武力侵占了新疆伊犁。俄国政府料想清政府肯定无法收复新疆,便假惺惺地说,"俟关内肃清,乌鲁木齐、玛纳斯各城克复之后,即当交还"。可当清军1876—1877年收复新疆南疆以后,再与俄国交涉时,俄国竟指使白彦虎骚扰中国边境，力图牵制清军收复新疆伊犁。

1878年年底，清政府派出崇厚出使俄国去交涉归还伊犁事宜。昏庸的崇厚竟与沙俄签订了丧权辱国的《里瓦几亚条约》，反使中国丧失大片领土和赔款五百万卢布为代价收回伊犁。消息传至国内，舆论哗然，纷纷痛斥崇厚的卖国行为。左宗棠愤慨地说，"武事不竟之秋，有割地求和者矣。兹一矢未闻加遗，乃遽议捐弃要地，厌其所欲，譬犹投犬以骨，骨尽而噬仍不止。目前之患既然，异日之犹何极？此可为叹息痛恨者矣！"迫于舆论压力，清政府不得不将崇厚治罪，判处"斩监候"，而改派驻英、法公使曾纪泽赴俄交涉谈判。

通过"和谈"解决问题有必要，做好战争准备运用"武"来起到威慑作用也很有必要。1880年4月，左宗棠部署清军以刘锦棠率部万人出乌什，张曜部七千人从阿克苏兵分两路出发伊犁，金顺部万余人扼守精河，以防俄军东犯。

左宗棠说，"衰年报国，心力交瘁，亦复何暇顾及"。这一年，左宗棠已69岁高龄。6月15日，左宗棠誓言与沙俄决一死战！

沙俄眼见到手的肥肉要丢，立刻恼羞成怒。一面往伊犁增兵，一面在东南沿海虚张声势，耀武扬威。

8月1日，清政府急调左宗棠进京以避免冲突发生。8月29日，左宗棠在哈密接到谕旨，郁闷地说，"俄意欲由海路入犯，而在事诸公不能仰慰忧勤，虚张敌视，殊为慨然。我之此行，本不得已"。1881年2月21日，在左宗棠抵达北京的前三天，曾纪泽与沙俄在圣彼得堡签署了《中俄伊犁条约》。沙俄同意归还已划走的特克斯河谷和通往南疆的穆扎尔山口，还放弃了俄货运往内地的要求，但赔款金额从500万两增加到了900万两。此条约相比于崇厚签订的《里瓦几亚条约》又收回了一些权益。所以也有英国外交官评价说："中国迫使俄国做出它从未做过的事：把业已吞下去的领土又吐出来了。"

左宗棠对西北边陲的一片赤诚，还表现在新疆建省上。早在1850年，他遵循林则徐"欲求数十百年长治久安，不能光靠一时战功"的告诫，在收复新疆的同时，极力主张新疆建省。

83

战后迪化城

大战之后的乌鲁木齐百业凋敝,满目凄凉。加之战前民众逃离乌鲁木齐各地,致使乌鲁木齐大片土地荒芜下来,无人耕种,百姓流离失所。

所以如何尽快恢复社会、经济秩序,鼓励农民重回家园,重操旧业是一项迫在眉睫的工作。

在此情况下,就需要有一位能臣去迅速开展赈济工作,稳定社会、经济秩序。当然在左宗棠眼里,陶模是一位能臣,且有着清正、廉洁的好名声。所以左宗棠极力向清廷举荐陶模到大乱平定之后的新疆镇迪道任知州一职,希望他能去乌鲁木齐开辟新局面。

乌鲁木齐是西征大将刘锦棠最先收复的一个地区,迪化直隶州管辖的范围即镇迪道管辖的范围。

时值四月,地上积雪尚未完全消融。陶模上任后,早晚均行走在冰天雪地里,安置屯户,不敢稍有懈怠。组织军民另外修筑了乌鲁木齐满城,重新建立起祠堂,办公场所。

当时新疆尚处于回乱后的经济和社会秩序的恢复时期,乌鲁木齐几乎看不到满族官员,就连汉人也百不存一。当时迪化城乡记载有汉民一千九百余家,每家只有一二人,大多是陕西、甘肃、湖南、湖北、四川一带人。他们大多是兵勇退役下来从事生产或从事手工业的。当时迪化城乡有回民一千七百余家,均是陕甘一带的人,其间还混杂有南疆一带的维吾尔族头人,均据有土地从事耕种。整个汉、回民众加起来,也不过一千五百余户,男多女少。当时迪化重新对人口进行登记造册,一人便上报为一户,或二三人上报四五户,占地达百亩,甚至数百亩。但真正从事生产的人尚不到三分之一。"累易其处,鲁莽灭裂。岁歉则弃而之他,岁丰则以麦易银还入塞。"不断发生的变乱,使人们均没有在新疆长期居住的打算。官府委派官吏重新丈量田亩时,且以新的文告公布法律时,民户大多逃离而去。陶模为了稳住这些民户,打破过去的条条框框,采取变通的方式,告诉百姓:可以用二亩作为一亩;以上等地一亩纳粮八升,中等地纳粮五升半,下等地纳粮三升的办法征收;并暂且以六成来征收。

这样的政策施行两年左右,效果就显现出来了。"方回迪化,驻防满军无孑遗,汉民百不存一。模到州抚民,来商贾安置屯户和籍汉回军民。居二年,汉民得一千九百余户,回民得一千七百余户。其受地而耕者,汉回都一千五百余户,户占地百亩至数百亩,耕者三分之一。"陶模不但鼓励农民开垦荒地,还给他们提供农具、种子、耕牛、房屋等辅助设施,并鼓励那些被裁撤下来的士兵们在新疆安家落户。

迪化州原来没有实行这一政策之前,约有三分之二的土地没有人耕种,实行这一制度后,因为土地有利可图,不仅留住了被遣散的军人,而且没有耕种的土地也都种上了粮食。这些人又都很快适应了当地的气候条件,由暂时停留到终于长期在新疆从事开发边疆,成为屯垦戍边的一支重要力量。

为了减轻朝廷欠饷的压力,战争结束后,清廷便命令左宗棠、刘锦棠压缩部队规模,裁撤部队人员。而当时被逐步裁减的军人多来自陕西、甘肃、湖南、湖北、江西、河南、四川等地都是一些农家青壮子弟。当时新疆生存环境条件艰苦,他们大都不愿意留在新疆安家定居,而返回家乡又没有路费,他们人心不定无意参加新疆的屯垦建设,都在等待观望,这也成为当时社会极不稳定的一个社会因素。

陶模的鼓励人们开垦荒地、自食其力的办法稳住了那些裁撤、又不愿意返回内地的士兵们的心。农业是根本,陶模所做的便是这些开创性的基础性工作,为后来者奠定了好的发展基础。

修补迪化新城,增建新满城

随着人口的快速增加,乌鲁木齐原有的城垣已经无法容纳增加的人口,这就迫使清政府再一次地扩大城市建设。更主要的是,因为同治三年(1864)受陕甘农民暴动的影响而波及新疆,乌鲁木齐也爆发了阿訇勾结清军将领索焕章组织的宗教军发动的叛乱,焚毁了已经建好的巩宁城。在新疆建省前的91

年当中，乌鲁木齐的人口在增加，吏治也在逐步恶化，致使社会矛盾也急剧激化。

《新疆图志》记载："乾隆二十二年，平准部定新疆北路以乌鲁木齐为腹地，光绪九年建新疆行省，以迪化直隶州城为省治，十二年升为府。"光绪十二年（1886），新疆建省后，改建了原有的迪化新城，"周十一里五分二，廑毁迪化旧城东北两墙，新满城西南两墙，展筑东南隅，与西北隅合二城为一，周二千有七十四丈五尺"。改建后的新城，有七座城门，即东承曦、西庆丰、南肇阜、北憬惠，东偏南有新东门曰惠孚，南之左有新南门曰丽阳，西偏北有新西门曰徕远。

乌鲁木齐收复后，城垣门洞全部被毁，四面的角楼也已坍塌。既然巩宁城已无法恢复，就亟须建造一座新城。光绪七年（1881），时任迪化州知州陶模，以及代理知州刘兆梅对焚毁的城墙进行分段施工重修。此项工程，到1882年9月包括义学、壕沟、桥梁等辅助设施全部完工，总共耗资约1.1万两。

在如今的乌鲁木齐市天山区东北，以新中国成立路与前进街交汇口为中心，包括自治区党校在内有一片占地0.3平方千米的城郭，便是光绪六年（1880）建造的，即在原迪化新城的东北处建造的新巩宁城。俗称"满城"或"新满城"。

光绪十二年（1886），也即新疆建省后的第二年，再次进行了重修。清地方政府报告修城的理由是：一、城墙低矮；二、不相连接；三、和省会城市不相称。陕甘总督谭钟麟报告要将迪化城、新满城和早期的屯城圈筑在一起。这样，便将迪化城的东北两墙和"新满城"的西南两墙拆除重新连接，"各就地势，不成方圆"。如此一来，便又增加了今天健康路以西、民主路以北，文艺路以东的三角地带；增加了以今天八中后门为轴和平北路以东，今天东环路以西的一个115度的扇形区域；新辟了今天红旗路到人民路以东之狭长形之西关地区；增筑了迪化城与迪化旧城之间未曾建墙的地区。在城隍庙与徕远门之间西向筑墙，接连大西门向南延伸到今天的老坊寺与迪化旧城，衔接经龙泉街，西稍门经坑坑寺，转弯向东筑城至东稍门，经天主教堂与迪化增筑的城墙相连接。增加的0.5平方千米称为南关,展筑后的迪化城全部面积达到了1.86平方千米。其中迪化新城0.42平方千米,新满城0.3平方千米,今文艺路以东之三角地带0.39平方千米,西关0.10平方千米,南关0.5平方千米。增筑后的城墙长度为7.12千米,城楼月门15座,城门七座,稍门数个,炮台19座。"肇阜门"仍沿用迪化城之南门;"丽阳门"即新南门在原迪化新城的城角处开筑,即今天的人民路与和平北路交会处;"承曦门"(大东门)仍沿用新满城的东门,即今天的文庙与自治区党校稍东位置;"惠孚门"(新东门)筑在展筑区,即今天新疆军区三八缝纫厂及市邮政家属楼以东的马路交会处;"丰庆门"(大西门)在新辟的西关处兴建,即今天的乌鲁木齐市电信局大楼处;"徕远门"(新西门,又叫小西门)是迪化新城西北角处开筑,即今天的人民电影院前的街心花园至民主路处;"憬惠门"仍使用原满城之北门,即今天健康路之北门儿童医院的东侧,另外南关内仍有几个稍门。

此次迪化城重建是乌鲁木齐历史上的最后一次重建,也是规模最大的一次重建。重建同时,新建了新疆巡抚衙门一座,即今天的自治区党委大院所在地。新建了藩司衙门一处,即今天明德路上的自治区发改委、财政厅院内。所有重建工程皆由兵士完成,共耗工919700个,耗银12万两。清末时,迪化城的总人数,包括城郊已有38994人,户数7342户。民国二十二年至民国三十三年(1933—1944),盛世才执政时期,曾拆除了大十字的天棚(俗称天棚街)及衣铺街。衣铺街拆除后建成了广场,盛世才在迪化城内修筑了东大楼、西大楼,即今天的自治区党委院内;在民德路路口,修建了新疆商业银行大楼。

筹建行省

早在1820年,龚自珍在《西域置行省议》一文中,提出在新疆建立行省,全面实行郡县制的主张,但没有被清廷采纳。

光绪七年一月(1881年2月),《中俄伊犁条约》签字,俄国退出伊犁,金顺率清军进驻伊犁,标志着中国收复新疆的任务已经基本完成。但究竟是恢复过去的军府制,还是要在新疆建省也再次摆在了清政府的面前。时任陕甘总督谭钟麟向清政府提出了新疆建省的建议和办法,主张建省先"从州、县办起"。就此,清政府也特地征求了刘锦棠的意见。

刘锦棠说,"新疆虽然地大物博,但是经过长期战乱后,生产力遭到极大破坏,人口稀少,财力不足;再加上各地之间路程遥远,交通不便;而且是外敌环逼,俄、英窥视,新疆如果完全与甘肃脱离关系,则陕、甘两省官吏必将心存畛域之见,那时新疆就会失去后路依托,孤悬塞外,本身难以自存。"由此,刘锦棠不同意左宗棠提出来的在乌鲁木齐设总督、在阿克苏设巡抚的建省方案;也没有同意谭钟麟提出的在新疆设钦差大臣的做法。刘锦棠提出:"新疆仍归陕甘总督节制;另设甘肃新疆巡抚一人,驻扎乌鲁木齐,加兵部尚书衔,统管新疆全境军政事务;在甘肃新疆巡抚下面,设布政使一人,也驻扎在乌鲁木齐;旧有镇迪道员,加按察使衔,'兼管全疆刑名驿传事务'。只有这样,新疆既是一个独立的行政省区,与陕、甘两省又保持密切的联系,把我国西北地区联成一个整体,以确保新疆社会的稳定和边疆的安全。"

在建省的步骤上,刘锦棠听取了谭钟麟的建议,"自下而上,先实后名"。刘锦棠将在战时于各地设立的善后局的基础上,先在阿克苏设阿克苏道,下辖喀喇沙尔(今焉耆)直隶厅、库车直隶厅、乌什直隶厅、温宿直隶厅和拜城县;在西四城设喀什噶尔道,下辖英吉沙尔直隶厅、疏勒直隶州及疏附县、莎车直隶州及叶城县、和阗直隶州及于田县,另设直隶水利抚民通判于玛喇尔巴州(今巴楚)。不久,刘锦棠对推行郡县制的乌鲁木齐地区(镇迪道)重新委任了一批官吏,充实了各个县的统治力量。

与此同时,刘锦棠也对过去军府制遗留下来的很多问题进行了妥善处理。首先,刘锦棠上奏清廷,将哈密、镇迪道过去在行政上隶属于甘肃管辖改变为隶属于新疆管辖。这个问题,曾是左宗棠过去提出的问题,但没有得到解决。从此,哈密、镇迪道与新疆其他地区一样,成为新疆的紧密的组成部分。其次,刘锦棠奏请清廷,削减了伊犁将军的管辖权限,并正式裁撤了各地的驻扎大臣。伊犁将军原来是统辖新疆的最高军政长官,削减后只管理伊犁、塔城两地的军政事务,并把农民暴动中消灭的各地驻扎的参赞、办事、领队大臣一并裁撤掉,没有补缺的均不再重设。最后,一律取消维吾尔族中的伯克制度。刘锦棠建议清廷,对于过去新疆各地的维吾尔族伯克只保留其原有品级顶戴,根据其品级高低,"分送道、厅、州县衙充当书吏乡约",死后不再补任。对在战乱中衰落的维吾尔族王公,只保留其名号,给予一定的俸银,不准再干预地方的行政事务。

经过这些改革,当地的各项权力就全部收回并掌握在了当地的道、厅、州、县的地方官手中了,最后由巡抚统辖,彻底改变了过去军府制时期的"治军之官多、治民之官少"的局面。这对于维护祖国统一,密切民族关系,发展生产等都起到了非常积极的作用。

THE
BIOGRAPHY
of
URUMQI

乌鲁木齐传

里程碑：新疆建省

第五章

中国自秦建立中央集权政权推行郡县制以来，到清代已逾两千多年。但在新疆，由于历史等原因，以及特殊的地理、民族条件，郡县制还没有实行。到乾隆二十四年（1759），清政府平定新疆南北疆叛乱，统一新疆后，设立了伊犁将军府统辖新疆以来，又过去了一百多年，虽然清政府在新疆设有镇迪道，但其管辖的范围仅仅局限在新疆东部地区。那时，清政府在新疆实行的是军府制管理制度，在伊犁将军下设有都统、参赞、办事、领队驻军大臣等，分管各地方事务。

当时情况下，军府制对于加强中央集权，笼络地方各民族上层人物起过一定的积极作用。但随着时代的发展，其弊端也明显地暴露了出来。当时在新疆是郡县制、伯克制、札萨克制三种统治制度并行。这种人为的地域上的制度区隔，使各民族的矛盾在日益加深，危及清政府的政权稳固。很多有远见卓识的人士认识到，与内地诸省采取一样的郡县制，是破解新疆各种问题的最好途径。

刘锦棠调整行政区划

光绪十年十月二日（1884年11月19日）"授刘锦棠为甘肃新疆巡抚，仍以钦差大臣督办新疆事宜"，同时宣布魏光焘任甘肃新疆布政使。这标志着新疆省的正式成立。

新疆建省后，清政府对新疆的驻军体制进行了重大调整。新疆巡抚加授兵部尚书衔，作为全疆的最高行政长官，也是新疆的最高军事长官，统一指挥全疆的军队。其次，新疆新设的阿克苏道员、伊塔道员、喀什噶尔道员以及原有的镇迪道员，皆"以守兼巡为兵备道"，可以指挥调度当地的驻军。同时，把原来驻守乌鲁木齐的绿营军队的最高军事长官提督（之前称乌鲁木齐提督）移驻到了喀什噶尔，统一指挥南疆的军队，而把原来驻守喀什噶尔的换防总兵移驻到了阿克苏，加强了阿克苏的驻防力量。而且对驻守乌鲁木齐的军队进行了整编，作为新疆巡抚直接统领下的"抚标"，以加强乌鲁木齐地区的军事力量。再者，停止了由陕西、甘肃两省定期往新疆南疆地区派驻军队换防的旧制度，南疆的驻军改为了常驻军。如此一来，整个新疆的驻军人数减少，既节省了军费，又增强了军队的战斗力。

新疆建省不但改变了过去新疆长期处于清廷"藩部"的地位，更改变了自清设立伊犁将军府125年来对新疆的管理模式，使新疆正式纳入了清廷"直属省"的系列。新疆尽管很久以前便是祖国民族大家庭中的一员，但是与内地不同的管理方式，使新疆长期处于游离的境遇。

光绪十一年四月（1885年5月），刘锦棠从哈密移驻省会乌鲁木齐，开始设府办事。从此，新疆的政治、军事、经济中心从伊犁移到了乌鲁木齐。刘锦棠除了加强已经建立的各级统治机构的力量之外，另一个就是进行伊塔道的设置工作。

光绪八年（1882），新任伊犁将军金顺进驻伊犁后，逐渐恢复了旧的统治秩序。依照清朝惯例，将军一职一律是满族官员担任，与巡抚互不统属。刘锦棠与伊犁将军的分歧一直到刘锦棠离开新疆都没有能够解决。直到光绪十六年（1890），魏光焘署理新疆巡抚任上，伊塔道的设置工作才最终完成。

为了解决驻军粮食供应和恢复生产，刘锦棠在新疆许多地方屯田垦荒。为了扩大开垦规模，光绪十二年（1886），刘锦棠与魏光焘共同制定了《新疆屯垦章程》。《章程》规定：愿意在新疆垦荒种地的农民，每户"拨上地六十亩，给农具银六两，修屋银八两，耕牛两只，银二十四两，籽种粮三石。月给口粮九十斤，盐菜银一两八钱两，自春耕至秋获，按八个月计，籽粮对价扣，合共七十三两。由公借发，限初年交还一半，次年全还，遇歉酌缓。额粮则自第三年始，初年征半，次年全征"。其次，刘锦棠实行"裁兵安屯"，鼓励被裁撤的官兵在新疆垦荒屯田生产。这些被裁撤的官兵，除有些愿意返回内地的以外，还有一些仍愿意留在新疆的，政府便有义务对他们予以妥善安置，以免出现祸乱地方的事件。在当时的新疆驻军中，"有籍历陕、甘，去新疆较近，风土相似者；有虽籍隶东南各省，幼被贼掠，辗转投营，里居氏族不能自知者；有原籍遭兵，田庐已空，亲属已尽，不可复归者；有寇乱之日，树怨于乡，以异地为乐土，故里为畏途者"。刘锦棠将这些官兵也按照农民一样进行了安置，分别给予他们土地以及贷给他们农具、种子、耕畜等生活资料，让他们尽快投入生产。这样，便把部队裁撤下来的官兵妥善地安置了下来。

此外刘锦棠还上奏清廷，改变以往遣犯发往新疆的办法。一是改变遣犯成分，要求清廷不再把"强盗教匪，未易驯服归农"的人遣往新疆，只遣那种以农为主的犯人。二是改变遣犯种地的形式。改变过去在士兵监督下，与士兵合伙种地或单独设屯种地的方式，让他们"与平民枳户错壤、犬牙相接，出入相望，同兹作息"，把遣犯交给当地官吏和农民来管束。三是改善遣犯的生产、生活条件。把他们按照《新疆屯垦章程》的规定，供给一定的生产、生活费用，让其生产。四是缩短遣犯年限。规定：凡种地遣犯，一律三年后为民。五是遣犯全部携眷来疆，令各省发送携眷遣犯。这些安置遣犯的种种改革，不但促使很多遣犯安心在新疆种地生产，也使很多遣犯尽快为民，在当地安家落户,从而成为恢复和发展新疆农业生产的又一支力量。

伴随着农业的扩大垦荒、生产,各地都积极兴修水利,改善农业灌溉条件。据《新疆图志》记载:"仅乌鲁木齐一地,在建省后几年中,就组织当地军民疏通了太平、长胜、安宁等近十条干渠。其他整修的支渠、斗渠更多,使大片荒地变成了稻谷之乡的富庶之区。又如阜康市,在建省后几年中因整修水利使土地得到灌溉,而变成中、上等熟地的就有三万三千五百多亩。"

"赶大营"进疆

刘锦棠所率清军前后只用了一年半的时间,便驱逐肃清了阿古柏侵略军。这一方面说明刘锦棠所率部队的骁勇善战;另一方面则是后勤支援保障方面的及时到位。在清军前方作战的身后,有着一个天津杨柳青商人组成的庞大群体,在支援配合着清军收复新疆。

早在左宗棠收复新疆积极准备粮饷的时候,就有很多杨柳青人尾随在清军身后,售卖一些针头线脑之类的各种物品,弥补军需不足。

进军新疆的清军,除了粮草由自己解决外,其余所缺的手巾、肥皂、布袜、腿带、针线、茶、烟、糖、辣椒、药品,还有青菜果品等杂物,即使官兵手中有钱,也无处购买。在清军出关之前,就有四五百位这样的杨柳青人汇集到了西部大营周围,另外还有来自陕西、山西、甘肃等省的商人,约有千人之多。出关前,刘锦棠鉴于军队日用品缺乏,一旦部队出关,面临茫茫戈壁,人烟稀少,征途遥远,归期无定,军需供应将更加困难的实际,提出招募和鼓励商贩随军售卖的建议,报请左宗棠核准,把招募的商贩纳入军队后勤管理。从此,那些尾随着大军做生意的"赶大营"客商便得到了军方的正式认可。

清光绪二年(1876)四月二十七日,左宗棠在甘肃肃州发出西征大令,遭遇华北特大旱灾的杨柳青灾民纷纷涌向西征大军周边,"赶大营"商贩一时达到了三千多人,形成了一个高潮,一齐跟随在了西征大军的左右。

刘锦棠率领的清军与阿古柏侵略军在古牧地、迪化长达五百里的战线上,随军商贩多集中在奇台兵站,冒着战火轮番上阵,把地产杂品、副食品、蔬菜送往军营。

光绪二年(1876)六月,清军光复乌鲁木齐后,"赶大营"首批商贩也随之进了城,军方专门划出了一段街道,供商人们集中交易,允许官兵上街购物,"买卖街"进而形成。同年九月,随着清军逐步收复北疆、南疆的大片失地,部分天津杨柳青商人们也如一枚枚商业的种子随风飘向了天山南北的各个地方,出现了"三千货郎满天山"的盛况。

首府迪化(乌鲁木齐)是天津杨柳青人定点经营的起点,即"天津津帮"的发祥地。迪化是通往南北疆各地的中心要道。战后,迪化城内地旷人稀,地多无主,入城者可以任意圈地建房。最早在迪化圈地建房的,就是天津杨柳青人安文忠等,他们在如今的乌鲁木齐大十字一带用草泥搭建起一间间简易平房,既住宿又囤货经营,从而结束了过去商人常住官店的历史。此后又有几个被清军裁撤的杨柳青兵弁挨着安文忠建起的草房,进而在那一地区一家接一家连片盖起了草房,店店相连,摊位相邻,互通有无。而后,又陆续有五百多户杨柳青人在此建房,售货摊点逐渐扩展到了东西南北四条大街。

光绪十年(1884),新疆建省后,刘锦棠将南北疆划分为四道,辖五十多个县。乌鲁木齐市原有的"大十字路"扩改为"大十字街",商业的繁华为杨柳青人的事业发展创造了良好的条件。

由于天津杨柳青商人进疆,新疆原有的商业发展格局也慢慢得到改变,原有的单一经商格局逐步往亦工亦商,向饮食、服务业分流。杨柳青商人自己最初在家乡学过的手艺也慢慢派上了用场,如自制京津风味的糕点、酱菜、副食调料、酿造烧酒、收售毛革、加工金银等,各有特色,各具优势,增强了竞争实力。各种技艺的开发,又为"半工半商"组合,为工商分流和形成更多的经营门类,创造了条件。

"赶大营"在新疆历史上曾形成过三次大的高潮,每次持续的时间在二三年、三五年不等。《新疆图志》曾记载:"津人植基最先,分支遍及南北疆。"

"津帮八大家"是"赶大营"的杨柳青人改营坐商后建起的最早一批商号,《新疆通志·商业志》记载,"津帮八大家"生意红火,资金大都超万元,经营遍及天山南北,为迪化商业奠定了基础。津帮商人自从担篓进疆以后,就和当地的少数民族有了交易往来。八大家的店堂都有熟通维吾尔语和俄语的职员,有些店堂甚至要求全体店员学习维、俄用语。

《新疆图志》记载,"市廛迤逦相属,肩摩、毂击比于吴会之盛"。也正是因为有了天津杨柳青商人们的支持,乌鲁木齐,乃至新疆的商业才得以快速地发展起来。

也据《新疆图志》记载,新疆建省时"迪化城中无百金之贾,千贯之肆","玉门以西官道千里,不见人烟,商贾往返满目无体宿之所"。

当时人民生活基本物资以布匹、茶、烟、糖、纸、用具为主。从陕西、甘肃运至新疆沿途各地层层增加"厘税",商业成本增大,刘锦棠一方面改厘税为一次性的货物税(称常税)以降低商业成本;另一方面组织山西、河北商人用骆驼运输货物,由归化城(今呼和浩特),通过大草地运抵奇台,再由奇台中转迪化、伊犁、塔城、南疆以振兴新疆商业。

光绪十年(1884),刘锦棠将新疆营塘军台一律改为驿站,交由地方管理(包括嘉峪关以西及科布多一线269个)。每个驿站设置"驿书",配备马匹、马夫等编制,恢复了新疆固有的商品流通及各地信息交流。

为废除阿古柏发行不规范、成色不纯、分量不足的银圆铜币,刘锦棠在迪化及阿克苏设造币局,迪化宝新局,由光绪十二年至光绪十三年造币二万三千二百串(每串为千枚)。用铜量为十一万九千八百斤(折合71.6吨),缓和了新疆金融货币危机。

对驿站的改革、对币制的改革、对流通领域税制的改革,极大地促进了商贸流通,使乌鲁木齐的商业很快便繁荣了起来。

"博达书院"创办与新疆教育的起步

新疆建省时,清廷任命魏光焘为新疆第一任布政使。而魏光焘又恰恰对文化、教育情有独钟。局势稳定之后,官府对所管辖地区的民众教化也自然是大定之后一个重要建设内容。这也自然是统治者统御新疆的灵魂所在。

魏光焘精于理财，勤于治事。随着政局的逐渐稳定，吏治方面最感棘手的便是翻译人才的缺乏。新疆建省之初，教育十分落后，尚没有一所正规的学校。光绪十七年（1891）魏光焘一手创立新疆博达书院，并担任第一任校长，为新疆近代教育开创了先例，为全国开办早期学堂提供了宝贵经验。

或许是迫于战乱，个人读书不多的惨痛记忆，使魏光焘深知教育的启迪作用。刘锦棠、魏光焘于光绪十一年（1885）在乌鲁木齐创建了印书院，采用刻板印刷，出版了一批维文字母注音的《三字经》《百家姓》，发往全疆的州府县作为识字课本。印书院在刻印"官书"的同时，也允许私人开业的刻字铺自行刻印流传验方《牛马经》、简明《历书》和《万事不求人》之类的单人小书。

光绪十七年（1891）魏光焘奏请朝廷批准，于这一年的8月14日在乌鲁木齐创立了博达书院。这个书院，"既是开课讲学，培养文人的机构，又是编纂书籍的机构，后来又从津京各地购进一批典籍图书，一方面供书院内部参考，一方面供社会上层阅读，所以当时的博达书院也可以说是乌鲁木齐最早的'图书馆'。博达书院在当地既成了文化人荟萃的场所，又拥有一批图书资料，所以各县义学的启蒙教材都是由书院编选校订后经印书院出版发行。魏光焘所创办的这个"博达书院"就是今天乌鲁木齐市一中的前身。

作为当时新疆唯一最高学府，博达书院是当时新疆选拔贡生的唯一场所。学校设有学舍、斋舍等供儒生学习、居住。学生选拔均为各县义学、私塾培养出来的出色人才，主讲亦是社会学者名流，课程以《四书》《五经》为主，培养应试人才。

魏光焘创立博达书院，并亲自担任第一任校长，书院为新疆的早期教育奠定了基础，提供了先例。

电报、电话取代"六百里加急"

自清代新疆纳入中华版图以来，传递公文、奏报都是依靠清代在新疆各地设立的一个个驿站、墩塘来完成的。随着清代施行洋务运动，兴办、引进了一些西方近代工业技术，电报、电话也进入了新疆。这是一项具有划时代历史意义的重大事件，从此电报、电话取代了"六百里加急""四百里加急"，近现代通信效率得以大大提高。

新疆尚未建省前，经左宗棠推荐，陶模曾任过迪化直隶州知州一职。十二年后，陶模再赴新疆，已是权倾一时的新疆巡抚。陶模在任上的重要工作，便是发展教育，引进电报、电话进入新疆。尽管当时引进的电报、电话进疆，并不普及，但对于边疆紧急事务处理的效率还是大大提高了。

因新疆毗邻俄国，具有漫长的边境线，与俄人常为草场、牲畜越界办交涉、办商务，均找不到懂俄语的人才，是件令人头疼的事情。所以，陶模在光绪十八年十月（1892年12月），奏请"新疆设立俄文馆，酌拟章程，恳请立案"，以培养相应的俄语人才。

陶模在成立同文馆的基础上，又创办了少数民族学校。以前新疆信仰伊斯兰教的民族只能上经文学校，没有民族学校。陶模上任后，在新疆各地遍设义学。当时师徒之间，语言交流全赖翻译。让维吾尔人了解汉字比较困难。"缠回素不学"，很小便放牧牛、羊，跳荡、自嬉，不喜欢上学，下官若劝其子弟入学必须给其钱粮，且左邻右舍帮助其缴纳租税，才肯入学。这实际成了当差行为。数年后毕业，人们不问其功课如何。义学的老师也常常拘泥于过去的俗见，让维吾尔族小孩作起承转合的作文及试贴，每月报给官府的皆是义学老师自己完成的。且义学的老师多是湖南人，维吾尔族小孩学习的均是湖南话，反而听不懂陕甘人说话。陶模责令相关部门，不能只用湖南人做老师，重新订立了义学章程，严格监督义学教授汉语、认识汉字，去除虚伪粉饰，以求实用，且导入中国传统文化的孝悌、忠信、修身、敦行之道。

为了减少中国人因不懂对方语言，在中俄通商不平等条约中造成对中国商人不公平地位的情况，陶模奏请清廷免去了中国商人的厘金（附加税）。

自光绪七年（1881）沙俄强借巴尔鲁克山游牧以后，沙俄商人往新疆贩卖洋货，依照定约便享受不征税的待遇。后来沙俄对新疆的贸易量日渐扩大，且沙俄驻新疆的领事也纵容那些不是洋商的哈萨克商人，即使他们售卖的不是洋货也都不向清政府纳税。当时，英国人尚未与新疆签订通商条约，但也比照俄商不向清廷纳税。陶模议收洋税，不能"独困吾民"，于是奏请暂免新疆商民的厘金（附加税）。

当时"缠回文字横行"，又因为语言不通，汉族官吏皆视这些人为异族。而这些人却远道而来，负债累累，即使救济也应接不暇。陶模体恤这些商人的生活艰辛，对于那些敢于贪墨的官吏，陶模当即予以弹劾、罢免。陶模平时会晤那些基层司牧，反复告诫百姓生活的艰难，一定要约束好自家子弟、仆从。而对翻译，也正告他们，切勿蒙骗那些与自己服装不一样、语言不一样的人。

新疆各州县改设郡县制以后，吏治却未见得比以前有所好转。维吾尔族的集市贸易是七天一次，他们不认识汉人的"年历"，也不知道汉人的"度、量、衡"。所以有些汉族人欺负他们愚昧，给他们"重利放债"，于是造成他们"卖妻鬻子"。于是，陶模严禁汉人对维吾尔族人放债，违者依照内地不得与土司交往借债的例子来严厉治罪。

光绪十八年十一月壬辰（1892年12月26日），"直隶总督李鸿章奏，设新疆省城至喀什噶尔电线，以速边报"。当时电报、电话已传到了中国，在内地已普遍架设了电报、电话线路。于是，陶模会商陕甘总督，开始在新疆南北疆架设电话、电报的线缆。电话、电报的开通，使清廷不再用"六百里加急"靠马匹通过驿站来传递信息了。新疆也已经在往近代化的道路上向前迈进了一步。

随着电报、电话的开通，洋务运动在武器更新制造方面也取得了一定的进步。

此后陶模派员在新疆全境探求矿产资源。比如吉木萨尔的铁矿，喀喇沙尔（今焉耆）的铅矿，达坂城、温宿、拜城的铜矿，绥来（今玛纳斯县）、库尔喀喇乌苏噶斯山的金矿，迪化的石油均是那个时候普查出来的。

陶模在任上，在罗布淖尔以北修筑了蒲昌城，在南面设立了屯防局，组织回民前去开发、定居，进一步扩大了行政建制。

前任署理巡抚魏光焘，经营罗布淖尔境内的屯垦事务。在西塔里木河的河畔。陶模奏请设置了安置侨民的蒲昌，在距其一百四十里的卡克里克地方有一个很大的古城遗址。陶模奏请在卡克里克设置了屯防局，招徕无地的回民迁徙来此耕种。此后接替陶模任新疆巡抚的饶应祺，在此地设置了新平等营县，就是得益于陶模之前的开拓性规划。

发展迪化军工业

新疆建省以后，刘锦棠为了扩大税源，在光绪十一、十三年（1885、1887）在新疆省城以及各地设立总分各局委员会，收取华商的货税。俄国获取贸易免税的特权，而中国却向自己的商人收取厘金，显然对华商不公；同时更有一些商人冒充俄商逃避交税，严重损害了中国的主权。第四任新疆巡抚饶应祺顶着巨大的压力，为华商争取平等的纳税权利，对新疆经济的恢复和发展均产生了积极影响。

依照光绪七年（1881）中俄已签订的条约，俄方在新疆的吐鲁番设立领事，会办中俄通商事件。光绪二十三年（1897）以后，俄方多次要求将领事馆改设在省城迪化。饶应祺经请示陕甘总督陶模"以设省设吐利害相同，省城亦在准设条内"，议定准先在省城设立领事，以督邦交。

在中俄领事的改设问题上，饶应祺在难以更改已签订的条约前提下，退而求其次，要求俄商与华商一同上税。这种抗争是把华商、俄商放在同等竞争条件下，最大限度遏制了沙俄在中国攫取巨大的商业利益，维护了国家主权。

饶应祺自光绪十五年（1889）调任新疆喀什噶尔道、后任镇迪道（今乌鲁木齐）道台，又兼任按察使，光绪十七年（1891），再任职新疆布政使，他所到之处，对新疆厅、道、州、府县的管理都有着切实的感受。所以光绪二十一年（1895），他在就任新疆巡抚以后，先后在光绪二十四年（1898）和光绪二十八年（1902）对新疆的行政建制进行了改革，使新疆形成了比较完整的管理体系，加强了新疆与内地之间的政治、经济、文化等联系。

饶应祺所列出的几个改革的理由是：首先，从新疆建省到光绪二十八年，由于新疆的社会经济的发展，人口的增加，为避免不法分子钻行政区划的漏洞，故意逃脱赋税；其次，为了明确各级官员的职责，提高行政效率；最后，是为了提高官员的行政级别，提高官员从政的积极性。由此，新疆的建置改革也就势在必行了。

通过调整，提高了新疆各地的行政级别，各级官员的待遇也仿照内地有了提高，促进了官员的从政积极性，进一步提高了行政效率，加强了中央对基层的控制力度。自此以后直至民国时期，中央政府以及地方政府均没有对新疆的行政体系做过大规模调整，这也进一步说明，饶应祺当时的调整还是非常成功的。

1894年的中日甲午战争以清政府的惨败而结束，这越发使清政府的财政状况日趋恶化。由此，各省给新疆的协饷也越来越难以落实。不得已，清政府要求新疆政府一再压缩部队规模。饶应祺本来便对清政府裁减、淘汰部队持保留意见，因为新疆地广人稀，如果没有足够的部队，漫长的边境线将无法守护。新疆建省之前，军队的体制改为标营，各地分设抚提镇协标营，约有万余名兵勇。直到光绪二十八年，新疆累计裁汰军队两千余人。裁减这两千多人，对于缓解新疆沉重的财政压力自然起不了很大作用。

19世纪20年代，英、俄转向欧洲霸权的争夺，新疆面临的外部压力骤然减轻，于是清政府便放松了警惕，裁减了新疆部队规模。但饶应祺内心却异常忧虑，新疆地广人稀，民族众多，内部治安隐患时时出现，没有足够的部队，就难以保证新疆局势的稳定。

光绪二十八年（1902）三月，饶应祺对新疆军队进行了较大幅度的调整，将军队改为标营制度，在各标营各军种中设立了常备、续备、巡警等军。饶应祺根据马队灵活、轻便、快捷的特点，结合新疆实际，设立了左右翼马队六个旅，平日里驻省操练，春秋两季出省分查东西两路，令行禁止，又不需要地方的供应，从而巩固了边防。饶应祺认为，根据新疆的整体形势来看，巴里坤是新疆的东疆门户，伊犁、喀什是西、南门户，迪化、阿克苏则在南北两路的中间，所以新疆军队必须重点整编这几个区域方可达到整体平衡。饶应祺提出了自己新的整编思路，先在抚标营内实行，然后依次在新疆各提、镇、协军中推广。

饶应祺委托朱璜负责所有枪械、机器的押运安全工作。枪械、机器制造的工匠等问题的解决，饶应祺还得到了北洋大臣王文韶的大力协助，他同意从天津调派两名工匠前来新疆指导厂局地基选址等工作。枪弹制造厂的地址最后落在了迪化（今乌鲁木齐），按时生产出了枪弹弹药。从此，新疆所需要的弹药以及一般军械都能够自给，为新疆今后的军事工业发展迈出了坚实的一步。在饶应祺离任后一直到宣统初年，新疆军事工业得到了迅速发展，军事工厂也基本建立了起来。

随着新疆社会经济的逐步发展，人口日益增加，越来越多的适龄儿童需要上学。为了广布教化，培育新疆人才，饶应祺"奏请增乡试中额二名，会试中额一名，暨各府学官学额，先后皆议行"。这样一来，新疆省乡试中额外的名额也增加了。这一建议的实行，为更多的学子们提供了仕宦之路，激发了应试者的积极性。

此外，饶应祺对教育机构做了一些调整，具体分为两个部分：一是，各地裁并义学学堂，就其经费增设训导、学额，这有利于把有限的资金用在提高教学质量上；二是，新疆各地仿照迪化府、镇西厅的例子，各地训导须负责当地的学务，明确了训导的职责，为学官能专心备课提供了条件。这种方式，结束了以前各地义书塾只能靠远来游学之士训课不利的局面。饶应祺认为，"种族皆有聪明可造之才"，应该公平、平等地对待全部有才学的应考者，宣扬"有教无类"的教育准则，极力推荐部分能诵经书讲解文艺的少数民族应考者当学官。

义学也称义塾，大多是依靠官款、地方公款或私资设立的启蒙学堂。新疆义学堂历经魏光焘、陶模主政新疆时期，数量已由七十七堂发展到了饶应祺主政新疆时期的九十所，包括伊犁、塔尔巴哈台、罗布淖尔、霍尔果斯等地均设立了义学，基本满足了当时新疆教育的需求。当然随着人口的增加，尤其是饶应祺调整了新疆的行政区划之后，随着各地管辖的重新规划，各地义学的设立显然也存在一些不合理的地方。饶应祺试图改变以往新疆各地的基础教育，限于财政的匮乏，在教育经费有限的情况下，就必须对新疆各地现有的义学堂进行裁并。

饶应祺主政新疆八年，对于维护祖国边疆的安全与统一作出了一定贡献。他在担任新疆巡抚的八年当中，历经了中日甲午战争、戊戌变法、义和团运动、八国联军入侵北京等重大历史事件,清政府在大厦即将倾覆,江山都难以保住的情形下,哪里顾得上关注饶应祺为新疆所做出的种种努力。但毕竟,饶应祺为了新疆的繁荣与稳定,为了新疆的近现代化发展,作出了自己的贡献。

发展照明、尝试"公交"

由于新疆地域广阔,一般军书文报的传递往往依赖各地驿站的运送,且往退周转,耗费时日,有时会导致上情不能及时下达,下情也不能及时上传。光绪十九年(1893),盛宣怀遴选员弁采运机料,在新疆南北测量线路。后经总理衙门、户部议准续拨款十四万两,修建由迪化向西北经库尔喀喇乌苏以达伊犁、塔城一线,由吐鲁番向西南经库车、阿克苏以达喀什噶尔线。光绪二十一年(1895),新疆南北两路电线修建竣工。迪化为新疆巡抚驻扎之地,是天山南北两路总汇之区,古城又为西北重镇,是商贾荟萃之区,为了"以速边报",以期消息灵通,光绪二十九年(1903),巡抚潘效苏奏请设立古城电局,即增设由迪化县东路,经阜康、孚远,以达古城(奇台)的电线,他认为"古城为省城天山以北的屏障,北通蒙古,东通归化。包头、京城、天津等处,地面辽阔,行旅往来络绎,兼以驻防满营暨奇台县治移设于斯,商贾云集,民杂五方,控制抚绥,最至紧要"。于是,该线从迪化经阜康、孚远到达古城,全线长四百里,使"全疆边报迅捷,瞬息万里"。并且,他对电路事业的发展也十分关注,《新疆电业史话》曾载:"光绪二十九年(1903),新疆巡抚潘效苏的巡府内装有1台德国制造的6千瓦直流发电机,电压110伏,供府内照明。"开创了新疆用电照明的先河。

为传递政令文书的方便,清政府在新疆各地交通要道设鬻邮驿。清初改器军台或营塘,后改为水陆驿站,隶属于府、厅、州、县。建省后,驿传以省府迪化为中心,辐射全省各地有干线15条,邮亭200个,驿卒千人。邮驿只传递军政公文,而民间概不得利用。为方便路人出行及文书的传送,光绪二十九年(1903),潘效苏曾仿效俄国驿车之制,试办自省城经哈密到肃州

（今甘肃酒泉）的驿车（有盖有厢的四轮大型马车）。其具体办法为：由官方备车，"从迪化至肃州共设二十一站，每站箴车10辆，限二十日而达"。由地方官负责，每站则由驿书主管。按站传驿递换，更番转运函件和货物，公差往来和军公物资由官方支付运费，商民货物则按站自行缴纳。但由于驿车很少，不敷周转，运货经常耽搁，加之管理不善，驿卒、车夫、经管人等借机敲诈勒索钱物。同时经常出现"驱车困于沙漠中多日直至薪尽粮绝"，"每于交界换车之时，虽风雪暮夜即推乘客于辕下，挥鞭徜徉，去而不顾，行李抛弃荒碛中往往遗失，无从追问"的情况，施行三年，公私亏损，官民交困。巡抚潘效苏也意识到了此政的弊端，于是废止。后国家特设邮传部，以统一全国邮政，即便西陲僻远也有输轨。驿传旧制虽然有许多不足之处，但也加强了新疆与内地的联系，同时为全疆邮政业的发展奠定了基础。

站街改巡警，短暂"新政"

吴引荪是在广东按察使任上接到赴新疆接任布政使一职谕旨的。吴引荪是创建广东省督察制度的第一人。他自广东调任新疆布政使，也将一种新的警察制度带到了新疆。吴引荪在新疆任上做的最大的一件事情，就是参劾掉了贪墨近25万两白银的新疆第五任巡抚潘效苏。经过查实，清廷将潘效苏革职问罪，发配流放。在新任新疆巡抚联魁[①]未到任前，暂时署理新疆巡抚。

吴引荪来新疆的时间不长，但在他短暂的任职时间里，革除弊政、赶练新军、兴办学堂、增设巡警、改设课吏，且杜绝宴请，使新疆的官场风气为之一变。

光绪三十一年十二月（1905年1月），"署甘肃新疆巡抚吴引荪奏，拟就书院改设学堂，其高等办法，仿照山东章程，暂分备斋正斋，督课外国语文，拟将旧设俄文馆并入，再聘精通英德法语言文字者，以补所未备。至府州县应设各等学堂，当通饬筹款，一律仿办。下学部知之"。吴引荪推行的这些改革，

[①] 也有作"连魁"的。

皆是为了适应新的形势，采取的一些变革措施。

光绪二十九年（1903）潘效苏主政新疆时的首府迪化，到处充斥着一股奢靡之风。迪化当时没有虾、蟹，伊犁河的鱼倒是有，价格也不菲，往往一顿像样的宴请需要花费二三十金。官场上不时会有宴请和演戏，这皆是上面的风气不好所致。吴引荪到达后，风气稍微有所收敛。

光绪二十九年（1903）十二月二十日，吴引荪查得新疆巡抚潘效苏于光绪二十八年（1902）冬到任后，挪用饷银五万两，共亏、挪二十四万余两。由于案情重大，吴引荪未敢徇隐，遂密函陕甘总督嵩松。十天后，吴引荪写了一封密函，派出亲信亲自送到兰州陕甘总督府。

经查账得知，潘效苏实用银十三万五千两，李滋森用银三万九千两。潘效苏另挪用银五万两……共挪用银二十五万两。

吴引荪自署理新疆巡抚后，即加征粮草，陆续革除世袭兵、站台等弊政。此外施行新政，诸如赶练新军，改习洋操；积极开办高等学堂。另对新疆的巡警制度，吴引荪也参照广东巡警的办法进行一些改革。再如设馆课吏，关于对于罪犯进入监狱以后学习技艺等问题均酌情一一进行改革，以期在吏治、边防等方面会有一些起色。

吴引荪在努力推动新疆在新政等方面做些积极的调整，但对于这些措施在多大程度上能够实施，并能够促进新疆的经济发展、社会进步，就很难顾及得到了。

新、旧津商八大家交替

清光绪三十一年（1905）八月，满洲镶红旗人联魁，由安徽布政使调任新疆巡抚。联魁（1849—?）抵达新疆首府迪化时，正赶上清政府厉行变法图强的"戊戌变法"，光绪皇帝推行"新政"。

新世纪的钟声没能给清廷的满朝文武带来些许欢欣和快慰，接踵而来的反倒是震惊国人的"庚子国变"，以及八国联军入侵北京。大厦将倾的清廷整个弥漫着一种极度挣扎、压抑的气氛。联魁作为清政府派往新疆的唯一一位满族巡抚，自然肩负着特殊的含义及使命。联魁在任上曾与陕甘总督长庚积极商议，响应清廷在新疆全力推行"新政"。新疆巡抚联魁与新疆布政使王树枏几乎是前后脚来到新疆首府迪化任上。

联魁在新疆巡抚任上，实行了一些强身健体的治国新政，诸如裁汰旧的马步各军，改练新军；改乌鲁木齐课吏馆为法政学堂；设立工役局厂，推广生产技艺等，对后来产生重大影响。

清朝末期推行以练兵为主的新政，根本目的是挽救濒临危亡的清政府统治。1907年4月，联魁奏设督练处，自兼督办；下设兵备处，由王树枏兼总办，参谋处由按察使荣霈兼总办。

当时为编练新军，木垒守备孔福堂前往甘肃募兵，返回新疆后任新疆步兵管带。由于营内兵勇多是孔福堂之同乡，其管束较宽，军纪松懈。新军虽为强兵之计，但到了新疆仅仅是改换名称，装备、训练皆不如内地，积习甚深。

当年的迪化红山山顶、山下建有很多庙宇，每年的四月八日，居民商户，杂技百工皆聚于此。士兵无事也多冶游于此，且经常发生赌博斗殴事件。

宣统元年四月八日（1909年5月26日），陆军士兵因一件小事与天津籍人士发生械斗，伤害天津籍人士七八名。地方当局畏于陆军士兵的要挟，不敢审理，也未处理一人，军纪更加荡然。1910年春，又逢庙会，再次发生陕甘人与天津的大规模械斗。双方积怨越积越深，当地人与陆军暗通一气，官吏们除了忍耐，别无他法。

清军收复新疆时，京津商人由早期的肩挑背扛的货郎逐渐都改为了坐商。迪化全城1200多家商户，天津人占去一半。新疆提学使杜彤系天津杨柳青人，以津人而自豪；新疆布政使王树枏为直隶人氏也因此引以为荣，他们均对陕甘人氏比较轻视，遂引起陕甘人的不满。

迪化纵火案的肇事者田熙年系直隶人氏，早年从军北洋，1907年编练新军时，伊犁将军长庚曾将其奏调伊犁，郁郁不得志，遂投奔了王树枏，被委以马队第一营试署管带。

田熙年为了讨好上级，竟驱赶兵丁自造营房，与兵丁结怨。马队官兵皆聚众状告田克扣军饷，中饱私囊。经查，状告不实，马队队官被革职。田熙年获胜，其人也愈加跋扈。有个陕西护兵蒋兴奎，言语顶撞了田熙年，被革退。蒋兴奎遂伺机闯入田熙年的办公室，欲刺杀田，被扭送迪化县监狱拘押审讯。不知何故，迪化县衙竟将蒋兴奎释放了。宣统二年七月初四（1910年8月8日），田由营门内外出，路遇蒋兴奎，甚是诧异，问其何往。田怀疑蒋欲行刺自己，命人从蒋身上搜出了兵器。年轻气盛的田熙年盛怒之下，棒杀了蒋兴奎。此事遂成为迪化纵火案的导火索。

陕甘人闻讯大哗，齐聚甘肃会馆开会动员，决心为死者复仇。会后，由哥老会首领陕甘流人王高升率众前往巡抚衙门、藩司衙门、臬司衙署击鼓鸣冤，请当局杀田熙年以偿命。巡抚联魁对擅杀蒋兴奎也非常恼怒，征求各大员意见，欲杀田熙年以抵偿蒋兴奎之命，但布政使王树枏等则以乡谊之情庇护田。几经周折，当局仅宣布将田熙年撤职查办。实际上，田熙年躲藏在蒋松林的公馆里，陕甘人闻讯，七月初六（8月10日）上午10时再次聚会。下午，陕甘众人齐聚巡抚衙门门前，要求立即惩办田。当局仍派人敷衍，众人手持木棍、短刀，拥至大堂，捣毁击鼓，群情激奋，王树枏、荣霈等大员吓得纷纷从后门溜走。

时至黄昏，联魁令巡捕出告示说："今已晚，不能办，俟田将经受事件了清，必照办，为众人出气。"一部分人遂离去。另一部分人则由王高升带队，继续前往蒋松林公馆索要田熙年，蒋拒绝交出，众人愤怒，遂放火烧了蒋松林公馆。各官员及巡警均闭门不出，不敢过问。

王高升带领众人去同一条大街的迪化县监狱，砸开牢门，放出在押犯人60余人。众人又涌向官钱局，被卫兵阻回。众人路过一当铺，蜂拥入内，抢得马刀数柄及菜刀数把，以为武器。然后，王高升等率众沿街专门焚烧天津人的商铺。北梁一带津商的二十余家火起，后东大街也燃起大火，时风势渐猛，大火迅速蔓延至南大街。王高升又率众打开新东门，欲与城外的陆军兵勇会合，被管带李学文率兵击溃。众人再入得城来，放火焚烧王树枏所在的藩太衙署，因有卫兵把守，未能入内。王高升率数十人欲从北门出走，在北大街被元泰堂内开枪击毙，其他人砍杀门卫守兵一人，逃出城外。

大火烧了一夜，共有170余户商民遭难，其中津商损失巨大。当时的津商八大家仅有位于南大街的同盛和与公聚成两家未遭火灾，其余各家均在大火中化为灰烬。这就是史称的"火烧津商八大家"大案。

大案发生后，"闻当时变起仓卒，联帅顿足痛苦，束手无策，而藩臬各大宪官员皆闭门自守，莫赞一词"，"事后密而不奏报，严查邮电，以防泄露消息。时《京报》记者彭君翼仲，亦遭戍流放在新疆，目睹此种情形，激于义愤，密恳新疆财政监理官梁君素文，以密码电报密呈度支部"。清廷来电查询，巡抚联魁等仍相互推诿。灾后，津商遂聚会公聚成，请求政府救济。联魁派人前去疏通，答应拨款十四万元作为赔偿。但此数与商民所报，损失数额相去甚远。清廷除电令严办祸首之外，对受损商民进行抚恤。

纵火发生后，"余立牌示，所有商票概由藩库兑还，即招各商各铺，开明出票若干，损失若干，由藩库领取现银，连环保结"。然后布政使王树枏下令，赶紧修补商铺、房舍，费用同样由官府藩库支付，如此才保证商民相安无事。此后，王树枏号召募捐，"联魁捐助万金，余亦捐银万两，学、臬一下皆有捐助。及至联魁交卸，此款翻悔不出，学、臬以下皆相效尤，化为乌有。余乃独将捐款交与商户，而众商谓抚台且不认交，事同一律，不肯接受"。

为了善后，联魁与司道反复商议，需赈济商款384684两，及修盖被大火烧毁的官房，总计约394500两。其中，新疆地方文武捐款为59102两，藩库垫拨款335398两。

大火后第十九天，联魁被免去新疆巡抚一职，"令候简用"。联魁被开缺后，陕甘总督长庚也参劾王树枏"贪鄙营私……侵蚀库款"。三个月后，王树枏也被解职。

义学改学堂，教育"新政"

杜彤系晚清新疆的提学使，后署理新疆布政使一职。杜彤宦历新疆四年多，在当时全国实行"新政"兴办学堂的热潮中，大力倡办新疆近代教育，为新疆近代教育的发展作出了贡献。

晚清实行变法"新政"，在各省推进新式学堂建设，同时也给各省提学使赋予了很大的自主权。各省的提学使不仅负责教育的行政管理、制定学校章程、规则等事务，而且还在提学使司的下面设立劝学公所，具体负责辖区范围内的兴学事宜，发展各级各类新式学堂。如此一来，提学使不仅具备了今天教育厅长的职能，而且还具备了如今省一级专门负责文教卫生事务的副省长之权限。但当时的提学使仅仅负责兴学这一项事务，可见清廷对当务之急的"新政"教育的重视程度。

杜彤获得新疆提学使之职，显然是备受重用的。但是新疆地势偏僻，民族众多，教育事业的基础非常薄弱，亟须改造升级。

晚清实行"新政"，选择改革学务，从教育入手，也算是抓住了国势衰微的症结。由此，上至清廷下至各省督抚，对于兴学已形成高度共识。然而"十年树木，百年树人"，教育毕竟有一个循序渐进的缓慢过程，不可能一蹴而就。

光绪三十四年三月壬辰（1908年4月7日），甘肃新疆巡抚联魁再次上奏说："新省向无学政衙门及学务处。谨就行馆东院创设学务公所。以为阖省学务汇总之区。请饬立案。下部知之。"

杜彤在新疆兴学，注重因地制宜，取得很大的实际效果。他主张："求普不求高"，"以次渐进"，使全省各县全部改设两等小学，并依照《奏定全国学堂章程》来管理。据后来的《新疆通志》统计，清末新疆全省所办新式学堂606所，教习764员，学生人数达6063人，其中南疆维吾尔地区兴办学堂420所，教习487人，学生人数达12014人。这些新式学堂，除开设中文课程外，还有数学、外语、物理、化学、地理、音乐、美术等，此后又增加了经济和法律等课程。新式学堂的创办，给新疆培养了一大批具有近代科学知识和近代思想意识的人才。新式教育在新疆的普及和扩大，有力促进了新疆思想、文化的发展，增强了新疆人走向现代化发展的潜在的内在发展动力。

有关杜彤在新疆的办学成效，均体现在新疆巡抚联魁在1910年给清廷的《新疆巡抚联魁奏新省办理学务情形折》中。

杜彤对于新疆兴学可谓是大刀阔斧地进行整顿、兴办，尽管困难重重，但还是取得了很大成效。因为毕竟清廷赋予了他相当大的职权,所以杜彤在兴学过程中,遇有大力推行兴学有功人员便大力保荐晋升,对于推进新学不力者则大加弹劾。毕竟杜彤是御史晋升起来的提学使,直谏敢言乃其天职。

尽管杜彤在新疆兴学上殚精竭虑,取得了一些显著成效。但与杜彤同时在新疆的前任布政使王树枏,还是认为杜彤,没有顾及新疆的现实,其大规模兴学的做法属于是不切实际的激进行为。王树枏认为在新疆这样一个特殊区域,不可能与内地诸省统一步调。

晚清施行"新政",大力推进兴学的同时,在政治制度方面也进行了一些改革,在各省筹建了谘议局,试图突破旧有制度的藩篱。而在新疆筹建谘议局的过程中,杜彤全程参与其中。

然而,袁大化上任后,几乎全盘否定了提学使杜彤三四年来的艰苦努力。袁大化囿于协饷不济,经费奇绌,想出调整南北疆兴办学堂的变通办法,改变了杜彤的兴学做法。

杜彤自1907年9月17日任事新疆,至1912年1月23日开缺回籍,总共四年零四个月时间,在新、津两地合作交流史上留下了浓重一笔。

《新疆图志》编纂完成

袁大化在新疆居官的时间仅有两年,谈不上什么建树。不过始于光绪三十二年(1906)王树枏任总编纂的大型通志《新疆图志》历时约四五年,在袁大化兼任通志局总裁的任上得以编纂完成,所以此功便算在了他的名下。当然如果没有一把手巡抚主持协调新疆通志局的工作,集中一些候补官员和卸任官员,在经费提供和后勤保障方面做些工作,那么卷帙浩繁、总计150万字的《新疆图志》恐怕也难以顺利完成。但这部书由于资料匮乏、编辑仓促,屡遭诟病,但它毕竟是清代新疆篇幅最大的一部地方志,在清王朝即将没落之时,编纂此书,颇为不易,功莫大焉。

THE
BIOGRAPHY
of
URUMQI

乌鲁木齐传

纷乱的民国时期

第六章

距离新疆建省仅过去27年,清王朝便走到了尽头。晚清末年中央政府施行一系列新政改革,企图通过新政,编练新军,强化手中的权力,维持其统治。但接踵而来的辛亥革命风暴,彻底击溃了清廷王公贵胄们的痴心妄想。

相对于大时代的朝代更迭,似乎"改天换地"的辛亥革命,并没有发生多少流血冲突,清王朝便戛然而止,"共和"便宣告成功了!

迪化伊犁起义

1911年10月，曾留学日本士官学校的刘先俊，借新疆巡抚袁大化向内地求觅部分中下级军事人员充实嫡系部队的机会，拿着舅父陶森甲的信函，来到迪化投效袁大化。当时恰值辛亥革命爆发，对清政府忠心耿耿的袁大化，起先对刘先俊等人的入疆动机有所怀疑，没有予以重用，并找借口将他们遣返内地。果然不出袁大化的所料，刘先俊使用金蝉脱壳之计，在迪化秘密潜留了下来，积极策划迪化起义。那时迪化城中已经有了较为完善的军警系统，城防组织严密，谍报人员四处布网，刘先俊内部又出了内奸自首告密，消息即刻败露。

12月28日，刘先俊仓皇之中被迫起事，袁大化一夜间就予以剿灭，在一个浴室里几乎将革命党人一举抓获，先后处死了刘先俊等革命党人143人。事件才过去了十多天，袁大化就一直忙着处理迪化事件的善后事宜。

刘先俊领导的迪化起义尽管失败了，却给伊犁的革命党人提供了经验和借鉴。1912年1月7日晚12时，以杨缵绪等人为首的革命党人在伊犁发动起义，一举攻克惠远城，杀死伊犁将军志锐，起义宣告胜利。三天之后，以资产阶级革命党人为核心的伊犁临时政府也宣告成立。

1912年2月以后，为扑灭辛亥革命在新疆点燃的熊熊烈火，巡抚袁大化下令进兵伊犁，与伊犁起义军鏖战在五台至精河一线。不料2月12日清朝末代皇帝溥仪宣布退位，袁世凯接任了中华民国大总统职位。之后，袁大化也被迫宣布承认了北京共和政府，并同意将巡抚之职改为共和政府辖下的新疆都督，而且接受中央临时政府的电令，与伊犁临时政府停战议和。

新疆建省后，新疆的政治、军事、经济、文化中心从伊宁市移到了新疆省府迪化，但伊犁将军府仍然保留着，这就牵扯到新疆巡抚与伊犁将军在军事管辖权上的纷争，加之还要处理满汉关系问题，清政府也是左右为难，调停不断。袁大化接任新疆巡抚之后，自然也深知其中之难。

新疆伊犁的辛亥革命之所以能够迅速成功，就是因为革命党利用了省府与将军府之间的矛盾。

也正在袁大化与广福讨论伊犁是不是应该独立的当口，袁大化又接到了宣统皇帝十二月二十五日谕旨："皇帝钦奉隆裕皇太后懿旨，皇帝逊位，内阁总理大臣袁世凯以全权总理中华民国临时政府宣布共和，新疆文武遵旨承认。二十七日，大总统袁世凯电令新疆改巡抚为都督。公（袁大化）立以病体难支电请解职。"

袁大化只剩下一种选择：称病不就，电请解职。新成立的中华民国政府也没有强求袁大化留任，只责他推荐后任。一时间，新疆都督的位置之争再次引发新疆一场新的腥风血雨。

袁大化迫于形势，电告伊犁新政府，同意双方在塔城谈判。塔城谈判一波三折。4月7日，袁大化电致广福，他已经选派臬司杨增新和迪化知府张绍伯（号述侯）为代表前往塔城议和。

首任都督：杨增新

光绪三十三年（1907）五月，44岁的杨增新以解饷之名抵达新疆首府迪化（乌鲁木齐）。杨增新到新疆后，先以道员留新候补，任陆军学堂总办，都练公所参议官。宣统三年（1911）三月得以调赴镇迪道兼提法使，一时间成了新疆最有权势的人。

杨增新身处一个新疆的大变局时代，清政府濒临瓦解，中华民国呼之欲出。清廷的预备立宪来得忸忸怩怩，终于没能赶上辛亥革命风暴来临的速度，随着1911年10月10日武昌起义的枪声，统治中国268年的清朝政府顷刻间瓦解。

新伊大都督府成立后，通电全国，宣布共和。同时通电袁大化，促其与清政府决裂。迫于形势的压力，杨缵绪等决定东征。袁大化欲剿灭伊犁起义

颇有气度的新疆谘议局

军,派王佩兰旅及沿途各营进攻伊犁,一时间伊犁四面受敌。1月21日,李辅黄率领东征军进军至精河西五台时与清军相遇,发生激战,清军节节败退,由五台退到大河沿、精河、沙泉子直至乌苏以西固尔图,两军对峙在乌苏城外。

原先主持省府与伊犁革命党进行和谈的是袁大化,迫于国内政局的巨大变化,焦头烂额的袁大化执意辞职,遂指派杨增新主持与伊犁革命党人的和谈事宜。

杨增新一上任,便接手主持与伊犁革命党人的谈判。双方和谈进行得十分艰难,双方争执得非常激烈,矛盾分歧也很大。争论的焦点集中在三个方面:一是"分治"还是"合治";二是由谁主持全疆的军政问题;三是具体的人事安排。显然前两个问题是争执的焦点和核心。伊犁方面提出:以天山为界,实行南北分治,北面归伊犁革命党节制;天山以南归省府节制。杨增新政权方面提出:合并治理。不但伊犁、迪化两个区合起来治理,就连塔城、阿勒泰地区也应该合并起来统一治理。由此就牵扯出一个谁统一谁的问题,是伊犁革命党统一杨增新政权,还是杨增新政权统一伊犁革命党的问题。最后，显然是杨增新政权方面因为拥有中央政府的合法授权支持，而在和谈中占据了主动。

杨增新与伊犁革命党人合谈成功后，"改变官制"，将"伊犁镇边使"改为"伊犁镇守使"，从而将伊犁的管辖权收归到了新疆都督权下。伊犁镇守使只管军事，地方事务则归道尹和四领队官管辖，与镇守使互不干涉。与此同时，杨增新将原来清代的四领队大臣改为四领队官，在其直接管辖下，"照旧管辖满蒙屯垦"，处理"旗民"之间的纷争。通过这种"官制"改革，杨增新把伊犁的军政大权都完全控制到了自己手中。

哈密、吐鲁番农民起义持续了相当长的一个历史时期，因为清廷对哈密采取的是利用当地民族上层哈密王管理当地事务，哈密王是经过清廷册封的，且已经世袭了百余年。光绪十年（1884）新疆建省后，在哈密设立了直隶厅，而哈密王府的特权却依然保留。其世袭领地13苏木（区、乡）皆有都尔嘎管理。哈密王对于其治下的土地、民众、税收、徭役均有着生杀予夺的处置权力。

哈密位于新疆的东大门，是进出新疆的必经之路，地理位置极其重要。但哈密的大片土地却集中在哈密王府手中，哈密当地农民对哈密王不但要承担繁重的赋税，还要每周承担十分繁重的徭役。

杨增新采取招抚的方式解决哈密、吐鲁番农民起义。招抚哈密农民起义的成功，直接影响了新疆的历史进程。

杨增新又以和平方式解决了策勒村事件，又通过援助科布多、阿勒泰，将科布多的两个部落并入了阿勒泰，改设阿山道，由中央直管到直接隶属于新疆，扩大了新疆的版图，实现了全疆政权的稳定与巩固。

杨增新对于樊耀南的确有很多倚重之处。我们从樊耀南协助杨增新办理大量的与苏联政治、经济事务取得的一系列卓有成效的措施上，也可以知道樊耀南在新疆的成就所在了。

樊耀南最重要的成就是代表新疆首先废除了与外国签订的一系列不平等条约。民国九年（1920）初，俄国十月革命后，仍处于内战和外患之中的苏俄，经济遭受重大破坏，人民生活非常困难。当时苏俄还没有取得中华民国承认，双方的贸易也没有恢复。没有了对苏贸易，新疆的贸易也处于十分困难的境地。所以尽快恢复对苏贸易的重任便落在了樊耀南肩上。

杨增新与樊耀南商议后，决定在外交署首先组成一个"苏俄问题研究委员会"，趁苏俄驻中国大使加拉罕发表对中国的宣言精神及苏俄当时国内十分困难的经济状况，商议取消领事裁判权和俄商在新疆经商不纳税、华商在俄财产任意遭扣留、没收和盘剥等不平等的旧规矩，重新议定税则和保护在苏华侨权益为商谈基础。为此，由樊耀南负责的"苏俄问题研究委员会"，从咸丰十年（1860）沙俄与清政府签订与新疆有关的《北京条约》开始，一直到清光绪十九年（1893）所签订的《中俄会订管辖哈萨克等处条款》以及苏俄十月革命前后新俄各方关系和现状都重新得以签订协议，并予以修正。

在《伊犁临时通商协定》议定的第二年，即1921年5月，苏俄再次派出代表向新疆提出开放塔城、阿山、喀什、迪化等处为商埠，并在以上开放各地设立和恢复领事馆的要求。当时苏俄的国内形势并未见好转，所以迫切希望与中国达成协议，而中国也不希望急于求成。当时，时任迪化道尹兼外交署长的樊耀南在征得杨增新的意见后，趁机提出了对我方非常有利的十四条作为谈判的基础。

杨增新支持樊耀南在主持新疆外交事务方面取得的成就，"开始改变了我国在外交上受辱77年的惨痛历史，杨增新对此欣慰之至，曾报请政府对樊以特任公使职级存记，俾我驻外公使遇有出缺，即可提名任用。在伊犁临时通商协定谈判前后的民国九年三月十日和十一年一月二十日，北京政府还因樊有勋劳于国，两次授予二等嘉禾勋章"。

清代新疆建省后，在新疆省城先后设立了中学师范、法政、巡警等各类学堂。在首府之外还设有两等半日汉语简易识字学塾，以及艺徒各类学堂，后来因为战乱，经费紧张，全省就停办了所有学校。"民国成立学务渐兴，惟地方元气未复，财政尤形竭蹶。"当时新疆各地中小学校同时兴建，无序且混乱。非但省府的财力难以达到，而且维吾尔族以宗教不同为由，不愿意将孩子送到学校上学。

为改变这种落后的教育状况，杨增新"拟先从师范学校并高等、初等国民汉语各学校为入手始基,现时省中设有省立师范学校一处,办理讲习科。学生初有六十名,现在四十余名,并设附设国民学校以便实地练习。省外各属设有县立高等小学校六处,国民学校五十二处,私立国民学校三处,县立女子国民学校一处,汉语学校三十二处,所有一切经费除私立外,余均由公家担任"。短时期取得如此成就,的确是一件非常不容易的事情。在南疆维吾尔族居民占绝对多数的地区,办理学校还需要配备一名毛拉(或称翻译),以期在教授维吾尔族孩子时,能够起到很好的交流沟通作用。办理学校是这样,而对于社会教育这一大众群体的教育问题,杨增新也没有放弃。他说:"至于社会教育范围甚广,新疆种族糅杂,宗教不同,语文隔阂,习惯互异,办理此项教育实有种种困难,亦拟先从讲演入手。查现在受过教育之汉回缠民,除充学校教员者不计外,其余多在各属襄办学务,已派此项人员于日曜日会,同学校教员轮流讲演,所有讲稿均由科审定,以昭妥慎,现在迭经令行。切实讲演并将各地方人民种种风俗习惯,注意调查、徐图改良,以辅学校教育之不足。"

新疆与苏俄的边境线长达数千千米,自十月革命爆发,三十余万难民逃入新疆、白俄败兵窜入新疆均给新疆造成了巨大冲击,而精通俄语的人才对处理这些纷争起着重要的沟通作用。杨增新并不排斥俄语,但不主张将其作为学校的重要课程。杨增新后来建议北京政府,设立培养专门的俄文法政学校,"拟于本年内在迪化创设俄文法政专门学校一所,将本省中学毕业各生招考择优收录"。

对于有利于新疆发展的,诸如农业、畜牧业各项实用技术人才的培养,杨增新一直大力支持鼓励。也就是说在当时,杨增新是非常支持职业技术教育在新疆发展的。

到光绪十一年(1885),清政府拨给新疆的协饷达到了336万两。光绪三十年(1904),因清廷倡导新政,协饷数量有所下降,也有298万两。此后新疆每年还要承担庚子赔款40万两,清政府给新疆的协饷降至244万两。当时,"新疆军费年需银190万两,如以协饷240万两相抵,还有余额可作其他项目开支"。那时,新疆的财政困难尚不明显。但进入民国以后,除湖南解交新疆5万两和北京政府"核准年协饷六十万两"以外,协饷基本断绝。

如此困难局面，是杨增新政权难以承受的。"民国元年（1912），陆军费用岁出预算159万余两，但在民国二年（1913），因科布多事件，军费预算骤增至557万两还要多，民国三年（1914）稍微下降了一些，但也有339万两。"如果这种局面不扭转，直接影响到杨增新政权的稳定和巩固。为此，杨增新不得不采取"就地筹款""财政自立"的方针，以求"支撑危局"。

在杨增新执政17年中，除民国五年（1916）以外，几乎"无岁不亏"。所以到了"民国十六年（1927），共积欠4963.9万元。"由此，在后人眼里，杨增新滥发纸币，虽然解决了一些燃眉之急，但从长远说，改革仍是不成功的。

杨增新主政新疆17年间，大多数时间是在处理内忧与外患事宜。处于新、旧大变局交替中的新疆，需要杨增新这样的智者，纵横捭阖，将各种矛盾巧妙化解，使风雨飘摇的新疆局势得以稳定下来。

新疆形势稳定后，更为棘手的就是新疆的建设问题。因为民国成立，新疆依靠内地诸省的协饷早就没有了。新疆本地的财政状况也日益窘迫。新疆地域辽阔，农业、畜牧业占有很大比例，这也是新疆各地方政府依赖维持与生存的根本。为此，杨增新从农业入手，从疏浚水利设施入手来扩大灌溉，鼓励农民休养生息。

为强化农业耕种，开发荒地，民国四年（1915），杨增新在新疆省府专门成立了水利委员会。民国五年（1916）省府还专门吸收了农校毕业的学生来助力新疆农业，充分体现了杨增新对新疆农业发展的路径与走向均有着清晰的思考。杨增新认为："筹边政策以振兴实业为前提，而实业推行，究以改良农事为切要。"

民国五年八月二十五日，杨增新在昌吉呼图壁县佐的训令中说："新疆荒地甚多，不能大加垦辟者，实源于水源之不畅，旺水道之不流通，弃利于地良可惜也。近因本署水利曾成立各属开渠垦地渐见举行顷，据查报呼图壁河水洪流发源于南山直趋西北至芳草湖则漶漫被野无所归宿，其湖上之地广漠无垠，纵横数百里，土脉悉属膏腴，皆宜种植，只因有用之水泛滥于无用之沙窝而可垦之场抛弃于无水之灌溉。若顺河势开渠引流注湖旁耕地则上下弥望必成沃壤。"当时呼图壁一带，仅有住户六百数十户。遵照杨增新的指令，在呼图壁下游勘察后，开凿干渠，使得下游芳草湖一带开辟出数千亩的良田，也招募了更多的无业流民来这里安家置户。

火焰山下的吐鲁番夏季天气炎热，很早便有种植棉花的历史。然而棉花种植出来了，没有深加工很难转化为商品，难以实现更大价值。于是杨增新便训令吐鲁番知事李溶具体承办，筹备一个纺织厂。就纺织师傅的选择，纺织设备的引进，技术工人的外出学习、培训，管理人员的职责，薪酬、股份等，杨增新均一一细有交代。

新疆南部由于土质和气候关系生产棉花，木织机制的各式各色土布足供全省之用，不过人性总是喜欢好的，既有绸缎呢绒花洋布，很多人就不用土布了。和田产丝，制出的丝绸相当好，此外出产大宗地毯，花样多取自中国和波斯图案，质坚图好，非常实用。此时新疆与俄国的贸易一时中断，白洋布断绝来源，杨增新想趁此时机，弥补经济，遂于民国十年筹设阜民纺织厂，并由南通张季直所办之纺织厂借聘技师数人，订购一千二百五十锭纺纱机及四十台织布机，连同锅炉发电机全部机件，仍假道鲜卑利亚运至迪化，在迪化西面鉴湖公园旁建立工厂，于民国十五年春，正式生产。新疆人乃得以穿着自己制出的细布做的衣服了。

为了将新疆的纺织业向高层次方向发展，杨增新还将内地现代化的一些管理制度也引了进来。

乌苏、绥来、迪化、塔城四个县均发现石油，尤其是乌苏、绥来两地的石油质量优良，蕴藏丰富。多年来，这里均采用土法开采、炼油，既耗时且提取、炼油的工艺也非常落后，导致炼出的油价高且质量低劣。清末布政使王树枏曾力图革新采油、炼油的方法，派员赴俄国购买提油、挖井机器。采油设备安装后，又聘请俄国熟悉油矿开采、冶炼的师傅。正当开采、冶炼之时，因经费紧张且省府与伊犁革命党人交战而停顿下来。袁大化命令此项炼油工程停工后，直到民国二年（1913）战事平静后，乌苏油矿再行招商，仅在原来的井口捞取石油，炼出的油仍粗质低劣。这是因为所有的工程技术人员都不熟悉引进来的机器设备的原理及作用，仍采取土法炼油，炼出的油油质不清且整日浓烟滚滚。炼出的油的成本也远远高于从俄国运进来的油的价格。开采技术即工艺达不到要求，使新疆丰富的资源难以转化成财富。为此，杨增新令学习石油开采专业的毕业生积极改进炼油方法及工艺。

民国七年（1918）八月二十八日，也就在各相关人员积极改进乌苏石油开采及冶炼工艺的这个时期，杨增新倡议，在新疆成立实业厅，"新疆农林工矿垦牧水利各要端，正宜积极举办，以图发展而开利源，惟现在经济状况计自停止协饷以来异常艰窘而本厅经费亦未筹"。实业厅由四科组成，刚成立时，厅长阎毓善尚未到任。

阎毓善到任后，遵照杨增新的指令整顿建立了专门研究农业问题的省城农事试验场，专门用于研究、推广适合新疆气候条件下适合种植的作物。"上年由直隶调来专门农业者两人，随时派旨该场研究经营计两三年"。农事试验场，即今天新疆农业科技技术推广业务方面的前身，对于新疆农业的土壤、气候条件，以及农作物的结构调整、布局、产出效益等均产生了十分重要的意义。

新疆地域面积广阔，畜牧业资源丰富。以前牲畜的皮革制品销售是新疆一大特色。如果改造新疆的皮革制造工艺，将皮革生货均生产成熟货，那样销售将会获得更大的收益。

民国八年（1919）五月二日，新疆农工银行筹建成立。农工银行的性质即维持人民生活，发展社会经济。新疆筹组农工银行后，将以前各县的官钱局改组成为一个融通资本，利用民生的平台。这种资本融通机构在内地各省均已经推行，百姓受益匪浅。杨增新指令实业厅、财政厅在新疆筹组成立农工银行，将资本的概念引入了新疆。这也是新疆现代意义上的金融机构。

杨增新之所以要倡议成立实业厅，就是要加快新疆现代化发展的步伐。新疆煤油公司成立了，阎毓善到任后又开采了吉木萨尔水西沟铁矿，由教育、实业两厅招选派赴甘肃学习纺织，赴吉林学习制糖的人员也已经启程，所有这些均标志着新疆的近代化建设正在起步。

民国七年（1918）十二月七日，杨增新在《呈为新疆设立医学传习所》中说："行政以民生为要务，卫生以防疫为亟图。新疆地处边隅，通晓医理之人甚少。遇有疾病发生，挽救无术，往往坐视斯民夭札（折），即闻有粗通医术者亦寥寥无几。"这年秋天,新疆发生瘟疫,医治无效死亡者不下千人。"实缘医术不良死于病者十之三,死于医者十之七。岂能漠视不顾!"而前一年发生在南疆和田地区的瘟疫,死亡的人数更多,不能不令杨增新痛彻心扉。

改变新疆缺医少药的面貌,不能坐视百姓的性命于不顾,是杨增新心系民生、以人为本精神的体现。而改善民生,亦是新疆和谐稳定的基础。然而要医治百姓的疾病,就必须先培养出更多能医治百姓疾病的医生,于是新疆建立医学研究所(即今天新疆医科大学的前身)的事亦迫在眉睫。

新疆医学研究所成立的第一期便计划招考学生四十名。杨增新在呈文中说:"近来学堂毕业之人,人人有为官之希望,不士、不农、不商、不工。"而医学专业毕业的学生,"既可为养身之资,又可为济世之用"。

杨增新主政新疆十七年,"认庙不认神",尽管尊崇权威却不迷信权威。尽管北洋政府的大总统像走马灯一样更换,但其心目中那尊"中华民国"的庙还在。杨增新从来没有像袁世凯那样有一个自己当土皇帝的梦想。杨增新的家国情怀非常之重,他说:"国事如家事,是以国强而家可保也,故曰子克家吉!"

杨增新曾说:新疆盛世乃桃园,乱世则为绝地。其实对杨增新来说,在其执政的十七年中,大多数时间新疆均处于战事纷飞的乱局时代。杨增新最大的愿望便是:将自己守护的这片地方保护好、建设好,让百姓过上和谐、幸福、平安桃园般的生活。

杨增新执政之初,囿于新疆边吏缺乏,呈请民国政府为新疆举办县知事的选拔考试。经过考试,有19名位候选人被派到了新疆。但杨增新并不迷信来自上面的权威,让这些候选知县一到新疆便分发各地去任职。这19位候选边吏一到新疆,便被统一集中到了新疆政治研究所,进行新疆区情教育。外交、财政、警察、实业、法律、算学六门功课,"皆取现时通行成本分类排印讲义发交各员,俾每日到所研究。且颁发前清宣统三年新修通志一部,以便考求本省历史地理风土人情,并以余暇试办文牍暨随时帮同迪化县审讯上控,批发各案。"

杨增新"乃进士出身,虽擅长书法,但绝口不与人谈此,尤不喜人向其求书索句，故手书遗传极少。间吸鸦片而无瘾，应酬宴会，稍饮酒适量而止。不经常举行大小宴会，亦不听戏作乐，无其他恶嗜。仅喜私出散步，读古文，吟诗词，高声朗读，旁若无人。扬遇属员，必先问吹大不（鸦片）？即要据实答复，或吹或否，不能欺蔽，否则必遭呵斥。对年少而衣着华丽者，极为厌恶"。杨增新一件长袍可以穿十几年不换，其不修边幅，连长袍袖口都油光发亮。杨增新每天只知道"判稿阅文，个人私生活如起居、饮食毫不在意，三堂内诸物凌乱，箱柜到处堆放。汉阳兵工厂所造步枪之木箱，各种弹药，堆放积于三堂外，日久风吹雨蚀，箱破枪锈，无人取加整理，因杨有疑忌之心，僚佐稍有不慎，即得奇祸，故人咸视若无睹也"。

协饷断绝后，杨增新既没有贷款借外债，也没有加重老百姓的赋税，还稳定了新疆十七年。

当然杨增新在新疆实行闭关锁国的政策，这在早期处理内忧外患时自然有效，一旦战事结束，这便显得与时代有些格格不入了。斯文·赫定曾说："杨增新学问渊博，眼光远大，心胸恢宏，手腕灵活，他如果生长在欧洲的社会，必是一个政治上的伟大人物。他是一个代表中国旧社会、旧文化、旧道德、旧传统的最后一个典型人物！"

曾代表中华民国政府考察新疆财政状况的谢彬说："杨之为人，才识干练，能大有作为。惟惜脑筋太旧，成见太深，服官西北太久，世界思潮太弱。未能为向上之发展。"同时，谢彬说：不要中央政府补贴，而能维持新疆局面，杨增新是第一人。

杨增新所在的新疆都督府，便在今天自治区党委的大院内，当时杨增新在院内设有一堂、二堂、三堂。杨增新时期非常有名的镇边楼，即在今天自治区党委大院外的左手位置，乌鲁木齐市第八中学门前的光华路、东风路的三角地带，后来被拆除了。

当时的大十字一带仍是一片商业兴隆的买卖街，杨增新有时出门，可以随意蹲在路边，与路边的鞋匠聊聊天，了解了解民情；抑或在街上饭馆里随意来上一碗杂碎汤，吃完后，抬起衣袖往嘴巴上一抹，洒脱而去。

杨增新遇刺

1928年7月7日，杨增新在出席新疆俄文法政学堂第一期学生毕业典礼的宴会上，身中七枪，遇刺身亡。事件发生后，金树仁迅速捕杀了刺杀事件的主谋外交署长樊耀南等人。后因平乱有功，金树仁登上了民国第二任新疆省主席兼总司令的宝座。金树仁是杨增新的学生，当初也是受杨增新之邀来到新疆的。金树仁到新疆后历任阿克苏、疏附、迪化、库车等县知事，1921年由县知事调任新疆省署政务厅厅长，后又兼任代教育厅长。

金树仁远没有杨增新那样的政治智慧与谋略。他不知道在杨增新执政后期，凭借个人的威望还依然奏效的各种政策，到了自己手里情况却已发生了变化。金树仁没有与时俱进地及时调整自己的应对之策，其执政还不到五年时间，便激起新疆政治、经济、社会矛盾的总爆发，导致"四·一二政变"被驱赶下台，匆匆逃往内地。金树仁是民国新疆历史上唯一一个亡命内地，最终落入囹圄的省政府主席。金树仁在新疆执政五年的时间也极富争议。况且杨增新遇刺的背后，似乎总有着这位令人生疑的"瘾君子"的影子，也让其败绩始终难以抹去诸多谜团。

"七七政变"的发生，留给金树仁的印象太过于深刻了。这让他开始过分迷恋起手中的权力。为了攫取军队的控制权，他可以不遗余力，使出各种手段，还获得南京国民政府的正式任命。从1928年7月9日开始争取到1931年6月6日最终获得他梦寐以求的任命，时间竟过去了三年，距离其政权垮台时日不远了。但金树仁相信：枪杆子才能够保住政权的长久。所以金树仁上台的第一件事就是扩充军队，掌握军权，壮大部队的战斗力。金树仁迅速下令将原来的三个师扩充为八个师，这些新扩充的部队，全部都任命自己的亲信担任师长。

正因为他迷恋武力，而荒于其他重要经济领域的治理，所以他很快便走入了一个个困局。社会经济状况上，农、林、牧业出现了大面积下滑。

在交通运输上，金树仁仅修通了迪化至塔城、迪化至奇台两条线路。但为了开办新（疆）绥（远）线路，他派人从国外购买了30辆三吨道奇牌汽车及"价值5万元的汽车零件,运载8架短波电台,60架有线发报机和其他建筑器材"。

在财政金融上,始自杨增新时期的新疆财政金融危机日趋恶化。"民国十六年(1927),财政亏空还只有8130847元,但金树仁执政五年,财政亏空累计达162278194元。"到了民国二十二年(1933)1月至11月,更是财政分文未进,只得用滥印纸币来维持,以致当时新疆可以印制纸币的纸张都极为匮乏。

金树仁主新的五年中,新疆对苏联的贸易由出超变为入超,"其入超数额在100万至300万卢布之间……民国十七年(1928)至民国十八年(1929)新疆从苏联输入总值为1605.1万金卢布,而向苏联输出总值1377.7万金卢布,入超227.4万金卢布。民国二十一年(1932),新疆从苏联输入总值1569.8万金卢布,输出总值1230.5万金卢布,入超339.3万金卢布"。新疆输往苏联的货物主要是羊毛、棉花、生丝、畜类、皮革等。除苏联外,新疆与英国、印度以及阿富汗等国的贸易往来还有一些,但限于交通,贸易额远远不及苏联。

金树仁的主要精力还都是在部队扩编,乃至扩充装备上。金树仁执政期间,军费年年增加。军费支出的大幅增加,给新疆各族人民带来沉重负担,社会矛盾日益加剧。为了缓解财政亏空和自身压力,金树仁采取了两种办法:一是整顿税收;二是印制钞票。整顿税收的直接危害,便是加重百姓的生活负担。而滥印钞票,致使纸币丧失信用,大幅贬值。

纸币的贬值,迅速引起物价暴涨,出现了农民失业、食物短缺的局面。民怨由此而生,大规模的农民起义也即将爆发。

民国二十年(1931)6月初,尧乐博斯秘密逃出哈密一路向东前往南京状告金树仁,走到肃州,便被请到了驻扎在此的骑兵36师马仲英的军部。马仲英问清楚尧乐博斯去南京告状的原委后,二人一拍即合。尧乐博斯接受了马仲英的劝告,改变去南京告状的计划,一同返回新疆,共同推翻金树仁政权。于是,尧乐博斯引领马仲英部向新疆杀来。至此,联合抗金的统一战线初步形成。

民国二十年(1931)5月19日,马仲英率部从甘肃肃州出发直达新疆哈密。当时和加尼亚孜率部占据回王府正在与省军对峙,马仲英兵分两路,一路继续攻占哈密回城,一路自己亲自率领直取哈密镇西。三天后,马仲杰(马仲英之弟)攻占了哈密新城。哈密老城成了一座孤城。

马仲英入新的消息很快传到省城,金树仁急调鲁效祖为东路剿匪总指挥、盛世才为参谋长。鲁效祖命令属下团长杜国治率10个加强连千余兵力在了墩阻击马仲英部。

此后,金树仁任命两年前来新疆出任省军教官的盛世才为"东路剿匪总指挥"。盛世才兵分四路,进军哈密。和加尼亚孜、尧乐博斯率部由哈密退到鄯善,继续利用人们对金树仁的不满扩大队伍,企图在吐鲁番、鄯善、托克逊开辟一个新的战场。

1933年2月19日黎明,马仲英部突袭迪化西大桥,占据红山嘴,驻守该地的一个步兵连58名士兵全部阵亡。接着马仲英又裹挟西关的1000余名维吾尔族、回族民众,从三面进攻迪化。当时迪化的守城指挥是白受之,其部队仅有700余人,另武装了300名归化军。

20日,马仲英部攻占了红山嘴、妖魔山一带。经过激烈战斗,省军夺回了这些地方。马仲英部又裹挟米泉县的回民藏匿在迪化的民房、纺纱厂、西公园附近,向大小西门方向猛烈射击,双方均伤亡惨重。后因西大桥起火,马仲英部退到了南山。

吴蔼宸在记述当时的惨状时说:"过西大桥,前者屋宇栉比,今则一片焦土,男女尸体横陈,牲畜随处倒毙,凄惨景象不亚于古战场。……归途在北门外,见难民无虑数百,内分四川帮、湖南帮、山西帮,在此颠沛流离之际,军队尚强拉壮丁,且有任意掠夺情事。"

4月1日,马仲英率部携带大炮2门、机枪3挺、枪支700余从仓房沟一线向迪化进攻。一时,枪炮声大作,震耳欲聋。午后,马仲英部在妖魔山向迪化炮击,城内的守军也用5门大炮回击。迪化城内居民一片恐慌,情况危急万分。而当此时,金树仁仍在怀疑自己的亲信不肯用力。6日,金树仁因怀疑盛世才纵乱,而让自己的亲信杨正中接替了盛世才的东部剿匪总指挥一职。

1933年2月起,24894名东北抗日义勇军将士取道苏联西伯利亚从塔城分三批陆续进入新疆。当时的新疆军务厅长建议金树仁，立刻发枪给东北抗日义勇军将士，让他们参加反击马仲英的战斗。因为盛世才与东北抗日义勇军都是东北人，金树仁颇有顾虑。于是，金树仁急传盛世才。盛世才为保住自己已经到手的位置，对金树仁信誓旦旦地说："绝无二心，绝对服从命令，忠于职守。"然后，金树仁马上让盛世才官复原职，再次接替了东部剿匪总指挥职务。

9日，盛世才率部出发，他给已抵达迪化的东北抗日义勇军部分战士发放了枪支，分别驻扎在水磨沟、古牧地、三道坝等地。由于久经沙场的东北义勇军将士的参战，马仲英部节节败退，暂时撤退到了乌鲁木齐南郊南山一带。

阎毓善创办迪化实业

在新疆民国历史上，阎毓善可是一个不容忽略的人物。他在杨增新执政时期，曾出任过新疆实业厅厅长一职，为新疆的近代工矿业发展做出了许多努力。阎毓善原本是段祺瑞北洋政府派往新疆欲接替杨增新埋下的一颗棋子，但后来阎毓善心悦诚服，钦慕杨增新治理新疆的才干，进而心甘情愿辅佐杨增新。1928年"七七政变"发生时，杨增新被刺身亡，阎毓善也身中两枪。斯文·赫定率团赴新疆科考时，随团医生才将阎毓善身上的两颗枪弹取出。

1918年，阎毓善一路西行赴新疆上任。阎毓善一到新疆，即任实业厅厅长兼督署秘书长。在阎毓善就任前，新疆尚没有实业厅的设置，正是阎毓善的到任，新疆才正式设立了实业厅，以后改为建设厅。其实自晚清实行"新政"，在各省设立工艺局、推行新学、试行警政，尤其是新疆受内地"洋务运动"的影响，新疆已发展起来一些零星的工矿业各种实体，只是规模都相对较小而已。

志大才疏的金树仁的一系列倒行逆施做法，很快激起新疆各地的暴乱。1931年7月，欲去南京状告金树仁的尧乐博斯，将在甘肃无立锥之地的马仲英部引入新疆。马仲英率四百余骑兵围住了新疆东大门——哈密，新疆局势立刻严峻起来。

阎毓善立即建议金树仁，起用盛世才出任东路剿匪总指挥，赴哈密平叛。

金树仁采纳了阎毓善的建议,盛世才出任东路剿匪总指挥后,很快便将马仲英赶出了新疆。后伤势痊愈的马仲英二次进疆,终于燃起了盛世才、张培元、马仲英争夺新疆领导权的熊熊战火。

而此时,身患肺心病的阎毓善病情日益加重,居家养病。1933 年的"四·一二政变"后,金树仁被驱赶下台,盛世才执掌新疆督办大位。盛世才上台执政后,曾多次到建设厅内的阎毓善寓所去探望,病危之中的阎毓善在弥留之际,将自己唯一在世的儿子阎兰生托付给盛世才来照料。此时阎毓善的长子阎卓,在南疆墨玉县长任上已经以身殉职,仅留下次子阎兰生。因阎毓善之前在金树仁面前举荐盛世才对其有恩,盛世才不得不答应阎毓善的临终嘱托。

为改善新疆农业栽培技术的落后状况,阎毓善在迪化北门外购置了 50 余亩良田,创办了农业试验场。阎毓善派人从关内聘请农业科技专业人才,主持试验场的工作。这些农业科技人员从改进新疆的农业耕作工具着手,引进良种,运用先进的农业栽培技术,大幅提高了新疆农业的粮食产量,进而再向新疆其他地方的农村推广。

在今天乌鲁木齐市军政干校的校址上,阎毓善还拨出专款兴办实业技术学校。阎毓善将学校分为农业、工业两科,每科又分为基础课与专业课,同样聘请专门人才来任教,专门招收年轻有为的子弟入学学习。学成后,分批赴农场、工厂担任技术工作。

20 世纪 30 年代,阎毓善在迪化老北门内,甘肃会馆旁边开办了中山小学,并亲自担任董事长。学校在开学与结业举行典礼,阎毓善均亲自出席,发表演讲,勉励学生:"相逢在天山脚下,共同建设新疆。"

此外,阎毓善利用新疆丰富的畜牧业资源产品,在迪化南关二道桥一带创办了制革厂,专门生产皮靴、皮箱等。他在南门街创办了工艺厂,生产肥皂、蜡烛、毛线,还在迪化人民公园附近创办了阜民纺织有限公司纺纱厂。阎毓善还建议杨增新购置由德国制造的纺纱设备,杨增新说:"不答应嘛,是你提出来的;答应嘛,又要担风险。"最后,杨增新还是答应了阎毓善的请求,不过,杨增新建议由省府来投大部分资金,剩余部分由私人集资。资金凑足后,阎毓善派人前去上海、青岛购置设备。

汽车进迪化与新绥公司

1925年上半年，驻迪化的华俄道胜银行经理苏沃洛夫给新疆都督杨增新赠送了一辆美制小轿车，杨增新坐着小轿车出游，感到非常方便，于是产生了成立汽车公司的想法。

1926年，汽车公司准备就绪，杨增新任命包尔汉为汽车公司筹办委委员及司机培训学校校长，地点设在老满城的鼓楼东侧。修建房舍、车场，并派人从美国驻华天津领事馆购买了15辆道奇汽车，开始了新疆汽车运输的历史。

由此，新疆现代意义上的交通行业也逐步走上了崎岖漫长的发展轨道。然而真正开始迪化与天津进行运输业务的却是另一个人，巴里坤人朱炳，以及他的新绥汽车公司。

朱炳，字西亭，光绪二十六年（1900）出生在哈密镇西（今巴里坤）县石人子乡一个乡村教师家庭。朱炳生性活泼，自幼吹拉弹唱，求知欲非常旺盛，即使在牧羊时也常常是手不释卷。

长大后朱炳在镇西县城一家店铺当学徒，两年后，他的父亲亡故。其长兄以朱炳在县城需要筹借款项为父亲办丧事，答应事后由其负责变卖家里的粮食、羊只抵偿债务。于是，朱炳向掌柜说明情况，借了一笔钱，埋葬了父亲。当时允诺，借期一年偿清。后来，因为家庭各种原因，所借欠款由朱炳自行承担了，朱炳只得忍气吞声，默认了。

朱炳终日闷闷不乐，愁眉苦脸。母亲将他叫到身边，给了她积攒的10两银子，让他作为路费盘缠，另谋生路去吧！朱炳只得去找在鄯善做县长的同乡县长徐鹏先，告知只是为了躲避债务，才被迫离开家乡。

朱炳在鄯善县衙找到了徐鹏先，徐县令对朱炳的处境非常同情，便推荐他去找在迪化道尹任地区专员的同乡李溶。李溶后来曾做过盛世才政府的省主席，李溶当即推荐朱炳去督军衙门担任录事，即缮写员。朱炳勤奋好学，完成本职工作外，便在宿舍看书、写字，从不外出，得到了杨增新的赏识。

两年后，在朱炳21岁那年，杨增新命他在三堂做机要工作，并抄录《补过斋文牍》。一年后，他又被提升为督军衙门秘书。当时朱炳与巴里坤书香人家李春斋之妹李淑馨订婚六年，尚未完婚。杨增新命他回去完婚，作为杨增新秘书的朱炳身份已经是今非昔比了。回去完婚的朱炳，婚礼即是在当时迪化道尹李溶在巴里坤的公馆里举办的，自然是风光一时。

待朱炳完婚后，返回迪化，杨增新便任命朱炳去库车做县长，但朱炳却谢而不就。于是，杨增新仍任命朱炳为督军衙门秘书，兼任了新疆被服厂厂长，时年23岁。

1926年，杨增新派朱炳前往京、津、沪等地办事。朱炳原想在内地上大学深造，但考虑新疆不但文化落后，且缺医少药，便打消了上学的念头，准备为新疆做一些实事。

到达上海后，为开辟沟通新疆与内地的商业往来渠道，朱炳广泛接触，最后与商务印书馆达成了意向，在新疆代销其书刊和文房四宝，同时又与五洲大药房联系代销其中、西成药，采取先进货再付款的办法，得到了很多优惠。

朱炳回到新疆给杨增新汇报，杨对其办事非常满意，决定将在今天乌鲁木齐民主路上的原市公安局马路对面（即自治区党委劳动服务公司）的一处院落，作为书馆的办公和营业来使用，并取名"博达书馆"。

杨增新任命朱炳兼任书馆经理，书馆实行股份制，徐鹏先、陈述尧等5人为股东，每人集资5000两。书馆开始时，员工有23人，主要经营儿童读物、课本、书刊和中西成药。

一年后，为适应业务需要，书馆在上海设立了"博达公司"，朱炳仍任经理。随着业务的发展，1928年又在天津组建了"博达总公司"，并设立了北京、西安分公司。迪化博达书馆也在1930年改为了博达分公司，朱炳仍任经理。

从这一年开始，迪化博达分公司又为天津、西安等地代销百货、杂货和呢绒绸缎，并办理包装、托运业务。从此大量书籍，中、西成药和各种商品，便成批成件地运到了迪化，使得原来仅经营书刊和医药的书馆，变成了一家多种经营的综合经济实体，一跃而成为进疆的商业批发零售中心，并为进一步发展新疆经济开辟了道路。

然而以往新疆因为地处边陲，交通不便，内地运往的货物，都需要先运往归绥（呼和浩特）集中，再用骆驼经北草地运到奇台，才能转运到迪化，因路途遥远，每运一次货物均需要四五个月时间。如此远远不能满足新疆各族人民的迫切需要。

及至后来，到盛世才统治新疆时期，迪化的图书经销已从原来的200余种增加到包括各种儿童读物、教科书、杂志、工具书、国内外进步文学作品，以及斯大林的《列宁主义问题》《联共党史》，毛泽东的《论持久战》等马列著作、苏联科技资料等3000余种。由此，对提高新疆各族人民的思想觉悟和科学技术水平，改变新疆当时落后的经济面貌起到了十分积极的促进作用。

1928年7月7日，杨增新遇刺身亡后，金树仁接替了新疆督军。于是，金树仁安排朱炳护送杨增新的灵柩去天津。抵达天津后，朱炳先将杨增新的灵柩妥善安置，便与各方面的商界人士商量如何解决发展新疆经济的交通运输问题。对于西北地区和内地的运输情况，朱炳也做了摸底调查。返回新疆复命后，朱炳便向金树仁提出了辞呈，辞去了原督军衙门秘书和新疆被服厂厂长的职务，决心发展新疆的交通运输行业。

1930年博达公司成立四年之后，已拥有了雄厚的资金实力。朱炳估计筹建新绥公司的条件已经成熟，便带领牟鹏林、白旭初、杨少龙三人，再次赴天津进行筹备。筹备处设在法租界的博达总公司院内。1931年，朱炳的妻兄李春斋应邀赴津，经协商在天津成立了"中国新绥公司"筹备处。新绥公司与博达总公司基本上是两个机构，一套人马。

新绥公司筹备处制定首先开通绥远—新疆路线，然后再向全国发展的规划。朱炳带领牟鹏林等三人骑着骆驼由绥远起程，经甘肃到新疆，进行实地勘察，往返两次，认为原骆驼路线经过修整，也可以供汽车行驶。后经汽车多次试行，1932年正式通车，拥有汽车58辆。翌年元月，正式成立了以朱炳为总经理的"中国新绥公司"。新绥公司同时成立了归绥总站，由牟鹏林担任站长，哈密站由王进言任站长。

1934年8月，新绥公司首次来疆班车5辆，由归绥公司发车，9月初到达迪化，除运来各种商品外，还带来了来自全国各地的邮件。在新疆邮政历史上，用汽车运输邮件尚属首次，然而这5辆汽车却被盛世才扣留了。

第二次班车是同年9月下旬由归绥发车的，可车到达哈密后，由于新疆政局动荡,哈密至迪化无法通车,只得在哈密停车,数月返回归绥。到了这年年底,新疆政局平稳后,经新绥公司与新疆当局多次交涉,盛世才勉强同意恢复通车,但只准许到达哈密,至于哈密到迪化则交给新疆汽车局转运,而不允许新绥公司在迪化设站。如此,新绥公司自成立起不到一年时间里,由归绥公司至哈密共发车22次。不久归绥公司酒泉至哈密的班车也被迫停运。

盛世才为什么对朱炳新绥公司的汽车通新疆如此刁难呢?原因有两方面:一是盛世才欲在新疆搞独立王国,严密控制和封锁了新疆和内地的信息,而新绥公司汽车若通往哈密、迪化,就必然打破了这种控制。二是绥远省主席傅作义曾委托朱炳给盛世才和马仲英分别送去了一挺机关枪,但因为当时盛、马正在大战,盛自然对朱炳恨之入骨。

在此种错综复杂的政治环境里,朱炳意识到盛世才会对他在迪化的博达公司下手,所以在两年后便提前将博达公司的资金陆续调出了约10万银两。1937年11月,盛世才果然查封了朱炳在迪化的博达公司和新绥公司驻迪化办事处。而此时,朱炳在迪化的两个公司的资金已经不多了,损失并不大。至于盛世才给朱炳罗列的罪名是汉奸,纯粹属于造谣中伤。后来,盛世才将朱炳的新绥公司在哈密站的站长王进言也予以逮捕,并将新绥公司在迪化和哈密的财产洗劫一空。

尽管遭此一劫,朱炳新绥公司的筋骨并没有损伤。朱炳除了在西北地区和内地其他省份经营汽车运输外,另在天津设立了美制福特汽车及零配件和汽车经销机构,从而使企业呈现出欣欣向荣的发展态势。

1937年,卢沟桥事变爆发后,抗日战争全面拉开序幕。内地各省汽车全部征调军用,新绥公司的汽车也由绥远省统一调用,负责军用物资的运输。后因绥远沦陷,新绥公司所有在绥远的财产全部被日寇抢劫一空,朱炳蒙受重大损失,仅剩下四辆汽车,公司濒临倒闭。

危急时刻,朱炳离开天津前往南京,找到了当时任国民政府监察院院长的于右任先生。于右任先生对朱炳敢想敢干的精神甚是看重,更何况朱炳是一个新疆人,属于他的西北同乡。面对朱炳濒临破产的困境,于右任甚为同情,于是找到了大公报社长张季鸾和著名记者范长江。范长江还曾搭乘过朱炳往返新疆的汽车去新疆采访,也算是有过交往。由他们出面与有关方面进行协商,让朱炳负责"包运古玩"。鉴于古玩的经济价值非常之高,转运古玩的运价也非常之高,经过一年的经营,朱炳再次彻底翻身,业务亦得到快速拓展。

1938年天津沦陷,朱炳便将新绥公司迁入香港,并在香港、上海、昆明、桂林、重庆、贵阳和越南的海防设立了分公司,在成都、兰州、酒泉设立了办事处。此后,全国许多地方相继沦陷,上海到重庆的物资得先从上海运至越南的海防,然后经昆明才能到达重庆。在此期间,新绥公司已拥有汽车400多辆,是当时全国规模最大的私人运输企业之一。新绥公司为抗战运输物资作出了很大贡献。

1939年,日本侵华战争规模扩大,国难当头。在民族危急时刻,朱炳以"国家兴亡,匹夫有责"的爱国热情,毅然一次捐献飞机9架,国民政府为表彰其爱国热忱,特授予他"青天白日"最高勋章。

"四一二"政变,盛世才上台

1933年4月12日,巴平古特和安东诺夫再次以索要军饷为借口,率领200多名归化军分两路冲进省政府发难。当时省署卫队营和督办兼带的骑兵一师都抽调在外,省署留守的人数并不多,无力抵抗。归化军活捉住城防指挥白受之、军务厅长金树信以及步兵旅长崔肇基,当即予以枪毙。

督署卫队营虽奋力抵抗,终因寡不敌众,省政府被归化军占领。省府中重要人物纷纷越墙逃走,金树仁也来不及携带印信,趁双方激战时仓皇逃出。金树仁逃到迪化西郊公安第一分局,一面观察局势,一面纠结亲信率部伺机反扑,力图挽回败局。这便是新疆历史上的"四一二政变"。

盛世才与陈中、陶明樾、李笑天的交情一直不错,政变发生时,盛世才没有公开露面,而是抢占了迪化的制高点"一炮成功",拥兵观望,要挟政变当局。

13日当晚,在临时维持委员会会议上,归化军团长巴平古特在旅部召集的各厅、处、团长会议上发布紧急声明:"此次发生政变,实属迫不得已。金督办实无治新能力，眼看春耕失时，人民皆将饿死，我军为救护人民计，不得不取此手段。至于金督办平日待我们亦甚优厚，我们毫无加害之意，只请将政权交出而已。"当即推举出刘文龙、郑润成、朱瑞墀、陶明樾、陈中、李笑天等22人为临时维持委员会委员，教育厅厅长刘文龙为新疆临时省主席，东北抗日义勇军旅长郑润成为新疆省政府临时军事委员会委员长。

金树仁看自己大势已去，立刻由杨正中护送向昌吉退却，后到达塔城。4月24日，金树仁在塔城通电下野。

金树仁下台后，新疆很快便进入了盛世才主新时期，虽然刘文龙、朱瑞墀、李溶均做过新疆省主席，但实际掌握新疆军政大权的依然是盛世才。

上台初期，盛世才倡导"反帝、亲苏、民族平等、和平、清廉、建设"六大政策，使新疆局势渐趋平静。1937年全面抗日战争爆发，盛世才力主抗日，迎接西路军进疆，允许中共在新疆成立八路军办事处，从物质上、政治上给予延安以支援，他甚至还加入了"联共"。盛世才仰仗苏联提供的贷款来维持其统治，进而新疆政府各个部门的顾问、军事教官均由苏联人担任。苏联的红八团，其实乃是一个加强旅扼守哈密，阻挡着国民政府部队的西进。抗战后期他转身投向了国民政府，将苏联势力驱逐出新疆，并将130余名中共党人囚入囹圄。

盛世才是一个十足的投机分子，实用主义者，一切皆为自己的利益而出发。他性格多疑，翻手为云覆手为雨，为了消除隐患，随时可以制造各种名目的"阴谋暴动案"，制造一起起冤案，将数万人投入监狱。由盛世才制造的这张浓厚的盛氏铁幕，笼罩了新疆11年，直至1944年9月11日盛世才离开新疆，才最终结束。

俞秀松的婚礼

1936年7月28日，在新疆最美的季节，绿树浓荫的乌鲁木齐人民公园的朝阳阁内，一场规模盛大的婚礼正在这里举行。为了这场婚礼，苏联领导人斯大林竟然还专门安排了一个电影摄制组到达边城,将他们的婚礼拍摄成了一部电影纪录片。而这场婚礼的主角,便是俞秀松和盛世同。

俞秀松是中共早期的共青团创始人之一、联共党员,盛世同则是盛世才的小妹。他们二人的结合,是斯大林亲自安排下的结果。

1935年9月,苏联派遣了25名联共党员到迪化帮助盛世才工作。这25人当中就有俞秀松。俞秀松(1899—1939)化名叫王寿成,是浙江诸暨人,他是中国共产主义共青团早期的创始人。其到新疆后,出任新疆反帝联合会的秘书长兼新疆学院的院长、省立第一中学的校长。当时俞秀松35岁,盛世同22岁,俞秀松比盛世同大13岁。在斯大林的安排下,由苏联驻迪化总领事出面找盛世才,安排俞秀松先以家庭教师的身份进入了盛世同的生活,以培养两个人的感情。

1937年11月,中共中央驻共产国际的代表王明、康生由莫斯科返回延安途经迪化时,盛世才热情接待了他们。当时盛世才向王明提出了加入中共的请求,王明也顺便告诉盛世才,俞秀松是"托派"。此后,王明、康生又将此事报告给了斯大林。当时苏联正在肃反当中,"托派"是一个很重的罪名。

1937年12月10日晚,俞秀松以"托派"名义被逮捕。俞秀松被拘押期间,无论盛世同如何求情,盛世才均不为所动,后俞秀松被押往苏联首都莫斯科,予以枪决。

盛世才总共有五个弟弟,两个妹妹。盛世才一生中极其崇拜袁世凯,所以其兄弟、姐妹皆以"世"字取名;其子女也以袁世凯儿子的"克"来取名。

此后,盛世同反复思考,认为盛世才乃是一个蛇蝎心肠、豺狼成性之人。于是,盛世同与母亲安景凤愤而搬出了盛世才的督办公署。盛世同也改随了母姓,叫安志洁,宣布与盛世才断绝兄妹关系。

盛世才离新赴渝就任后,安志洁与母亲也到了重庆。安志洁利用各种机会多方打听俞秀松的下落,均没有任何消息。

盛世才去了台湾后,因其父母到迪化后离异,其父另娶,所以其生母没有去台湾,而与盛世同一起滞留在了上海。多年来,安志洁一直在多方打听俞秀松的下落。直到1949年10月1日以后,经中国首任驻苏联大使王稼祥出面打听,才得知俞秀松已于1939年在"共产国际"的内部清理整肃中牺牲了。

安志洁得知了俞秀松准确的遇难信息，知道了俞秀松死于斯大林的肃反当中，而非盛世才所杀，才逐渐消除了对盛世才的怨恨，重又恢复了她的本名：盛世同。

俞秀松牺牲后，俞秀松的父母便安排俞秀松的弟弟与盛世同结婚了。

茅盾、赵丹在新疆

盛世才在新疆执政时期，也正好是中国抗日战争时期。1937年，全面抗战爆发后，茅盾被迫离开了他生活、工作了20年的上海，辗转长沙、武汉、广州、香港等地，为发起共产党领导下的中华全国文艺抗敌协会而奔走呼吁。

1938年年底，茅盾应著名爱国民主人士杜重远的邀请，跋山涉水，历经万里，终于在1939年3月11日来到西北边陲迪化（乌鲁木齐）。茅盾在迪化生活、工作了一年零两个月，他开展以抗日救亡为内容的新文化启蒙运动，领导了新疆的戏剧运动，使话剧这种新的戏剧形式在新疆扎根、开花，刷新了新疆的戏剧面貌，为发展新疆多民族的戏剧艺术作出了贡献。

抗战时期，中国共产党人在新疆的革命活动，是整个中国共产党抗战文艺运动的一个重要组成部分，也历经了萌芽、发展、壮大或遭受挫折的历史过程。林基路、黄火青、李云扬和朱旦华等一批年轻的共产党人，是抗战时期戏剧运动的最初倡导者。他们在天山脚下的文化荒原上开发播种，撒下了新疆话剧艺术的一颗颗种子。

新疆曾是西域文化的发祥地，也素有"歌舞之乡"的美誉，但进入近代以后，文化上远远落后于内地各省区。新疆地处遥远的西北塞外，地域辽阔，戈壁广袤，交通不便，信息闭塞，民族庞杂，语言文字不一，与内地省区在政治、经济、文化上的联系也不广泛和紧密。

抗战以前，新疆剧坛非常荒凉、寂寞，省城迪化，除了秦腔、新疆曲子和民族歌舞外，很少见到其他剧种，而且秦腔和新疆曲子上演的也几乎是清一色的帝王将相、才子佳人为题材的思想内容陈旧的剧目。

抗战开始后,新疆成了背靠苏联的抗战大后方,也成了唯一一条中苏联系和国际军援大通道。中国共产党为了促进中苏友好和团结抗日,以联共和苏共帮助新疆盛世才制定了"反帝、亲苏、民族平等、清廉、和平、建设"六大政策为基础,与盛世才正式建立了抗日民族统一战线,先后派遣邓发、陈潭秋任中共驻新疆代表兼八路军办事处主任。1938年,中国共产党又应盛世才的多次请求,从延安抗日军政大学和陕北工学派遣了50多名党员干部分批来到新疆工作,另有从苏联回国奉命留在新疆和从"新兵营"抽调的党员干部共有100多人,参加了盛世才政府的工作。这批共产党人的艰苦努力,使新疆出现了一个安定、发展的新局面,政治、经济、文化和教育等各方面呈现一派生机勃勃的景象。

抗战时期,新疆以话剧为中心的戏剧运动,最早是由文化、教育等部门工作的共产党林基路、徐梦秋、黄火青、于村、李云扬和朱旦华等人搞起来的。

1938年10月,他们以迪化市学联的名义,组织了迪化市第一次话剧比赛,这是新疆历史上第一次大规模的话剧演出盛会。

也就是在新疆话剧艺术刚刚兴起时,茅盾和张仲实于1939年3月11日抵达迪化,在新疆话剧最为活跃的新疆学院任教,茅盾任教育系主任。4月8日,新疆各民族文化促进会召开联席会议,推选茅盾为新疆文化协会委员长,张仲实为副委员长。文化促进会下设编审部和艺术部,张仲实兼任编译部工作,茅盾兼任艺术部工作,指导话剧、歌咏和漫画等工作。

茅盾一到新疆,就自觉担负起新疆方兴未艾的戏剧文化运动的历史重任。茅盾在新疆学院担任繁重的教学任务之余,又在3月下旬鼓励和指导戏剧爱好者集体创作《新新疆进行曲》。茅盾还亲自参与剧本的整理、加工、润色等工作。《新新疆进行曲》是新疆历史上第一个反映现实生活和抗战题材的大型话剧。

1939年8月初,赵丹和叶露茜、徐韬、程婉芬、王为一、余佩珊、朱今明、陈瑛以及易烈9名国内著名的影剧艺术家,为开辟戏剧艺术的实验基地,经邹韬奋与茅盾先生联系后,也都告别了巴山蜀水,来到了迪化,为新疆的戏剧事业又增添了一支新的生力军。

为迎接"九一八",赵丹等紧急排练了著名剧作家章泯写的五幕抗日话剧《战斗》,在南门维吾尔族文化促进总会俱乐部连续公演了10多天,大获成功。

经过一个多月的准备,11月,迪化正式成立了新疆历史上第一个职业话剧团,填补了新疆话剧院的空白。

由于新疆话剧事业的兴起和观众艺术趣味的巨大变化,很多反映抗战内容的话剧也应运而生,深受百姓欢迎。

抗战时期,在茅盾卓越的领导下,在1940年前后整个新疆形成了一个遍及全疆的欣欣向荣的话剧热潮,取得了显著的成就。此后,由于盛世才的独裁统治,新疆戏剧事业不断遭到反动军阀的阻扰、破坏和摧残。1940年5月初,茅盾和张仲实终于摆脱了盛世才的严密监视,飞往延安。

此后不久,赵丹、徐韬被盛世才秘密逮捕。1941年春天,盛世才又逮捕了王为一、朱今明、易烈。实验剧团被迫解散,整个新疆的戏剧运动转入了低潮阶段。茅盾在抗战期间新疆领导的戏剧事业虽然只有一年零两个月,但却对新疆各民族戏剧事业产生了深远影响。

"短暂的蜜月"

从1935年到1937年,盛世才从苏联又得到了750万金卢布的贷款,一批苏联顾问和专家进入新疆,被充实到许多重要部门。在苏联人的帮助下,盛世才陆续制定并出台了"六大政策":即反帝、亲苏、民族平等、和平、清廉、建设。

新疆经过多年战乱,民生凋敝,满目疮痍,百废待兴。为了巩固政权,盛世才不得不考虑经济的恢复和建设问题。对于此,苏联政府给予了盛世才很大的支持。

1934年年底,新疆省政府成立了"新疆省设计委员会",为新疆的各项建设制订计划。师世昌为设计委员会委员长,苏上达为副委员长。设计委员会下设军政、财政、教育、交通、实业、司法等7个组。各组先拟定提案,报送省府或督署审定。1935年，在苏联顾问、专家的参与下，制订了新疆第一期三年计划，在1936年7月开始实行。

为解决财政困难，1933年8月，由吴蔼宸、李溶、桂芬、胡赛音等人提出了一份《整理新疆财政计划意见书》，认为挽救财政困局之办法，不外乎是开源和节流。开源之法，即在于开采阿山金矿，以采得的金沙作为发行钞票的准备金，陆续收回并销毁价值日趋落后的旧省票。然后再开采拜城的铜矿，以作为辅币；开采石油，以兴工业、交通；开发水利，以便移民，农垦。

1934年秋，省府新设立了机构财政委员会和财政监察委员会，聘请苏联专家米哈尔为省府财政顾问。财政委员会是全省的最高财政机关，由苏联顾问一人，委员长、副委员长各一人和委员若干人组成。全省每年的预算、决算及税赋之增减、特别费之审核，均由此会议决定。

盛世才前后一共从苏联有过两次借款。第一次是1935年5月，借款500万金卢布；第二次是1937年1月，借款250万金卢布。第一次借款从1934年7月开始，历时10个月周转，到1935年5月才签字。7月16日，李溶、盛世才电呈国民政府："新疆……兵燹之余，地方凋敝，农村破产，若不速予救济，恐致束手待毙……兹为权济眉急起见，与苏联在新贸易公司接洽妥切，拟将新省土产酌售于该公司，以换金卢布400万。该公司先行付款，归款期限约定5年，即以新省土产陆续交付，作价偿还，利息甚微。此纯系商业性质，并无任何政治条件。……敬请俯赐核准。"

在具体办理苏联借款的细节上面，盛世才显然比金树仁要明智得多。在与苏联人具体签约时，盛不是一个人，而是所有省府委员13人悉数签字，意即集体负责，不像金树仁暗地里与苏联签订一个通商协定，将自己最后送进了监狱。

盛世才整理新疆财政方面的一项重要措施便是澄清吏治、惩治贪官污吏。1934年冬天，省府成立了行政监察委员会，负责监察各级官员和行政人员。规定民政厅长须经常巡视各县行政工作制度，对县长进行考试和训练，从根本上整顿吏治，扫除贪污。此外，新疆还成立了特种刑事法庭审理官员的贪污和营私舞弊行为。1935年5月1日，省府颁布了惩治贪污条例12条，规定："贪污 500 元以上者处死刑，或无期徒刑"，"贪赃至 400 元以上者未满 500 元者处 5 年以上 10 年以下有期徒刑"，"贪赃至 100 元以上未满 300 元者处 1 年以上 5 年以下有期徒刑"。在严刑峻法的惩治下，虚报空饷的团长权中海、呼图壁县长徐文彬、孚远县长吴振邦、库车财政局长骆祥、运输管理局庶务股长关凤鸣和阜康财政局长的王裔钊、王君修等均被枪毙。

在苏联的援助下，新疆也开始有了农业机械经营和使用近代耕作方法的试验场，以及农业实验场、棉花试验场、农业所、测候所、栽桑苗圃、模范养蚕室。新疆也开始使用科学处理的种子和进行麦类、棉花品种的改良等。到 1936 年秋天，新疆已有各种农业机械 2500 台。

在苏联专家的支持下，新疆也开始进行改良牲畜品种、科学饲养、繁殖牲畜、防治牲畜病害等。在"改良畜种"的口号下，引进优良种畜，还试行和推广了人工授精技术。

在交通运输方面，1935 年春天，新疆公路动工兴建了迪伊、迪哈（密）公路，总长 1859 千米的北疆干道于 1937 年 7 月 1 日建成通车。

盛世才严格控制着新疆与内地的交通联系，1933 年 12 月 14 日盛世才拒绝欧亚航空公司飞抵新疆，邮路航线只有兰州到迪化一条航线。

在通信上，新疆仅有迪化、喀什两条长波电台。1934 年，新疆设立交通处，便于盛世才的指挥。1935 年，全疆有电台 16 座。电报线 780 千米，电话机 54 部。到 1938 年电台达到 65 座，电报线 1980 里，电话机 346 部，长途电话达到 28000 里。

在盛世才执政时期，新疆的文化教育方面获得长足发展。"全省各类学校和学生人数大致为：1934 年 1134 所，31300 余人，1935 年 1180 所，55400 人，1936 年 1210 所，82000 余人，1937 年 1515 所，112900 余人"。

为了培养人才，盛世才还派送青年学生去苏联留学。1934—1936 年，盛世才派往苏联的留学生约二三百人。他们回国后，给新疆的各项建设起到了积极作用。

在卫生保健事业方面，盛世才在新疆实行了免费治疗。据统计，"到 1937 年为止，新疆有医院 7 家，诊疗所 3 处。治病人数为 288 人，1935 年达到

85055 人，1936 年达到 162363 人，1937 年达到 184432 人（未列入喀什医院治疗人数）"。

如果说杨增新"成为现代新疆的引路人"，那么到了盛世才时期，新疆才在多个领域开始进入了现代化建设进程。

1934 年"四一二政变"一周年之际，盛世才将省属全部军队进行了整编。在苏联顾问的协助下，汰弱留强，全疆成立了 11 个军区，军队人数由 27000 人，压缩到 12000 余人，编为 20 余团。

除军校外，盛世才还在 1934 年成立了宪警学校并自任校长。除了军队这一最强有力的统治机器外，盛世才另外还建立起一套公开的、秘密的和完善的公安组织，对人民实行特务统治。最早的特务组织即 1934 年成立的侦探队。同年 8 月成立了新疆政治监察局管理局。10 月改组为新疆保安总局。后再改为新疆公安管理局。

1938 年 1 月苏联将扩大的骑兵团一团及空军一支队派往哈密驻扎，此即对外称呼的"红八团"。"红八团"实际兵力约为一个加强旅，即 3000 余人，其中步兵 2000 余人，骑兵 500 余人，飞行员及机械员数百人；飞机 29 架，其中轰炸机 10 架，驱逐机 12 架，教练机 6 架，通信机 1 架，汽车约 150—160 辆。另有坦克、装甲车、摩托车、大炮一应俱全。以哈密为中心，东至星星峡，伊吾，巴里坤，南至罗布泊均在其控制范围。

苏联"红八团"驻守哈密后，挡住了国民党军队进军新疆的步伐，使盛世才执政时期的新疆成了一个相对独立、封闭的区域。

1937 年 7 月，卢沟桥事变爆发，中国的全面抗日战争开始。三个月后，盛世才同意共产党在迪化设立八路军办事处。在这一时期，盛世才继续奉行亲苏联共政策。在共产党人的帮助下，盛世才搞了第一期和第二期三年建设计划，不仅推动了新疆畜牧业的发展，也促进了新疆轻工业的发展。

此时的盛世才，游离于苏联、中共及国民政府之间。通过苏联，他坐稳了新疆的统治，也提高了自己在国民政府中的地位。一旦时机成熟，盛世才也信心十足地大有问鼎中原的野心。

1937 年春，中国工农红军西路军从最初的 21800 人，转战河西走廊，经过大小战斗80余次，仅余473人抵达新疆边境星星峡。盛世才派姚雄等携带枪支、弹药、粮食前去迎接。12架飞机每日六班往返，历时半个月之久。

1937年10月，中共在迪化建立了八路军驻新疆办事处。三任党代表分别是陈云、邓发、陈潭秋；滕代远作为陈云的助手，负责八路军办事处工作。同年10月20日，新疆成立了中央运输委员会，盛世才兼任委员长。中运会在新疆伊犁、迪化、哈密设立了三个分会，11个公路接待站，5个航空接待站，保证了大批苏联援华物资顺利运往内地。

盛世才为了表示亲苏联共，也为了弥补新疆干部之不足，容纳了一大批中共党员到新疆工作，并组建了新的新兵营和航空队。

盛世才离开新疆

抗战后期，盛世才转向反苏反共，投向蒋介石的国民党政府。中央军陆续开赴新疆，苏联部队撤离新疆。

到了1944年，国民党已在新疆撒下天罗地网，在政治、军事、外交、经济、文化各个方面渗透并控制了新疆。盛世才作为当事人，已经感受到日益收紧的绳索。

盛世才顿感大势已去，于是提出可以先让出省主席一职，但仍拥有边防督办之兵权。既然兵权在握，将来取主席之位岂不容易。但见中央的态度极为坚决，于是盛又提出新主席就任后，自己仍须留新六个月，布置军事善后事宜，并审理此次"阴谋暴动"之重大案件。盛世才请留新六个月，无非是想乘机待变，而其要求亲自审理此案，无非是再制造又一起冤案而已。盛的讨价还价，国民党政府代表朱绍良岂能答应。朱告诉盛：飞往重庆的时间已定，十七日起飞；盛氏要求改至十八日，又提出改到十九日，最后于二十日一同飞往重庆。

1944年8月19日，盛世才被迫提出辞职。21日，朱绍良带着盛世才的辞呈飞回重庆复命。

8月29日，国民政府发布政令："新疆省政府委员兼主席兼新疆督办盛世才呈请辞职，情词恳切，准免盛世才本兼各职；新疆省边防督办公署裁撤；所有驻新军队归军事委员会直辖，该署应办事宜改归新疆省保安司令部接办。特任盛世才为农林部长；任命吴忠信为新疆省政府委员兼新疆省政府主席；吴忠信未到任前，所有主席职务由朱绍良暂行代理。"

9月11日，盛世才飞抵重庆，赴任中华民国政府农林部长职务。盛世才是在万人的咒骂声中离开新疆的，其"去秋离新来渝，除三次使用军用飞机装运彼之珍宝外，其亲戚党羽离新时尚调用卡车一百八十七辆辇载"。

1944年10月4日，吴忠信飞赴迪化履新，朱绍良署理结束，但并未离开新疆，因其第八战区司令长官的职责仍在。到1946年3月，吴忠信开始了他在新疆18个月的主新生涯。

吴忠信到新疆后，属于"文人班底"，又其人本系行伍出身，所以非常懂得文武之道，知道文化、舆论的作用。吴一到迪化便任命周昆田担任《新疆日报》社长兼总编辑职务，为其鸣锣开道。起初《新疆日报》还采用的是铅字平版印刷，到1945年11月20日，则改进为纸型铸版滚筒印刷，且除中文版外，另外还发行了维文版、哈文版、蒙文版、俄文版。由此，《新疆日报》不仅印刷技术达到当时国内领先水平，还成了整个西北地区的舆论阵地。此外，吴忠信还创办了《西北文艺》大型文学刊物，又成立了艺术研究会、通讯员联谊会、边政协会新疆分会、各民族语文编译馆等机构，极大促进了新疆文化事业的繁荣。

以前新疆还没有大学，只有新疆学院、女子学院，人数不到百人。1935年新疆开始出现职业教育，到1944年，塔城、喀什、和阗、阿克苏等地也相继成立了高级职业学校。吴忠信到达新疆后，在迪化又成立了一所初级农业职业学校和一所高级护士助产职业学校。吴忠信还计划在南疆创办纺织、造纸、织毯、蚕桑职业学校各一所；在北疆创办畜牧、兽医、水利、交通、皮革、农业职业学校各一所。他还计划将两所学院合并成一所国立大学，并举办师范（含幼稚师范）、职业、社教、教育行政、特种师范教育，以培养、供应各方面人才。但这些都没有来得及化为现实，战乱便迫使吴忠信离开了新疆。

1945年5月11日,吴忠信在省府第92次例会上宣布全省实行公医制度:规定凡本省各级医院自5月1日起,对各族人民一律免费供应医疗药品及住院费用。这在全国,仅此一家,引起其他省份的羡慕。

也就是在三区民族军进攻至玛纳斯河一线,与国民政府军队僵持对峙之际,吴忠信为了配合郭寄峤部署的保卫大迪化防御之机,迅速成立了迪化市,紧急任命金绍先担任了迪化市首任市长。

迪化设市,首任市长

金绍先是1944年3月由重庆抵达迪化的,而国民党省党部也是前一年初春在新疆成立的。随着国民党势力的逐步进入,金绍先也以吴忠信原先的蒙藏委员会的班底人员调赴迪化。金绍先一到迪化,先代理国民党省党部书记长的工作。吴忠信到新疆后,先是调省府委员兼主席办公厅主任周昆田兼任《新疆日报》社社长,后改由金绍先兼《新疆日报》社社长。

《新疆日报》是省政府的机关报,也是整个新疆的唯一大报,以汉、维、哈、蒙、俄五种文字出版发行。《新疆日报》社在喀什、和阗、哈密、伊犁、塔城、阿山等地设有分社。

1945年七八月间,三区民族军一举进攻到了玛纳斯河畔,前哨阵地距离省府迪化不远,省府震动,汉族官员的眷属纷纷向关内逃避。而先前成立的乌鲁木齐参议会也无疾而终。其实早在盛世才执政时期,乌鲁木齐便设立了市政筹备委员会,后因筹备会负责人被盛世才逮捕入狱而搁浅。因三区民族军进攻的形势日趋紧张,张治中赴新疆与三区方面和谈的消息甚嚣尘上。在惊魂未定之时,吴忠信突然宣布迪化设市,也是应付突然到来的紧急形势,迪化市长面临着守土的重要职责。所以金绍先这个迪化首任市长也颇有一些临危受命的意味。

当时乌鲁木齐市每到汛期,乌鲁木齐河的河水便暴涨,市区沿乌鲁木齐河洪水成灾,一百余户灾民无家可归。当时的迪化城,每几年就会爆发一次这样的水灾。金绍先刚刚上任，乌鲁木齐的河水才将西大桥冲断不久。金绍先上任的第二个月，为治理乌鲁木齐河，他设家宴招待首次到迪化欲与三区进行和谈的张治中将军，同时在座的还有刘孟纯、屈武、张静愚。金绍先希望能够为迪化市民多做一些事情，他希望能在乌鲁木齐河的上游修建乌拉泊、红雁池蓄水水库，把市区河道改造为像南京秦淮河、苏州市内河流那样的城市河流。他恳请希望他们动员部队官兵赞助这一宏大计划，张治中将军让金绍先找即将到任的陶峙岳将军商议。

不久金绍先找到了新上任的新疆警备司令陶峙岳将军，陶峙岳将军"允拨出二三千人从事治河劳动，缴用由部队自给"。不久国民党第八战区副司令长官郭寄峤也应邀出席迪化市参议会成立大会，也致辞支持发动军工整治乌鲁木齐河的计划。接着，由迪化市政府会同重庆派驻新疆的水利工程总队设计施工，经过反复勘察，修改了原来的河道改造计划，避免了工程浩大、牵扯面广、耗费过大的弊端，改为明渠与暗渠结合，另掘与河道平行的狭长水渠，在上下游各修建水库，作为灌溉、发电、观赏之用。这也便是乌鲁木齐河上游乌拉泊、红雁池水库，下游五家渠猛进水库的由来。乌鲁木齐河水利工程修建成功以后，将原来肆虐的洪水收入渠中，河滩也慢慢发展成了进出迪化市区的一条重要通道。1946年年底，乌鲁木齐河修浚成功后，曾有人建议叫"张公渠"，而张治中将军谦让，改为了和平渠，用以纪念张治中与三区和平谈判的成功。

当初，依照国民党的法律，迪化市参议会要通过"普选"产生。而要搞普选，首先就面临设立区公所办理选民登记，由此又面临一个市、县划界问题。

金绍先原主张迪化市面积划得大一些，"甚至为了把盛世才时代苏联帮助创设的飞机制造厂改为一般机械工厂，主张把接近昌吉县境的头屯河划入市区"。在物色参议长、副议长及参议员人选上，金绍先也提出了霍汉琦、汪洛生等人，迪化市政府主任郎道衡推荐了汉族大商人周海东出任议长。迪化市政府筹备委员会另外还物色了四个区的区长、副区长人选。

1946年二三月间，迪化各区普遍设立的投票所，全市悬旗高挂，张灯结彩，发动市民投出自己"神圣的一票"。

当时迪化市房荒严重，迪化市政府地址尚未确定，市参议会的会址也在寻觅之中。迪化市参议会开幕时，代行第八战区副司令长官的郭寄峤到会"致训"。

金绍先利用迪化市参议会第一次会议决议之际，争夺警察局，并通过了迪化市政建设的三年计划。因为过去的警察局是省会警察局，直属于新疆省政府，时任警察局长刘汉东是军统在新疆的二号人物，受警务处长胡振国指挥。吴忠信曾告诫金绍先：现在是一个维持残局的局面，要你做市长，主要是培养你的资格，回到内地好找出路。警察局改隶，现在不是时机，金绍先只好作罢。

迪化市市政建设的三年计划，虽然是由市政计划委员会向参议会提出来的，但主要还是金绍先闭门造车弄出来的。起初，他计划把全市分为政治、文化、商业、工业、住宅、风景等几个重点建设区，着重改建市容，增辟马路、修浚乌鲁木齐河，以及组织自来水公司、市政工程公司、纺织工厂等工作。实际上，这些计划早已提出，但是吴忠信因为求去心切，便不了了之。

1989年金秋时节，身在四川的金绍先先生故地重游，看到自己四十三年前任市长时的乌鲁木齐市发生如此天翻地覆的巨大变化，禁不住赋诗一首：

> 雄关四十年前地，又拨云霄见此城。
> 楼矗六街车辙盛，肩摩百族笑颜亲。
> 令威犹记前时景，故老能称旧尹名。
> 今日北门坚管钥，升平歌舞万千春。

屈武继任市长

屈武（1898—1992），字经文，祖籍山西，祖父十几岁时赴陕西经商，从此落户陕西渭南。屈武在陕西读完中学，便以学生会主席的身份到了北京。适逢1919年5月4日，屈武投身参加了北京的学生运动。6月3日，屈武被选为 10 名学生代表之一，赴北洋政府向大总统徐世昌请愿，要求北洋政府拒绝在巴黎和会上签字，严惩卖国贼。面对敷衍，屈武愤而用头撞击墙壁，血流如注，一撞成名。

1919 年，经于右任介绍，孙中山接待了年仅 21 岁的屈武。同年，屈武加入了国民党。1922 年，屈武与于右任的女儿成婚。1922 年 8 月考入北京大学。1925 年，屈武加入了中国共产党。1926 年，屈武从北京大学毕业，进入莫斯科中山大学学习。1927 年，屈武进入伏龙芝军事学院学习，学期三年。他与刘伯承元帅是伏龙芝军事学院的同学。1930 年，屈武临近毕业时正赶上苏联进行"大清洗"，屈武被以莫须有罪名发配到北冰洋旁边的一个小城去做苦役，一做就是八年。在苏联流放期间，屈武曾也与滞留苏联的蒋经国交情深厚。

抗日战争全面爆发后，也是经国民党监察院长于右任向苏联多方交涉，1938 年秋天，屈武返国后到达重庆，在国民政府中任职。

张治中赴新疆与三区进行和谈时就带着屈武。屈武来新疆前曾任陕西建设厅厅长一职。张治中赴新疆和谈，就将有着留苏背景的屈武揽入智囊班底一同到了新疆。

吴忠信一再请求蒋介石允其离开新疆，张治中出任和谈代表后，又接任了吴忠信的新疆省主席一职。为了能够更好地配合和谈工作，任命自己非常信任的屈武接任省府迪化市市长也是顺理成章的事情。

屈武早在 1938 年 10 月回国后，即与中共领导人周恩来建立了密切的友情。他就任迪化市市长以后很快便迎来了中华人民共和国的成立，新疆也即将和平解放。

处于大变局中的迪化市，如何使新疆实现平稳过渡，不发生大的流血事件，是屈武最大的工作。

中国人民解放军从兰州向新疆进发时，新疆和平代表团副团长是屈武，他代表迪化市民前去迎接解放军进驻新疆。屈武是新疆迪化市和平解放前后一个承前启后式的人物，既是国民政府统治时期的最后一任市长，又是中国人民解放军进疆后的第一任市长。

屈武在新疆长达六年多，其中担任迪化市市长仅半年多时间。1950年3月，奉调入京。

1992年6月13日，屈武去世，享年94岁。

THE
BIOGRAPHY
of
URUMQI

乌鲁木齐传

历史的跨越

第七章

新疆和平解放后，中国人民解放军顺利进疆，历史也掀开了崭新的一页。乌鲁木齐市也进入一个快速发展的新时期。

新疆原本没有什么像样的工业，仅靠一些手工业和简单的贸易来维持生产，大多工业产品还都属于"舶来品"。乌鲁木齐市的街面上，一度还盛行着"洋车""洋火""洋油"……

也就是从新中国成立以后，广大入疆解放军官兵节衣缩食，利用自己微薄的津贴，集腋成裘陆续建起了以"七一""八一"命名的一系列工业企业，开始了新疆大规模的工业化浪潮。由此，过去那些规模很小的手工作坊等慢慢淡出了人们的视野。

凯歌进新疆

1949年9月8日以后，中共中央对解放新疆在军事、政治上已做了充分准备，人民解放军一野第一、二兵团已在9月23日解放了新疆之外的西北各省，几路大军汇集在玉门关外，准备进军新疆。

此时解放战争也进入尾声，中国共产党对解放新疆做了周密部署。先派出先遣人员赴新疆进行联络，以推动新疆社会各界进步力量，来配合新疆的和平解放。

9月25、26日，陶峙岳等代表国民党新疆部队、包尔汉等代表国民党新疆政府宣布和平起义。

得知人民解放军正从酒泉进军新疆的消息，新疆省主席包尔汉立即派迪化市市长屈武和哈生木江率省临时政府代表团到甘肃省毗邻新疆的酒泉一野总部，欢迎人民解放军火速进疆。

10月10日，人民解放军战车团在团长胡鉴率领下从酒泉出发，一路先行，直奔省府迪化。10月12日，二军在郭鹏、王恩茂指挥下进军新疆，直奔南疆。

1949年10月20日，中国人民解放军第一野战军一兵团战车团进入迪化，包尔汉带领人员乘车赶赴乌拉泊欢迎战车团进入新疆。当战车团进入迪化市区时，欢呼声震天动地，鼓乐声响彻云霄。

12月9日上午，包尔汉陪同彭德怀、张治中在迪化南大街商业银行大楼的阳台上检阅三军入城式，陪同检阅的还有王震、陶峙岳、刘孟纯、赛福鼎、屈武、陶晋初等。首批进入迪化的第一野战军一兵团战车五团组成的装甲分队，原国民党警备总司令部下辖的迪化军官训练班学员大队组成的骑兵分队，从玛纳斯赶来的三区民族军乌苏一团组成的步兵分团，分别代表解放军、和平起义部队和三区民族军参加入城仪式和阅兵活动。

阅兵台设在迪化市银行大楼正门前的20余级台阶的宽大平台上，中共中央分局，新疆省人民政府，新疆军区主要领导同志及迪化市各大群众团体代表百余人站在主席台上。主席台背后高大的门柱上悬挂着五星红旗、八一军旗和各色彩旗。彭德怀、张治中站在中间，王震、陶峙岳、包尔汉、赛福鼎、罗元发、张贤约、饶正锡、邓力群、刘孟纯、陶晋初、屈武簇拥在左右，陪同检阅部队。

受阅部队通过检阅台前时，现场锣鼓鞭炮齐鸣，口号、掌声阵阵，彭德怀、张治中、王震三人同时举手敬礼，目视三个方阵陆续走过。受阅部队通过"大十字"街道，出南门后前往南梁郊区。入城式结束后当晚，新疆省人民政府和新疆军区在西大楼联合举行了庆祝宴会，邀请各族各界人士代表和三军有关负责同志参加，彭德怀、张治中、王震、陶峙岳、包尔汉、赛福鼎分别讲话致辞。

随着人民解放军的进驻和三区民族军的会师，民族联合省政府便提上了议事日程。早在中华人民共和国成立前夕，包尔汉就收到了中共中央发来的电报，命包尔汉继续担任新疆省政府主席。

12月17日，经过政务院第11次例会批准，由各族各界人民代表参加的新疆省人民政府委员会宣告成立。包尔汉任新疆省人民政府主席，高锦纯、赛福鼎任副主席。

中国人民解放军二十二兵团独立骑兵第七师，是参加和平起义的原国民党青海马家骑兵第一师的两个整编旅整编而成的，由于广大官兵长期受封建家族势力的控制和狭隘宗教思想的熏染，加之马呈祥以前裹挟着大批军民逃跑所带来的负面影响，在部队中留下诸多隐患。和平起义宣布后，起义部队改编不久，在乌斯满、尧乐博斯等少数民族武装首领策划串通下，正在政治整顿学习当中的骑七师一部发生了武装叛乱。

1950年3月5日，驻昌吉的骑兵第七师二十团1000多名官兵在连长单福明的煽动下，以回青海老家为借口，发动集体叛乱。随后驻阜康的二十一团两个连、驻木垒的骑兵第七师师部特务营也在对起义不满的军官马占林、冶生林等欺骗下发动哗变。他们与二十团叛军攻打奇台县城。3月底，骑七师连续发生叛乱十余起，参加叛乱的有12个连、一个排。在起义部队中造成非常恶劣的影响。

截至1950年11月，新疆剿匪战斗胜利结束，随同乌斯满、尧乐博斯匪帮窜入甘肃境内的骑七师叛兵残部被甘、新驻军联合剿灭，煽动骑七师一部发动武装叛乱的主要首领马占林被俘。至此，叛乱被彻底镇压下去了，新生的中华人民共和国政权也得到了巩固。

节衣缩食，艰难起步

1950年12月5日，中央人民政府革命军事委员会主席毛泽东向全军发出了《关于一九五〇年军队参加生产工作的指示》。为贯彻落实这一指示精神，王震又做了《关于新疆军队生产建设工作的方针和任务》的报告。王震动员新疆驻军要守卫祖国的边防，警卫新疆全境，肃清土匪特务，严防间谍和反革命分子的阴谋破坏，加强军事训练；另一方面还要从事生产建设，克服财政困难，减轻国家和人民的负担，改善部队生活。

1月21日，新疆军区发布了"新产字"第一号命令，要求全疆驻军除了一部分兵力担负守卫国防、进军西藏、清剿土匪、维持治安等任务外，发动11万官兵投入了农业生产第一线。当年完成开荒60万亩，生产粮食5000万公斤、棉花180万公斤。

到了1950年年底，新疆军区所属各部门、各单位共开垦荒地达98万亩、修建大小水渠32条，总长1230余千米。当年播种83.5万亩，完成计划的140%，收获粮食3290万公斤，棉花37.9万公斤，油料186.5万公斤，种植瓜菜2254.57万公斤，植树造林1065亩，存栏牲畜18万头。生产粮食可以供应全军自给达7个月，油料、蔬菜、肉食全部实现了自给。

1950年10月的一天深夜，新疆财委副主任辛兰亭和商业厅副厅长刘子漠接到王震司令员的电话。王震命令他们立即前往军区工程处商量工业建设的项目投资问题。

王震说:"我要建设十几个工业企业项目,包括七一棉纺厂、八一钢铁厂、苇湖梁电厂、十月汽车修理厂、新疆水泥厂、八一面粉厂。这些项目的建设对新疆有举足轻重的作用,请你们帮我筹集资金。"然而,钱从哪里来呢?刚解放的新疆不仅农业落后,而且几乎没有近代工业,连手工业都很少。1949年,新疆的财政赤字高达99.85%,由于物价一再猛涨,人民生活困苦已达极点。新中国成立后的新疆百废待兴,既缺钱又缺人才,举办工业虽说利国利民,但却困难重重。

所有在场的人员你看我、我看你,气氛沉重。这时,王震站起身来,打破了僵局。"好主意还是有的,开源节流!"

停了一会儿,王震边思考边用商量的口吻说:"老办法,节衣缩食,先从军队做起……我们十几万官兵,每人节约一顶帽子、一件衬衣和两个口袋。再不够的话,动员捐献军饷、菜金……先把我的津贴拿出来,就从这个月开始。"

进疆部队的主力都是王震将军从南泥湾带出来的,他们发展经济绝对是一把好手。大家积极响应王震的号召,为新疆的工业建设,全军上下自力更生,艰苦奋斗,节衣缩食,积累资金。从1950年到1951年年底,参加集资的指战员达90%以上,资金数额占两年工业建设总投资的80%。

与此同时,王震到处奔波,聘请专家,克服技术力量缺乏的困难。从接受命令进军新疆开始,王震就四处招收知识分子,一路上聘请了大批财经专门人才,还招收了近千名大中专学生。进疆后,王震还大胆起用新中国成立前就在新疆工作的各方面专家和工作人员。在石河子的荒滩上,水利专家王鹤亭在听闻王震为自己平反的消息后失声痛哭;在六道湾煤矿开工之时,王震亲自将绣有"总指挥"的红布袖标套在地质专家王恒升的右臂上,而在此之前王恒升还是一个阶下囚。

除此之外,王震还亲自前往上海聘请炼钢专家余铭钰担任八一钢铁厂的总工程师,聘请纺织专家刘仲奇担任七一棉纺厂厂长,又从太原、兰州、济南、沈阳等地广聘工程技术人员和熟练工人,初步缓解了新疆技术力量奇缺的困境。

工业要发展，电力供应要跟上。于是 1953 年 12 月，新疆苇湖梁发电厂建成了。

经过全军指战员和新疆各族人民齐心协力奋斗，加上内地人民的大力支援，新疆经济迅猛发展起来。从 1951 年开始，新疆先后兴建了六道湾露天煤矿、乌拉泊水电站、新疆水泥厂、七一棉纺厂、八一钢铁厂、八一面粉厂等十多个重点工矿企业。同时，为满足农副产品加工和建筑工程的需要，各师、团先后建成了小型作坊 76 个，初步奠定了新疆工业的基础。到 1953 年，新疆的工业生产总值已达到 1949 年的 36 倍，新疆的工业体系初步建立。

新疆人都知道，新疆很多的工业企业都冠以"八一""七一"的字号。这些老字号企业，也都是新中国成立后中国人民解放军节衣缩食建立起来的。后来，这些靠广大官兵节衣缩食创建起来的企业，运转正常以后都悉数交给了新疆地方政府。

在新疆此后几十年的社会变化及企业发展过程中，这些军转民企业均发挥了极其重要的先导和骨干作用。

1954 年 10 月，中国人民解放军进疆后，与原国民党和平起义部队新组建的二十二兵团建制撤销了。在乌鲁木齐市，又一个国家省部级单位——新疆生产建设兵团成立，司令部设在乌鲁木齐光明路。石河子建城工程处的业务归入兵团石河子管理处。

早在 1949 年 12 月 5 日，中央人民政府革命军事委员会便发布了《关于一九五〇年军队生产建设工作的指示》。根据这一指示，驻新疆的解放军各部在尚未全部到达指定区域之时，就率先开始了一手拿枪、一手拿镐的大生产筹备工作。12 月 10 日，在王震司令员的倡导下，新疆军区生产合作社在新疆军区尚未正式成立前，便在第一兵团的领导机关驻迪化市成立了。

新疆军区生产合作社的成立，没有任何专项经费投资，所需资金来源全部是全军指战员省吃俭用、节衣缩食的津贴，一是合作社投资入股的形式；二是暂时借用上级划拨的各部队后勤供给费用，待生产盈利、结余后再进行补偿的方式。按照这一集资入股、拆借资金的形式，二军、六军及随后改编成立的二十二兵团九军和五军均先后成立了合作社。生产合作社筹集资金，主要用于购买、制作劳动生产器具和相关设施。

为树立自力更生、发展生产和永远扎根边疆、建设新疆的信心，进疆各部队同时开展了以政治教育为主、军事训练为辅的冬季整训。驻南疆的二军部队在四五个月没有发放伙食费，大部分营房破烂不堪的情况下，动员官兵"以盐水为菜"吃了50多天的盐水，并拆除了原国民党军队留下来的碉堡工事，运回土砖、木料等，来修理营舍，割伐树条编织筐子、笼屉等，以节约部队的购置费用。

1952年6月，中共中央在北京召开新疆分局常委会议，讨论解决新疆在牧区工作中存在的问题，改组新疆分局的领导机构。王震被免去新疆分局第一书记、新疆军区政委和新疆省财经委员会主任，改任分局常委和财经委副主任，保留新疆军区代理司令员职务，随后担任了新疆军区第二书记。

1954年7月15日，新疆分局批准新疆军区生产部队采用"新疆生产建设兵团"名称。10月7日，新疆军区代司令员王震、代政委王恩茂、参谋长张希钦发布命令：将新疆军区生产管理部与二十二兵团合并，组成新疆军区生产建设兵团，撤销军区生产部和二十二兵团两个机构。

新疆生产建设兵团下辖十一个师，乌鲁木齐、哈密、和田三个农场管理局。新疆生产建设兵团司令部坐落在首府乌鲁木齐市的光明路上。后来，新疆生产建设兵团一度撤销，在1982年后再度恢复，其下辖的三个农场管理局，也陆续升格为生产建设兵团十二师、十三师、十四师，司令部仍驻在乌鲁木齐市。新疆生产建设兵团管辖着十三个农业师、一个工业师，与新疆维吾尔自治区均交叉分布在新疆160余万平方千米的土地上面，承担着屯垦戍边的任务，维护着国家的领土、主权的统一与完整。重新组建的新疆生产建设兵团仍保留着新疆军队的组织架构体系，是一个融军队、企业于一体的机构。

我们说乌鲁木齐市的260年变迁，说它的发展成就，也可以顺便看一看，距乌鲁木齐100多千米石河子的变迁。1949年10月22日，人民解放军进新疆时，石河子尚是路边戈壁滩上的一个小小驿站，供路人歇息和住宿。沧海桑田，物换星移。70年过去了，通过无数兵团人的辛勤努力，如今的石河子已经成了新疆北疆大地上一颗璀璨的明珠，城市人口60余万，城市森林覆盖率达到了70%以上,是一座联合国教科文组织认定的最适合人类居住的城市。石河子就是一座师、市合一的典型的军垦城市的集中代表。

有着"乌鲁木齐后花园"之城的农六师五家渠市,与乌鲁木齐近在咫尺。晚清、民国时期,这里仅有五户人家守着一条水渠两边劳作为生。如今这里已是拥有万顷良田的新疆现代农业科技示范园区。五家渠也早已成为拥有十多万人口的环境优美、舒适、恬静的美丽小城。

百业待兴,同筑梦想

乌鲁木齐市作为过去古丝绸之路中道上的一个驿站,商业也快速发展、繁荣起来。过去,这种商业将内地的工业品运至新疆,而将当地的手工业及畜产品运至内地这西面的苏联,基本仍属于原始的农牧业生产方式,没有什么重要的工业。即使在民国杨增新时期,新疆虽然也新上了几个仅有的工商业企业,无奈规模都非常小,对当地国计民生产生不了重大影响。

远在铁勒突厥部落游牧乌鲁木齐的时候,就"取此山石炭,冶此铁",炼出的铁"恒充三十六国之用"。清乾隆三十二年(1767),清政府在乌鲁木齐筑迪化城的同时,亦在城东水磨沟开办了铁厂。当时只有5座土炉,采矿、炼铁的81名工人,皆是流放的犯人。到1795年3月,铁厂炼出的土铁,除铸造农具和锻制兵器外,储存生铁100多万斤,熟铁700多万斤。同时,满营在这里还开办了水磨,加工面粉。又在乌鲁木齐南山开办了两处金厂,有300多人从事淘金活动。后来从内地迁徙来的人日渐增多,各种工艺开始兴起,包括钟表修理的工艺也有了。新疆建省后,从湘军退伍的湖南、湖北人,在乌鲁木齐开设手工业作坊,从事铁工、缝纫、制鞋、土法造纸等行业生产。1897年,清政府投资在乌鲁木齐水磨沟修建了机器局,次年建成,主要从事枪械修理。同时生产一些民用五金制品。1906年,地方政府在乌鲁木齐开办了手工业传习所,从内地和南疆招来一批工匠,"传授制革、制绳、缝纫、毡毯等工艺"。随着城市手工业的发展,1908年,地方政府设立了工艺局,管理城市手工业生产。辛亥革命后，杨增新曾在1918年2月开办了迪化炼油厂，由城东50里的苏达车日采原油12至13斤，由城西40里的四岔沟采原油70至80斤，运回省城提炼灯塔油。因成本高、油质差，被国外"洋油"挤掉。1926年，天津商人从天津买来纺织机，在如今的新疆日报社院内开办了"阜民纺织厂"，安装了5台纺纱机，2000锭，织布机30台。1932年，阜民纺织厂在马仲英部攻占迪化城的战火中被焚毁。1933年，东北义勇军进入新疆到达迪化后，一部分技术人员赴地方就业，从事汽车和其他机械修理，开设了比较先进的冶铸工厂和糕点加工厂，为乌鲁木齐的工业开创了新的局面。

抗日战争时期，来新疆工作的共产党人把乌鲁木齐的工业生产推进到了一个新阶段。毛泽民担任新疆财政厂副厅长期间，大力倡导经济建设。他说："要将新疆落后的农牧工商经济，逐步建设成为现代化的经济，必须积极进行生产建设。"在共产党人的推动下，1938年设立了乌鲁木齐电灯公司；1941年开办了头屯河铁工厂，还通过银行贷款，积极扶持肥皂、酿酒、造纸、皮革、印刷等小型工业。1942年5月，在迪化举办全疆手工业展览会，把全疆近八百种手工业产品汇集到了一起，进行观摩、交流和推广，进一步促进了迪化的手工业生产。

乌鲁木齐的手工业，从开始萌芽到新中国成立前夕，经历了170多年的历史，有的是昙花一现，有的则长期处于落后状态。1949年新疆和平解放时，全市只有陶瓷、肥皂、军械修理等4个小型工厂，职工人数2000多人。从事铁器、木工、缝纫、土法造纸的手工业作坊只有200多家。从业人员大约1300多人。而且因为原材料不足，纸币缺乏，经常处于停产状态。

也就是从新中国成立以后，新疆发生了天翻地覆的巨大变化。我们可以从这一系列工矿企业的建成开业时间，就可以看出，新中国在新疆的成就。1952年4月，新疆钢铁厂炼出了第一炉钢水；1952年7月1日，驻疆人民解放军建成投产新疆七一棉纺织厂；1952年10月1日，十月汽车修配厂开业；1953年12月30日，乌鲁木齐电厂（今天的苇湖梁电厂）第一台机组建成投产……短短几年时间里，一大批工矿企业如钢铁、煤炭、水泥、纺织、电力等企业建成投产，对新疆的经济建设产生了重大影响。

在农田水利行业，兴修水利，扩大屯垦，新疆的面貌在很短时间内便发生了天翻地覆的巨大变化。

路和城的诉说

"时间开始了！"是新中国成立时，著名诗人胡风讴歌新时代一首著名诗歌中的名句，用在此处似乎十分贴切、恰当。

乌鲁木齐真正的发展，始自清乾隆二十年（1755），随着清政府鼓励屯垦，减轻粮赋，乌鲁木齐农业、商业、手工业一度有了较快发展，成为"繁华富庶，甲于关外"的地方。

随着迪化屯城、迪化新城，再到巩宁城的建城，以及涵丛渡建彩虹桥，将三座城连接起来，形成整个一个大乌鲁木齐，经过180多年的变迁，新疆已经逐步与内地的发展融为一体。

1920年，迪化在今天的明德路首建了电灯公司，各大衙署开始用电灯照明。1934年，迪化开始设立工务局，以3辆苏制1.5吨15座汽车开办城区公共汽车。迪化街头原用的木杆玻璃罩燃油街灯改为25—100瓦白炽灯泡电灯。

1937年后，随着抗日战争的爆发，为支援全国人民的抗日，新疆作为祖国的大后方，为开通中国西部国际交通线，运输苏联支援抗日物资至前线，征用北门至西大桥沿线菜地，辟建光明路，使伊犁至星星峡公路过境畅通。1939年，中苏民航哈（哈密）阿（阿拉木图）航空公司在迪化北郊建成地窝堡机场，并于当年通航。

1940年，迪化成立了市政委员会。次年，在毛泽民主持下，首次编制出《迪化市区分区计划图》，对城区进行规划。1943年，拆除了督办公署前的抚正街、铜铺街、衣铺街等多处民房商铺，辟为广场，奠定了今天大十字人民广场的基础；为适应城市的发展，又在扬子江路、黑龙江路等处修建民房1176间，安置拆迁住户，开了迪化住宅统一建设的先例，促进了乌鲁木齐河西的开发。1942—1945年，为了解决城市道路的通行问题，又将东西大街（今天的

流光溢彩,夜色璀璨　张新军摄

乌鲁木齐夜幕下的城市交通宛如一部雄浑的交响　张新军摄

中山路)、南北大街（今天的解放北路）、民主路等处加铺沥青路面。

迪化建城后，尽管城市有了很快发展，但由于地处边陲，交通不便，清政府和民国政府的重点还不在于发展地方的经济，改善人民的生活。因为历经战乱，到新疆和平解放时，迪化城仍是一片破败景象。其中二层以上的楼房只有1.2万平方米，最高的建筑也不过四层，还多是砖木结构。市区道路还大多是砾石和沙土路，只有市中心的东、西、南、北四条"大街"等5条路是沥青混凝土路面，总长度不超过4838米。沿街店铺依靠路边明沟、暗渠排流污水、雨水。遇到下雨，积雪融化，更加泥泞不堪。市民饮水还全部依靠井水和乌鲁木齐河水。

1949年9月，新疆和平解放。第二年，政府出资对年久失修的城市街道进行修补，大力开拓城市发展空间，先后对解放路、中山路、东风路西段、和平北路进行了翻新改造。同时，拆除了城墙、填平了护城河，相继开辟出了人民路、红旗路、文艺路以及临近旧城区的青年路、新民路、新华南路及市区北端的北京路等。通过三年努力，城区道路面貌有了很大改善。

1956年，国家计委选厂工作组来到乌鲁木齐，对新市区进行了规划考察。当时新疆农机厂、519队，铁路局等先后在乌鲁木齐建厂。为解决基建用地，乌鲁木齐市政府也决定向西北方向发展，并以开辟新市区为主，在充分利用、逐步改造的方针下建设老城区。一些国家机关、其他单位也迁入南门以南的地区。这一时期，乌鲁木齐城区空间格局的变迁以政府行政力量作为主导推手，城市空间也主要向西北方向扩展，使城市发展也逐步转变为东西较长、南北较窄的长条形城区，光明路、友好路、北京路以及西北路、新医路等一大批街巷，为乌鲁木齐今后的发展奠定了良好的基础。

为了改善城市道路，政府出资对年久失修的解放路、中山路等进行了修补，铺设了解放路及胜利路碎石路面，便利了市区交通。1951年，乌鲁木齐市政府专门成立了筑路委员会，在财政十分困难的条件下，采取国家投资，发动工商界、宗教界捐资，各族人民献工出力的办法，将城市中心的解放路、中山路、东风路西段、和平北路翻新为沥青混凝土路面。同时，整修了南门至三屯碑的碎石马路3363米。1952年，政府又沿乌鲁木齐河东岸，修建了新华南路土路基，与新华北路相连。城墙拆除后，又开辟了人民路、红旗路、文艺路、龙泉街、天池路、青年路和太原路，使城区内外道路连成了一片，形成了旧城区道路网络。

1954年，又开辟了北门广场。整修了新民路、友好路，加铺砾石路面和卵石面层。1955年，修筑了胜利路和天池路到二道桥的沥青路面。修整了黄河路，铺沙碾压环城路。人民广场也铺筑了沥青混凝土路面。将西大桥改建成了钢筋混凝土桥梁，改善了乌鲁木齐河西、河东的交通状况。1960年，由新疆建筑设计院设计，市政工程公司施工，修建了乌鲁木齐火车南站城市道路和公路相连的椭圆形互通式钢筋混凝土立交桥，桥长20.4米，宽18.8米，单跨度10米，桥上通车和行人，桥下通行过境公路的大型车辆，匝道便于车辆互通。这座桥梁的建成，大大提高了火车南站的通行能力，也为乌鲁木齐火车南站增添了一道亮丽风景。

1958—1960年，是乌鲁木齐城市道路建设大发展的一段时期。这个时期，铺设沥青混凝土面层的道路有中山路、东风路、新中国成立路、新民路、人民路（南门以东）、红旗路、建设路、天池路、友好北路、友好南路、北京路；改建的有黑龙江路、长江路、扬子江路、黄河路和公园街南段；新修的有延安路、新医路（昆仑宾馆至供电公司）、迎宾路、河北路、河南路、江苏路、天津路等，以及五四路（1984年更名为喀什路）的土路基；在火车南站建人行隧道两座。车站广场3个，计6万平方米，铺设水泥砖人行道1500平方米，修通了通向火车南站广场的沥青混凝土环形道路1493米；新辟了一条穿越乌鲁木齐市区的过境公路。在修建主干道的同时，还整修了32条巷道，铺设了沥青路面。20世纪50年代，将新华南路、新华北路、新民路、天池路、龙泉路、团结路东段、人民路中段、红旗路、北京路、光明路等道路修建为沥青混凝土路面。1963年，政府又投资将钱塘江路、团结路西段、奇台路、和平路、人民路西段、新华南路（华侨宾馆至三屯碑）、克拉玛依西路改造成沥青混凝土道路。

20世纪50年代末60年代中期，乌鲁木齐城市供水事业得到稳步发展，相继建成了两座自来水厂，全市居民逐步用上了方便、卫生、价格便宜的自来水。

1962—1965年,乌鲁木齐的主要街道装置了800盏各种型号的路灯,尤其是高压汞灯的引进使用,实现了光源更新换代,使市区主要干线和公共场所大放光明。

在街道排水设施建设上,新中国成立前,迪化城区仅有的排水设施是沿街道两侧修建的明暗排水渠沟。水的流向也是依乌鲁木齐东南高、西北低的自然地势,由南往北,流至乌鲁木齐河的河滩任意漫流、渗漏。这种水渠几经整修,仍常被堵塞,酿成水患,排水渠道周边臭气熏天、苍蝇肆虐。新中国成立后,经过积极整修沟渠,在1953年修建了新光路,即现在的胜利路、二道桥、南稍门(今解放南路南段)三处排水沟,加补人行道上阴沟木盖板。1956年,又修建了光明路暗渠1700米。这段暗渠对正常年景排泄人行道雨雪积水起到一定作用。随着道路拓宽、人行道改造以及城市绿化等原因,城区内的道路排水沟大部分成为绿化树池或拓宽后的人行道。

在排水管道设施建设上,建立了乌鲁木齐以西的沙依巴克区、新市区、乌鲁木齐以东的天山区,南起自治区干部疗养院,北到卡子湾地区,以及水磨沟区的三大排水系统。

改革开放以后,乌鲁木齐市迎来了前所未有的发展。道路建设进入新阶段,凡是"文化大革命"中遭受严重破坏、失修失养的道路都进行了翻新和改造,基本上消除了脏、乱、差现象。

公用事业快速发展。水厂扩建,管道延长,供水量大幅提高。

城市市容环境大为改观。市政设施养护实行"以养为主,加强管理"的方针和"专业队伍与群众队伍结合"的原则,养护管理水平不断提高。20世纪80年代初,主干道路拓宽改建,全部建成沥青混凝土路面,大部分巷道沥青化;桥梁全部改建为坚固的钢筋混凝土桥;排水管道实行分片管理,实行人工、机械疏通相结合;路灯改建后,主干道均为高压汞灯和钠灯,灯具造型新颖美观,全市路灯放光率达95%。

20世纪70年代末80年代初,排水设施实行市、区两级管理,在养护手段上不断改进,不仅履行了城市的管理职能,更是提高了市政设施的利用率和服务功能。

同时，随着城市规划建设的不断推进和经济的发展，城市巷道日益增多，涌现出会展大道等一批现代化街市街道，道路功能日益完善，特色街、品牌街增多，由此带来的城市文化和经济发展已逐步成为乌鲁木齐的特色。近几年，为了进一步规范街道名称，乌鲁木齐对新建的城市道路采取南北向为路，东西向为街的命名方式，对出现的南湖路、克拉玛依东街、克拉玛依西街等道路命名，逐步采取以省、市名称为主，如阿勒泰路、上海路、苏州路等道路，道路名称逐渐与国内其他城市相统一。

天地不老，岁月有痕。百年前的乌鲁木齐遍布土街破巷，城市狭窄落后，如今，当我们慢慢品味，追忆那些已经逝去的时光，只能从一张张泛黄的老照片中，还能看到那些昔日的影子，感受到乌鲁木齐天翻地覆的变化，一个个街道小巷的兴衰变迁。

"复泉涌"的重生

晚清时，随着王高升那一把大火，位于大十字、中山路、人民路、小西门一带的"津帮八大家"当中的很多店铺灰飞烟灭了。遭受重创的津商也快速蜕变出了新的津帮八大家，继续为边城人民贡献着自己的心血和汗水。我们还是看看当年在迪化城商业兴起时的"津帮八大家"之一的"复泉涌"商号的变迁故事吧，看看二百六十年来它走过了怎样一个变迁过程。

当年迪化城里的大十字的几条街均是天津杨柳青人开办的各个商号，兴盛时达到1200多家。"复泉涌"商号便是其中一家，在如今的天山百货大楼位置。"复泉涌"商号是光绪十二年（1886），杨柳青人杨润堂、杨春华兄弟创办的，专门经营酱菜生意。

清同治元年（1862），二十一岁的杨润堂因打抱不平，误伤人命，被充军发往伊犁。杨润堂在伊犁遭屯里种了几年地，光绪元年（1875）时逢光绪皇帝登基，大赦天下，杨润堂恢复了自由。当时，正好赶上左宗棠收复、平定新疆。杨润堂因为身体强壮，很能吃苦，便做了几年小生意。那时候，迪化因为战乱，人烟稀少，官府允许"赶大营"杨柳青商人，随便在迪化大十字一带占地盖房。杨润堂遂搭建了几间草房，因其幼时学过醋酱技艺，便开了一家副食品调料店，字号叫"复泉涌"。"复泉涌"前店有七间，后面有八间车间。后来，做糕点生意的周乾吉与他合作，如此一来，"复泉涌"的买卖便红火了起来。光绪十五年（1889），周乾吉病逝，杨润堂就和弟弟杨春生二人一起经营。几年下来，便累积下几十万两家产。宣统二年（1910），杨润堂因为已在外五十年，年事已高，很想返回故地，遂将"复泉涌"商号以银一万两，先收三千两，其余的七千两分七年偿清的低价，转给了杨柳青人周恒仁（字义臣）。后来周恒仁的儿子周宝鼎（宁铸卿）子承父业，继续经营酱菜山珍、京式糕点、洋广杂货等，另在伊犁、绥定（今霍城县）开有分店。1924 年，迪化"复泉涌"由周恒仁的大哥周恒泉主持生意。1930 年，周恒泉去世，"复泉涌"商号转到了周恒泉的后代周海东手里。此时，迪化的"复泉涌"商号，已有两处房产，酱菜店在大十字南大街路口坐东向西，前店后厂，沿街门店八大间。北面四大间为暗房，南面三大间为门面经营店铺、一大间经营糕点。左边经营：京津糕点、西式糕点；右边经营：油盐酱醋、酱菜、腐乳、调料等；中间经营：海味的鱿鱼干、海参、海米，腊味的腊肠、腊肉等，菜叶、糖、木耳、蘑菇等。

1933 年 3 月，马仲英率部攻打迪化城，吴蔼宸倡议成立慈善会，出任会长。其后，吴蔼宸要回南京述职，周海东出任了慈善会会长。1935 年，新疆"津帮八大家"之首的"同盛和"商号迪化店的经理、迪化总商会的会长周宝荣因母亲病重，向当局请假回乡。当局让他找到继任会长方可同意其返乡，无奈周宝荣找到"复泉涌"的周海东出任迪化总商会会长，以求脱身。时年，周海东 34 岁。

20 世纪 30 年代中期，迪化省城共有一千五百多家商户，其中 90% 从事商业，其余为手工业户。盛世才上台后，封锁了通往内地的道路，"复泉涌"商号的生意一度无货可进。周海东后来出任了裕新土产公司总经理。1940 年 10 月，周海东又出任了新光电灯公司总经理。1944 年 4 月，盛世才逮捕了周海东，向周海东勒索十万新币。1945 年 2 月，盛世才调离新疆，吴忠信继任新疆省主席，释放了周海东。1950年，周海东被任命为迪化公务员消费合作社总经理，后来为新疆计委物资供应处副处长、新疆物资管理局副局长。"复泉涌"商号也被公私合营了，改革开放以后，这家商号便被一家民营企业兼并重组。

迪化这家老字号企业，二百六十年所走过的曲折道路，正是迪化商业变化沧桑的一个缩影。也正是1949年之后大规模的城市建设，及众多关系国计民生的石油、钢铁、煤炭、水泥、电力等行业的大发展，新疆的经济才开始大踏步地蓬勃发展起来。

老商场的蜕变

新中国成立后，乌鲁木齐的国民经济也经历了一个漫长的恢复期和调整期。加之这期间又遭遇了"大跃进"和"文化大革命"两个不同历史阶段的洗涤和挫折，对乌鲁木齐商业产生了非常大的影响。以计划经济为主导的商业模式开启了新中国成立后乌鲁木齐商业的恢复和发展历程。党的十一届三中全会后，随着商业企业体制的改革，一些国营百货商场也随之改革，有的商业企业消失，有的则在改革中华丽转身，在新的市场经济大潮中大踏步前进……

如今，随着"丝绸之路经济带"建设的深入推进，乌鲁木齐的商贸业也迎来了一个新的繁荣发展期。而对于乌鲁木齐的中老年朋友们来说，新中国成立七十年来，各民族和睦相处、齐心协力，共建美好家园，乌鲁木齐的各项事业均发生了天翻地覆的变化，商业繁荣让乌鲁木齐一下跃居于中国西部，乃至中亚地区的商贸中心位置。这些变化让绝大多数普通人感受最深的还是各种购物场所的日新月异的变化，这也见证了乌鲁木齐市商业的繁荣发展过程。

说起乌鲁木齐市现代商业的繁荣和发展的新阶段，还是在乌鲁木齐的商业系统的百货、五金、纺织等八大国营公司成立之后。当时这八大商业公司各有自己的商业店面，此后组织起多家商场，如糖酒公司的大十字糖酒大厦（即今天的国美电器大十字店)、纺织品公司的民主路商场（现民主路 SOHO 数码欢畅城）、天山商场、副食品公司的解放路商场等。而在 20 世纪七八十年代，乌鲁木齐市的商业企业有七大商场，即红山商场、天山百货大楼、友好商场、二道桥商场、五一商场、黄河路商场等。这些商场曾极大带动了乌鲁木齐市的商业发展。如今，随着乌鲁木齐各个业态的商业企业的日趋繁荣，这些昔日的商业龙头企业都已经不复存在，有的已经改头换面，有的因为历久弥新成长为收复商场的中坚力量，逐渐形成了以商场为中心的一个个商圈，如中山路、大小西门、友好路、铁路局、黄河路、长江路商贸城等商业龙头企业。然而，无论是旧商场，还是新型的购物中心，在那个所属的商业中心都可以找到自己当年的故事。

说起 20 世纪七八十年代乌鲁木齐商业以后的变迁，首先就不能不提到中山路。乌鲁木齐市的中山路，就跟"北京的王府井"和"上海的南京路"一样。尤其是整个中山路与解放北路交叉的大十字一带，更是乌鲁木齐市最早的商业发源地。进入八九十年代，乌鲁木齐市中山路的商业街是鳞次栉比，从东往西看过去，依次是天山百货大楼、天山商场、大十字商业大厦、大十字糖酒大厦、新百大厦、红旗路百货商店、中山商场、百花村购物中心、乌鲁木齐贸易中心、大西门鞋城等，地下还有乌鲁木齐地下街，所以要想购物的人在这条街上，总能买到自己心仪的商品。如今随着时代的发展，这条街上的很多企业都已经转型，如百花村购物中心改成了红旗路电脑城，新百大厦也已换成了汇嘉时代，中山商场也已经改成了手机市场，乌鲁木齐市贸易中心也改成了丹璐时尚广场。但没有改变的是，这依然是一条商业街，进而形成了乌鲁木齐的商业龙头商圈——中山路商业圈，对推进乌鲁木齐的商业文明起到了至关重要的作用。

在乌鲁木齐市老商场的蜕变中，还有两座商场是不能不被提起的，那就是位于乌鲁木齐市中山路与新华北路交会口的中山大厦和位于乌鲁木齐市北京南路的准噶尔大厦。这两座大厦都是毗邻乌鲁木齐市的新疆生产建设兵团农六师在乌鲁木齐设立的商厦。在计划经济时代，每个单位的物资调拨，都是有计划、有指标的，所以这两座商厦也应运而生。两座大厦分别建于 20 世纪 80 年

乌鲁木齐的红山商圈　刘耀明摄

代中期，在当时是盛极一时。实行社会主义市场经济以后，价格双轨制被打破，两座商厦先后走入困局，中山大厦变身成了一家手机市场，产权变更也是几经反复。而准噶尔大厦原来的商场撤销后，商场租给他人从事餐饮服务，经营规模大为压缩，惨淡经营，勉强维持企业生存。北京南路周围的居民仍称准噶尔大厦为"毛驴子大厦"，因为这座大厦的外观，是采用新疆民族特色的阿凡提骑着毛驴的壁画图案设计，所以人们习惯称其为"毛驴子大厦"。目前随着乌鲁木齐市向北、向西战略的不断延伸，乌鲁木齐市的北京路是越来越繁华，只有那"阿凡提壁画图案"提示着人们，它昔日曾经历过怎样的繁华和辉煌。

对于中山路的变化，生于20世纪五六十年代的人心里都再清楚不过了。新疆刚解放时，乌鲁木齐市还没有国有商业企业。1952年乌鲁木齐贸易公司成立后才出现了国营商店。最初它只有3个商店，当时仅叫门市部。而且这些门市部还都是平房,面积也不过几百平方米,根本不像现在的大型购物场所动辄数万平方米,还往往都是高层建筑。其中有两个建在中山路上,一个是现在的天百名店对面,即现在的大十字商业大厦;另一个门市部建在北门。后来又在延安路路口的新华书店建起了第四门市部,除了经营市民日常的生活必需品外,因毗邻原来的苏联领事馆,门市部也销售一些高档商品。

20世纪50年代末,中山路建成了二层楼的红旗路百货商店。这是当时乌鲁木齐硬件最好的一家商场。在计划经济时代,那时的商场货物需要经过专门的批发站,而这个商场是乌鲁木齐市唯一一家有独立进货权的商业零售企业,可以根据商场的实际需求直接从厂家进货。在70年代,红旗路百货商店从南方广州进来一批折叠小团扇,原本只是试销一下,没承想却引起了轰动。一个进货仅几毛钱的东西,竟成了市民排队争相购买的抢手货,持续销售达半个月之久。红旗路商场一下走到了当时乌鲁木齐市时尚的前沿。

对于生活在乌鲁木齐的老人们来说,红山商场也留给很多人难忘的回忆。红山是乌鲁木齐市的标志。如今红山商场不复存在了,它已由友好百货购物中心取而代之,融入友好商圈的。友好商圈最早起源于友好商场,半个世纪前,友好商场还只是一排土坯房。20世纪80年代,友好商场大楼建成后,又在90年代中期进行了二期扩建,2003年重新装修开业后,更加带动了周边商业的发展,逐渐形成了以友好商场为中心的商业圈。现在这里高楼林立,大型商场一个挨着一个,比比皆是。

老人们回忆说,1957年刚刚落成的友好商场是由周围地区的几个单位重组的一个综合性商场,当时商场的面积很大,从现在的友好大酒店位置一直延伸至友好商场旁边的农贸市场,其间曾改名叫反修商场,后来又改回叫友好商场。当时这里的经营项目包罗万象,除了鞋帽,还有百货、布匹,还有牛、羊肉,两个照相馆等。此外,友好商场还开有两个餐厅,一个汉餐厅和一个清真餐厅,很多食客都是慕名前来。

大银行的变迁

乌鲁木齐市南门大银行。新疆和平解放时，在此举行解放军入城式。现为乌鲁木齐工商银行分理处。

对于乌鲁木齐的人来说，明德路的大银行可算是一座地标性的老建筑。它的前身是新疆省银行。新疆省银行的落成对于当时的新疆有着重要的意义。银行落成时，天山南北的各族人民都为之雀跃、沸腾。如今，走进这座看似非常普通的一幢建筑，端详着它，它的里里外外仍透出一种让人肃然起敬的神圣、庄严气势。

明德路上的这座大银行，始建于1943年。在当时物资匮乏的年代，一幢不大的建筑却建设了长达三年时间，到1945年才建成。这座银行建筑的本身所用的材料都是从苏联进口的，施工过程中没有半点电力设备，全部靠马拉人抬。大银行的总体结构是三层，但现在只能看到地面上的两层，从外围看，大银行拥有高高的台阶，高大的圆柱和柱顶，以及窗台外考究的装饰，再加上花团锦簇的宽大墙壁外形，都显示出一股浓郁的俄罗斯式的建筑风格，内部采用的是富丽堂皇和灯火辉煌的设计，进门以后的蜡像复原了大银行初期运作的样式。除此之外，大银行内大厅还陈列着一座高4.7米、重3450千克的列宁铜像，像是在向过往的人们诉说着过去的岁月……

据史料记载，在金树仁主政新疆时期，因政局不稳，滥发纸币无度，金银大量外流，省政府财政危机日益严重。1930年7月，时任新疆省主席金树仁提议，在迪化西大街文庙巷创立新疆省银行，隶属新疆省财政厅。银行内设总办、协办、经理、协理等职，由财政厅长徐益三兼任银行总办主任。大银行创立之初，资本总额仅有省票5万两。后来，新疆全境陷入动乱和战火之中，财政问题愈发严重，导致银行业务一度处于停顿状态，不得不采用连续大量印刷省票的办法来维持。盛世才任新疆省督办后，银行恢复正常营业，并将开放阿尔泰金矿的所得金砂作为发行现洋钞票的预备金。1939年，大银行曾一度改名为新疆商业银行,废两改元,系毛泽民任新疆财政厅厅长时开办起来的;扩大了营业范围,陆续开办了存款、放款、汇兑代理财政金库、发行纸币、买卖金银外币、承募公债、生产事业投资、杂项买卖、代理保险等10项金融业务。下属分支机构增加到了15个,为扩大与内地通汇业务,还在兰州设立了办事处。当年2月,银行开始发行以元为单位的新省币(折合现大洋1元),并收兑省票和喀票。

1944年9月,盛世才离开新疆前夕,新疆出现了历史上空前的通货膨胀。当局为维持庞大的军政开支,大量印发纸币。1948年12月,省政府命令新疆商业银行再度改组为新疆银行,发行新钞,更发行了高达60亿元的银行券。这是迄今新疆银行历史上最大金额的现金券票额。

新疆和平解放时,为庆祝新疆省人民政府和新疆军区的成立,当时就是在这栋建筑的前面,举行了盛大的迪化解放入城仪式和三军会师检阅游行仪式。

当时参加过这次解放军入城仪式的老人们回忆,当时他们的战车团从东门进入市区,民族军排成八路纵队从西门进入,起义部队的骑兵则从北门进入,三军会师于大十字,然后依次向南通过大银行的主席台前,在银行的台阶前,接受彭德怀、张治中、王震、陶峙岳、包尔汉等领导人的检阅,亲历现场的人们整个都沸腾了。这一历史时刻早已经变成为历史的瞬间,成为我们永远的记忆。

这座大银行的今天,仍作为工商银行的一个储蓄网点继续对外承担着金融业务。如今这座大银行,已经被列为乌鲁木齐市的文物保护单位,且被评为乌鲁木齐市新十景之一。

水磨沟的沉浮

地处乌鲁木齐东山山麓,红山之尾有一条长达一千米长的峡谷山涧。沟内古树参天,百泉喷涌,汇成一条年径流量六千万立方米的长河,河水由南向北流出沟口，灌溉着曾称之为"惠徕堡"（六道湾）、"屡丰堡"（七道湾）的农田、苗圃，如今已是高楼林立的乌鲁木齐市的现代城区。

水磨沟的水四季长流，温泉矿水既可沐浴，也可以烧水、煮饭，十分方便。乾隆时期，清政府便于此地流放"遣犯"，让他们在这里开采铁矿，从事炼铁。流放于此地的纪晓岚在其《乌鲁木齐杂诗》中说："温泉东畔火荧荧，扑面山风铁水腥。"光绪十一年（1885），后来任新疆巡抚的潘效苏在乌鲁木齐大办水利，对这高山峡谷中奔腾的溪水非常感兴趣，于是凿泉开河，增大流量，以利扩大灌溉农田。潘效苏将这里最大的一口喷泉称作"龙口"，特意命人雕成了一个龙头，把泉水引入龙口，从山崖喷泻而下，如一条泫泫的银带，十分壮观。此后，潘效苏又把"龙口"改称为"慕圣泉"，把清明无浊的泉水，当作清朝皇帝的"圣德"。光绪二十六年（1900），清廷贵族载澜因八国联军受贬流放于此。据说他一到乌鲁木齐，就曾去浏览"慕圣泉"，并在"慕圣泉"的龙口下修建了一座秀丽的长亭，取名"笑涛亭"，假借萧何、曹参效忠汉高祖刘邦的故事，抒发自己对慈禧太后垂帘听政的不满情绪。"笑涛亭"在龙口位置的出现，为这条山涧峡谷增添了更为美丽的风光。接着，这里又修建了一座横跨溪流的"农斗亭"和掩映在绿树丛林里的"八卦亭"。光绪三十三年（1907），新疆布政使王树枏，在这里利用自然的水力，修建了一座"官水磨"，专为军需加工面粉。从此，这里白泉趵突的"龙口"才有了水磨沟的名称。光绪二十二年（1896）时，新疆地方当局便利用这里的水力资源，在温泉附近设立了机器局。辛亥革命后，杨增新把原来的官家水磨拨给了回族商人马正元进行私自运营。抗日战争时期，开设在水磨沟的私商磨坊陆续增加到了十八家之多。由于私家水磨的不断增多，他们把这里风景优美的公地逐渐地全占为私有，不少原始古树遭无情砍伐。引人观赏的"萧曹亭"也随之黯然失色。更有甚者，由于水磨的面粉商垄断了乌鲁木齐的面粉市场，面粉价格也不断上涨。特别是抗日战争时期，横发国难财的磨商随口要价，恣意勒索，给劳动人民的生活造成了极大的困难。"商家磨坊昼夜转，百姓难得连麸面"，这首流传下来的民谣正是那个时期的真实写照。

1939年年初，毛泽民任新疆财政厅副厅长后，为了稳定物价，改善人民生活，成立了"公务人员消费合作社"，以最低的价格给职工配售生活用品，并由这个合作社对水磨和磨河渠一带的私商水磨，进行有效的监督，规定统一价格，规定统一标准，有力限制了私营商人的不法活动。毛泽民所吃的面粉，都是按月从"公务人员消费合作社"买来的，当他发现米面的质量降低时，总是亲自到合作社去调查研究，帮助改善。1941年9月，他利用病休之机，只身住在"萧曹亭"，一面养病，一面对水磨沟商的情况进行调查研究，帮助他们制定《支援抗战公约》。1945年以后，国民政府军队进入了水磨沟，原来的亭台楼榭和花草树木均遭到毁坏，不少泉眼也被垃圾污物所填塞，以致水源减少至二千万立方左右。

新中国成立后，驻乌鲁木齐的人民解放军，节衣缩食、辛勤劳动，利用这里的水源及周围三千米地方的六道湾的地下煤炭资源，及毗邻煤矿正在建设的苇湖梁14000千瓦的火力发电厂，在这里建造了一座现代化的棉纺织厂。

1951年6月1日，新疆纺织厂主厂房破土动工，1952年7月1日正式建成投产。从此天山脚下，耸立起一座现代化的纺织企业，为开拓新疆的纺织事业奠定了坚实基础。

经过40余年，新疆纺织已经发展成为拥有25万枚纱锭，5000头气流纺、3500余台织布机，集纺织、印染、针织、服装等品种门类为一体的大型企业，在新疆经济发展建设中，为保障人民需求，丰富商品市场，改善人民生活，安置就业等方面均起到了重要作用。1988年年底，新疆七·一棉纺织总厂组建为"新疆纺织工业（集团）公司"。新疆纺织工业集团公司在发展顶峰时，曾拥有18家下属企业，有职工2万多名，拥有国有资产11亿元，是一个集科研、经贸、信息、融资、商务为一体的经济实体。它成为新疆出口纯棉纱和宽厚薄不同规格的纯棉布、印染布及针织品的基地，也是新疆纺织业的摇篮，为新疆的纺织行业输送了大量工业的技术人才。

然而随着市场经济的不断深入，这家大型纺织企业集团却步履维艰，一步步走入了困局，以致破产、清算、倒闭。如今在昔日热火朝天的新疆纺织工业集团的废墟上，屹立起了数家房地产企业。原来企业集团的办公场所，仿造北京"798"的模式，一幢幢旧厂房、旧车间被改造成了乌鲁木齐一个独具特色的文创产业基地:"七坊街"。

从原来的新疆七一纺织工业集团公司穿厂而过的有一条通往乌鲁木齐大学城的高架公路,新疆师范大学的观园路新校区、新疆大学及新疆医科大学的新校区都集中在那里。大学城毗邻着水磨沟区的石人沟景区,这片连接市区的新景区正在慢慢崛起。

而且这条高架公路直接连着东外环公路,距乌鲁木齐水磨沟区的石人沟景区近在咫尺,乌鲁木齐东边的风景区均集中在这个区域。在水磨沟这片风景秀丽之地,西倚着北塔山公园,远眺着静穆的东山公墓,耳畔似乎仍回响着昔日那"七纺"人来人往的繁忙景象及企业传出的震耳欲聋的喧嚣声。如今,这些都已经随着历史的烟云慢慢远去了,但那个热火朝天的时代给我们勾勒的一幅新疆纺织行业的绚丽图景,如今都早已如一颗颗蓓蕾在新疆的南北疆大地上绽放出一朵朵花蕾,盛放出一座又一座的大型纺织工业城……

THE
BIOGRAPHY
of
URUMQI

乌鲁木齐传

浴火中重生

第八章

历史似一条河流，既带走了流年，也洗濯了我们的记忆。徜徉在乌鲁木齐市的那一节节绿影婆娑的马路上，你或许可以从街道两旁的一砖一瓦中，隐隐约约看得见乌鲁木齐商埠浴血中重生的另一面。

那些随着岁月消逝的不仅仅是城门，不仅仅是街、巷，还有我们永远不可能挽回的百年记忆和沧桑！

边城商业开埠重生的同时，促进了边城商业文化的繁荣。商埠文化繁荣的同时，又以另一种形式促进着边城多元文化的悄然孕育与勃发……

消失的城门

今天乌鲁木齐的南门、北门、东门、大小西门都已经是人们心目中繁华地段的代表，人们也很难将它们与清代时候的城门联系在一起。历史确实已经远去了，今天我们只能在文字烟云中寻找这些城门昔日的种种印痕。

清乾隆三十一年（1766），随着不断扩建，整个城区分为城外和城内，城里基本是一个正方形的城池，四周有城墙，全城有四个城门，即东门（惠孚门）、南门（肇阜门）、西门（丰庆门）、北门（憬惠门）四个正门，还有小南门、小东门、小西门三个偏门，一共七个城门。如今的这些老城门自然都已经不存在了，但城门所经历的风风雨雨，让我们看到时光的变迁中，今天的生活发生了怎样天翻地覆的巨大变化。

南门

南门，对于乌鲁木齐很多人来说，是一个地理名词。作为当年迪化屯城和迪化新城的连接线的乌鲁木齐人民路，毗邻南侧的都是属于迪化旧城的区域。而在当年，南门是有门的存在的，还有高高的城墙。

旧南门在乌鲁木齐的老体育馆一带，朝东开，城墙是夯土结构，高约3米多，厚达1米；新南门则在今天的人民剧场一带，门朝西开，城墙已变成为青砖。新城门落成后，旧城门尚未拆除，仅仅是关闭而已。新旧城门均为砖灰色。城墙每隔一段便有一个瞭望台，城墙一直延续到大湾，没有豁口。早上开城，晚上闭城。当所有城门都关闭时，整个城市就是一个固若金汤的防御工事。

20世纪初，南门城外居住的大多是穷人或外来人口。他们称城内的人为"南关"，越往南走，人口越稀少。城外的人们多是以种植蔬菜、摆小摊、出

修建于1763年的迪化南门

苦力为生。他们也时常进城揽活；城内多居住着大商人和世居者，他们也很少出城。

南门外有一处是处决犯人的地方，肃杀凄凉与城内的繁华形成鲜明的对比。当时人们的主要交通工具，马路行驶的，也多是人们俗称的"六根棍"（马车）。城外有什么新奇事情，便引得周围的人趋之若鹜地前来观看。

留存到今天的陕西大寺，是乌鲁木齐最早的回民清真寺，重建于光绪三十一年（1905）。晚清时，乌鲁木齐最繁华的还是南门以内，即今天的解放北路一带，有茶庄、银楼。新中国成立前，这一带，最繁华的衣铺街可以定做衣服。那里的裁缝铺是一家连着一家，包括坎肩、马褂、长袍、西服、呢子大衣都可以在这里定做。20世纪30—50年代，南门外，即今天明德路大银行附近，还有一个劳务市场。拉煤的、泥瓦匠、拉柴火的，或者有一些有手艺的人都集中在这里。这些人挣了钱了，也可以在这里开一间店铺。

随着社会的发展，20世纪30—40年代，城内开始流行听戏和看电影，衣铺街原来的戏楼或以前中山路上的城隍庙，便是新中剧院，每天都上演一些秦腔和其他剧种。新中剧院也是晚清流放新疆的《老残游记》作者刘鹗在乌鲁木齐的居所。

南关以内之所以繁华，是因为刘锦棠收复新疆之后，"赶大营"的一群人跟随西征大军进入新疆，"行商"改为"坐商"，在这一带搭起店铺，经营各种买卖。因为王高升一把大火，使津帮商人在这一带的店铺大多被烧毁，使津帮商人元气大伤。津帮商人的店铺，大多围绕在包括今天的大十字、中山路、小西门一带。闻名全市的津门永盛新食品店，还有同泰兴和俊兴德等老字号的百货店，还有山西、陕西商人联合经营的大型货栈西丰商行，还有官办的公济当铺。

位于今天解放北路的大银行背后旁边的凝德堂，是规模最大、字号最老的药店。大银行竣工于1943年，工程所需要的材料全部为苏联进口，工匠也大多是归国的山东华侨，外墙使用的混凝土均装饰有花纹图案，引得前来观看的人络绎不绝。

西门

西门也叫正西门，或大西门。到20世纪40年代，乌鲁木齐的老城正西门还没有拆除。那时候的正西门，即中山路与红旗路交会处，朝西开，城头是青砖结构，城门是木质结构，有5—6米高，宽约4米，城门位置即百花村十字路口，红旗路一带则是当年的城墙，城墙为夯土结构，高约4—5米，厚达3米左右，呈椭圆形。一头连着过去的第三监狱，另一头连着现在的人民路。城墙外有一条小渠，是以前的护城河，平时河里水很浅。在城门到小河上，有4米宽的木质桥梁架在上面。在正门外，还有一个外围门，人们都习惯称其为"稍门"，也就是西门稍带的门。在西门和外围门中间，有两条路直通现在的人民路，一条是车市巷，另一条是江南巷子。

站在城墙上，可以看到城墙下巷子里百姓的市井生活。当时在江南巷子里居住的人职业各种各样，一进门便是老韩家油坊，而南面则是余家的车马店，也即现在的小型旅馆，里面居住的人都是外地来此地卖粮食的农民。这里面的两家人都是当时的有钱人家。再往里走就是凤翔寺，这座寺至今还在。那个时候，巷子里卖酒的、卖麻花的、卖杂碎的、弹棉花的都有。接近人民路的地方，是当时最有名的单家老爷的清真饭馆，每天这里都是顾客盈门。

那个时候，也就是现在的红旗路一带的正西门还有一个鸡鸭市场，每天早上，小商小贩们挑着鸡、鸭和鸡蛋来这里售卖，还有售卖蔬菜的菜贩子也来这里凑凑热闹，一会儿便将街道两旁的十字街口挤得水泄不通。

当时乌鲁木齐的人口还比较少，生活水平也不高，但简单、平淡的生活也是有滋有味，乐趣无穷的。到汉人家里，人们往往用大米饭、白面馍来招待客人；到了维吾尔族人家里，则是宰一只小羊炖上，邀请周围的邻居都去他家里做客。

1957年，出于城市改造的需要，西门被拆掉了，在城墙拆除的地方修建了当时的围墙路。1958年，在当时城门拆掉的地方建起了百花村饭店。当时的百花村饭店汇集了来自内地很多省份的饭馆，如山西的面馆、陕西的泡馍，还有湖南的、广东的、四川的菜馆等。一段时间里，百花村名声大噪。

小西门

旧时的小西门在现在的民主路与红旗路交会的花园东面，当时的小城门是一个大杂院。大杂院住满了各种各样的普通百姓，有售卖零食的，有以剃头为生的，还有几家说书的人。那时候，人们的生活非常淳朴，卖麻花的，卖完一筐麻花和炸完一箱油饼，便去听书了。

出了小西门城门，就是联升车马店。当时人们的运输工具主要还是马车、牛车、驴车。联升车马店是一个老字号的长途运输企业，店主是天津人胡恩元，他在这里已经营了三十余年。他所运输的多是新疆的土特产品，如古城奇台的白面、烧酒和杂粮等。车马店还代客人售卖各种产品，所以一年四季，这里都是人来人往，生意十分红火。

小西门外的另一片地方，是当时有名的菜园子。从小西门外到西河坝，即今天的新华北路，北到行宫路，即今天的光明路，以前均是一片荒地，后来"赶大营"的天津杨柳青人发现迪化城蔬菜奇缺，便紧靠乌鲁木齐河东岸的地方，这里水草丰美，开垦成了一片菜地。当时在这里非常有名的菜园子是天津人的李家菜园子，就在今天的光明路兵团司令部一带。

20世纪40年代，往如今的成功广场方向走，那里是当时有名的"墨河渠"，也就是现在的乌鲁木齐河，现在的河滩公路就是以前河水流过的地方。那时候河水很充足，沿河还有十几家水磨坊，大大的木轮依靠河水作为动力，日夜加工着面粉。

20世纪50年代末60年代初，在小西门原址地方，陆续建起了和平电影院和人民电影院。和平电影院又叫和平都会，后面是一家戏院，是老百姓听戏的地方。

从20世纪70年代开始，南门人民剧场，北门八一剧场相继建立起来，人民生活也日益丰富了起来。也就是那个时候，人民饭店也建成了，也就是今天的益天洋商务酒店。此后的30年，这块土地以更快的步伐快速发展变化着。如今这里车水马龙，繁华早已胜过往昔。

北门

乌鲁木齐北门的历史，可谓是源远流长。通常我们所说的北门，即是迪化新城的北门：憬惠门。而乾隆三十九年（1774）在老满城建造的巩宁城，它的北门则叫枢正门。这是两个位置完全不同的地方。巩宁城建成以后，驻扎着满族官兵，迪化的政治、军事中心均移到了巩宁城，而清代的提督府还依然设在迪化城内，即乌鲁木齐提督，治所还是在迪化新城内。

此外乌鲁木齐最早建立迪化新城时，也在周边建立了六座城堡，而每座城堡也都有四座城门，其中的北门分别就有：拱化门（惠徕堡）、正衡门（屡丰堡）、奉朔门（宣仁堡）、阶平门（怀义堡）、永贞门（乐全堡）、翊辰门（宝昌堡）。这些周边城堡，随着迪化屯城、迪化新城和巩宁城三座城连为一体，周边六座城堡也随着城市规模的扩大而逐步消失了。在这些城堡当中，尤其是同治年间遭到焚毁的巩宁城是异常惨烈的，极其可惜。

据老人们回忆，迪化新城的北门城高约10米，周边城高8米，城上有亭台，门洞深约5米。夏季时，门洞里凉风习习，可以避暑。

《乌鲁木齐掌故》里说，乌鲁木齐老城的北门在现在健康路的北端，北门花园以南一带。相传乌鲁木齐的小十字是一个丁字街，从大十字到北梁，即民主路，再向北就不通了，被一道土梁挡住了去路。土梁高约20米，修建北门时就拐弯了，所以北门和南门并不相称。1943年，土梁被挖掉了，这里便又修建了一座新门，称新北门，在今天的解放北路北端一带。新城门一砖到顶，拱形城门，卵石路面。没想到，这座新城门也没有存在多久，十多年后和老北门一起都在城市扩建中被拆除了。

1917年4月19日，谢彬曾在考察新疆财政状况时到过乌鲁木齐，他写道："过北门。经乾州会馆。值演戏，士女环观如赌；有七八处积人成堆，则皆赌博、说书、搬把戏之类所在。此间下级社会之情状，毕现于斯。"由此可见，北门一带的居民多是社会底层人士，繁华程度远不及南门和西门等处。

谢彬也曾登上红山，从北门进城，留下了这样的记述："进北门。街道泥泞沾衣。若花远地从草，太阳蒸发臭气，令人掩鼻而过。余游中国地方多矣，市街污秽，此为第一。"由此可见，当时杨增新时期的乌鲁木齐环境治理是非常糟糕的。

刘荫楠在书中也记载，20世纪20—30年代，现在的北门教育学院一带，是旗奉直义园，俗称天津义园，向西还有两广义园及一座城隍庙，也即光明路南今天的兵团司令部一带是一片乱坟岗，有湖北义园和中州义园，两者中间是处决犯人的地方。1935年前后，随着城市的扩建，这里的墓群陆续迁出，但依旧是一片荒凉。出了北门，可以看见红山，城里人埋锅造饭所需要的柴草均来自这里。

如今的北门隶属于乌鲁木齐的天山区，天山区是乌鲁木齐重要的行政中心，而北门更是乌鲁木齐的中心地带。

北门外，与北门儿童医院隔路遥遥相望的乌鲁木齐群艺馆一侧的军区大院，早在民国盛世才时期还是一片荒芜的部队训练靶场，如今作为新疆军区的所在地，仍属于相沿成习，实至名归吧！

新中国成立之前，整个天山区范围内的公交车线路只有两条，其中一条就是北门至新疆大学。当时的交通工具主要还是马拉的"六根棍"和"皮包车"。

马拉的"六根棍"是乌鲁木齐市早年出租车的鼻祖。其也就是一个长方形的平板车，用六根硬圆木支撑着车盘，车底部用羊毛毡覆盖，四周用地毯包裹，外套一匹大马，可以乘坐五六个人。20世纪30—40年代，在迪化从事这种职业的人多达两三百人。50年代，"六根棍"马车及"皮包车"逐渐退出了乌鲁木齐的交通历史舞台。如今仅通过北门的公交车就有数十条。

时光将人们古老的记忆与纷繁复杂的变迁，均留在每一条道路上了。新中国成立以前，北门的解放北路还曾叫中正路，我们不得不由衷地感叹，时光在缓慢流淌着，注入我们这座城市的血液，抑或成了夏日晚霞中我们每一个人身上的那一抹抹镀金的余晖。

东门

迪化新城的昔日城墙，都早已经遗失在历史的烟云中。如今我们也只能从当地老人们的记忆里去寻找过去的城市痕迹。据史料记载，东门也曾是乌鲁木齐的文化中心，在乌鲁木齐的老城，东门、北门都曾有城楼，城楼上有高达3层的凉亭，南门城楼没有非常巍峨的城楼，西门的城墙还是夯土结构的土坡。

很早以前，那些拉煤的马车都是通过东门进城的。他们将煤炭拉到城里叫卖，为自己一家人的生计增添些许温暖，增加一些温度。从东门外，有一条深深的马车道通过今天的五星路伸向六道湾、七道湾煤矿。由此，五星路也叫马车大道。

老东门在今天的天山百货大楼后面，市第一幼儿园附近；新东门在自治区党校门口的十字路口上。那时候的东门城墙高达10米，主城墙厚达8米左右，偏门城墙厚达3米，都是青砖建成的，门洞也长达8米左右。

1950年，政府开始修路，动员市民砸石头，结算工钱，周日结账，终于建成了新中国成立路。

在东门城楼的原址上，新中国成立路笔直穿过。20世纪70年代，最后一截残存的老城墙也被拆除了。那截老城墙异常坚固，一直被当作两个单位中间的隔墙，在乌鲁木齐日益发展的建设中终于被淘汰出局。自此，老东门最后一点遗迹也荡然无存。

老东门一带的文化生活还是非常丰富的，原来的左公祠小学在今天天山百货大楼的后面，距其500米便是1887年建的左文襄祠，20世纪30年代改为小学，50年代改为十二小学，早已迁走。只可惜当年辉煌一时的左公祠也已经销声匿迹了。

消失的江南巷

江南巷是民国前后乌鲁木齐城内从事手工业作坊的一个集散地，位于如今乌鲁木齐市中山路和人民路之间的一条小巷。"江南巷"是老百姓对这一带的俗称，没有得到正式命名，老百姓也称这里为老红旗路市场。

新中国成立前，这里还只是一条曲折、狭窄的小巷道，1952年拆建后建成了乌鲁木齐市红旗路市场。2006年，这条小巷又被正式命名为"中山路南巷"。如今，我们只能看到小巷中段西侧的一座"江南巷清真寺"，让我们从这个名字还可以依稀想象其昔日繁华的影子。

在近百年来的岁月冲刷变迁中，这里都曾经是昔日繁华的一个象征。当时，江南巷坐落在大西门外一座瓮城内，属于城墙的脚下和护城河的边上。《乌鲁木齐文史资料》记载，新中国成立前，江南巷里的人还称呼"降难巷"。19世纪20年代初，很多南来北往的手工业者，从四面八方涌到这里，安营扎寨。他们大多都是生活穷苦的人家，以从事手工业来维持生计。当时整条巷子的小买卖铺子一家挨着一家，卖凉皮子的，卖凉面的，卖点心的油果铺子，马记套具店，穆万贵米粮铺，赵笼匠的笼筛店，丁乡约的车马店，吴阿訇的醋房，马进才的馍馍店，刘大头的板厂，白文华的豆腐店，还有开炉院的张家、郭家、田家，以及搭喜棚的、卖清货的、开澡堂子的……每一家都生意兴旺，非常热闹。

江南巷尽管不长，但其西侧毗邻着车马巷和南关的老马市，又与当时最繁华的大十字相挨着，因此小巷里也是人来人往，小店里的生意也是家家都很红火。

如今家住在江南巷附近的蒋贤才老人说，他父亲蒋林就曾经在江南巷做小买卖。20世纪初，他们一家从陕西长安来到迪化。他父亲最早就租下江南巷的一家门面，仗着他在内蒙古学到的手艺，开了一家蒋家点心铺，填补当时迪化城里不能做清真点心的空白。据他回忆说，当时他们家点心铺经营有几十个品种，如七糖饼（月饼）、白皮点心、江米条、蛋糕、沙琪玛、芙蓉糕、核桃酥，还有桃子、佛手、石榴等。这些点心货真价实，味道纯正。逢年过节时，人们都喜欢拿着它访亲会友。

20世纪30年代前后，因为战乱频发，新疆的社会状况每况愈下，迪化城的经济也不景气，加之他们家的点心价格也高，生意非常惨淡。蒋家的点心铺不得不关闭，另谋生路。

对于乌鲁木齐的老人来说，20世纪三四十年代的江南巷有很多令人难忘的一道道小吃。一条普普通通的小巷，给老人们带来了多少难忘的记忆和快乐。

当时这里的清货铺也非常有名，什么桑葚、杏子、西瓜、甜瓜、葡萄等很多新鲜水果，数不胜数。挑挑拣拣的，讲价钱的，人来人往。

巷内还有一家澡堂子，挨着一家理发店。这一家的澡堂子非常有特色，门外挂着"待诏"的招牌，上面画着一个黄葫芦，木牌下面挂着红穗子，大老远就能看到是个澡堂子。一个个单间里挂着一个木桶，存有足量的水，没有水龙头，只要拔掉木桶底下的木塞子便可以来控制流水了。

新中国成立后，迪化城里的笼萝业也都集中在这里。据《乌鲁木齐文史资料》第二十辑记载，城市和郊区的农民，生活中需要笼萝了，都来这里购买。这里一共有九户笼萝匠，都来自陕甘一带。做笼萝需要的木材取自南山的松木，他们再向农牧民收购马和牛的尾巴，用来编制萝底。

曾有一段时间，内地生产的钢精锅和竹木笼、柳木笼大量进疆，迪化自己生产的松木笼萝一度出现了滞销。后来，人们经过一段时间的使用发现，钢精锅跑气大，蒸出来的馍馍受水蒸气的侵蚀，含水量多且不好吃；竹笼、柳笼因为木质柔软，散湿快，保湿时间短，且容易变形松散，而本地产的松木蒸笼因为木质精良，做工精细，经久耐用，可以用上20年，所以又出现了松木笼枯木逢春的情况。

在乌鲁木齐的这些旧行当中，蒋贤才老人的童年记忆最深刻的莫过于是"搭喜棚"。当时，江南巷里的杨家，搭的喜棚在整个迪化城里都出了名。过去回族人家里接待客人，都专门请搭喜棚的人去搭喜棚。搭喜棚的师傅用木材和席子在院子里搭棚子，四周再挂上华丽的和田地毯，棚内再摆放四张桌子，冬天在桌子中间再生起炉火，待客的流水席就算开始了。一般喜棚搭起要过上三天，喜事才算办完，才能拆掉喜棚。如今早已经没有了这个行当和习俗。搭喜棚仅是老年人美好的回忆而已。

飘逝的街、巷

对于今天的乌鲁木齐人来说，最能体会乌鲁木齐变化的还是那些桥、那些路和那些园了。

从南到北贯穿整个乌鲁木齐的河滩路，长达22.38千米的河滩公路可谓是乌鲁木齐的交通大动脉。河滩路的前身是乌鲁木齐河的河道，乌鲁木齐河也是一条季节性河流，平时水流不大，河床经常干涸。但一到春季，遇到南山的洪水暴发，乌鲁木齐河水便如一头雄狮，奔腾、咆哮着向乌鲁木齐市冲来，冲毁桥梁树木，毁坏房屋，给百姓带来巨大灾害。尤其是到每年的春夏之交，发自南山的乌鲁木齐河水更如排山倒海般倾泻下来，整个城市也被洪水阻隔成了东、西两个世界，交通非常困难。

1945年，在保卫大迪化这一危急时刻，金绍先受命担任迪化市首任市长。他也深深体会到乌鲁木齐河给迪化市民带来的种种焦虑所在，便找到新疆省主席吴忠信，又找到西北行辕主任张治中和新疆警备司令陶峙岳，动员所有驻守迪化的官兵，实施改造乌鲁木齐河的庞大工程。

在水利专家的设计、安排下，官兵们在乌鲁木齐河上游修建了乌拉泊水库和红雁池水库，彻底整治了乌鲁木齐河，将上游河水收水入渠，这样流经市区再也没有造成大的水患，新中国成立后又在下游五家渠修建了猛进水库，才彻底改变了乌鲁木齐河的命运。之前在乌鲁木齐河滩上，连接东城、西城的有三座桥梁，即西大桥、中桥和三桥，就这三座桥，也时常被洪水冲毁，且时常还有人或牲畜被冲走。

乌鲁木齐河收水入渠后，当时人们曾建议新修的水渠叫"张公渠"，张治中没有同意，为纪念与三区的和谈成功，改叫了"和平渠"。

1965年4月，乌鲁木齐市委、市政府动员全市居民，用工5万多人次，建成了一条 7.5 千米、宽 9 米的沙砾石河滩公路，后来经过建筑单位的逐年整修，逐步将这条公路扩建改造成了二级公路。1975 年，乌鲁木齐市委、市政府再次动员全市各党政机关、企事业单位、部队、学校、街道分段包干，大规模整修河滩公路，填挖土方 81.65 万立方米。通过这次整修，乌鲁木齐南段由钱塘江路延伸到了燕儿窝，中段在西虹路口与原河滩路分支，延伸到卡子湾与乌奇公路衔接，且改造成沥青表面处理路面 19.2 千米，路中间建有隔离带，分上下车道。1981—1983 年，重整了河滩路路基，更新了路面，将市中心地段团结路西口到友好南路地段拓宽为 2.5 米，且以西大桥为界按南北走向划分成河滩南路和河滩北路。

1994 年，乌鲁木齐市再次成立了河滩路建设指挥部。次年，又成立了河滩路建设管理工程公司，开始全面实施河滩路快速项目建设，全程改为水泥路面。陆续建成了人民路、奇台路、西虹路、珠江路和克拉玛依路立交桥。1996 年，西大桥改扩建工程完成。1997 年，又建成了新医路、钱塘江路、苏州路、燕南路和河南路立交桥及桥下道路工程。与此同时，还启动了河滩路千亩绿化长廊工程，对河滩路两侧进行了全面绿化建设。也对和平渠进行了整修、翻新。设立了市民广场、步行道，使河滩公路面貌焕然一新，成为乌鲁木齐一道靓丽的风景。至此，河滩路总投资 8.8 亿元，历时四年，总长达 22.38 千米的河滩路改建工程全线贯通。河滩公路上架起了 12 座大型城市立交桥和 11 座人行天桥。由此，数桥飞架东西，南北变通途。

乌鲁木齐河滩路作为吐（吐鲁番）—乌（乌鲁木齐）—大（大黄山）高等级公路的连接段，南起燕儿窝路，北至卡子湾，穿城而过。河滩路处在乌鲁木齐南北的中轴线上，横跨乌鲁木齐天山区、沙依巴克区、水磨沟区、新市区、米东区五大城区。河滩路既是乌鲁木齐市城市交通的主干道，又是通往南北疆及内地的重要路段。在城区内，通过河滩路上的众多立交桥将市区的燕儿窝路、珠江路、黄河路、人民路、英阿瓦提路、友好路、西虹路、克拉玛依路、新医路、苏州路、河南路、喀什路等城区道路网连接到达城市的每一个角落。沿河滩路南行，可以直通乌拉泊、达坂城、吐鲁番。进入 312、314 国道和连（连云港）——霍（霍尔果斯）高速可直达东疆、南疆及内地省会城市。沿河滩路向北，可直通甘泉堡、阜康、大黄山、吉木萨尔、奇台、木垒，也可经乌奎高速、102省道直达五家渠、昌吉、石河子、奎屯、霍尔果斯等地，是乌鲁木齐通往北疆的重要通道。

如今河滩路已经成为纵贯乌鲁木齐城区，连接南北疆的交通主动脉。宽阔平整的沥青路面，纵横交错的城市立交桥，如潮涌般的车流与道路两旁的千亩的彩色长廊交相辉映，成为乌鲁木齐市一道靓丽的风景线。

河滩路的确已经成为乌鲁木齐城市变迁的杰出代表，在乌鲁木齐人的历史记忆中，那些桥、那些路、那些街道、那些小巷名称的由来无不刻着历史变迁的深深烙印。

乌鲁木齐自古以来便是一个多民族聚居的地区，各民族在这里生息繁衍，自然也把各民族的语言、文化融入了街、巷当中，形成了各具特色，但却又相互包容，非常有趣的街、巷名称。通过这些街、巷地名的来历，又让今天的人们感受到他们对未来美好生活的向往和对家乡的无限热爱。

如多斯鲁克路，即维吾尔语"友好"的意思。位于天山区东南部六户梁地区的多斯鲁克路，北起延安路，南到三屯碑，全长1900米，街宽8米，沥青路面。新中国成立前，此街称之为洋行后街或六户梁，1955年改为和平路，1980年更名为和平南路，1984年更名为多斯鲁克路。

英阿瓦提路，维吾尔语意为"新的繁荣"。英阿瓦提路位于天山区西南方向，东起新华南路，西至河滩南路，全长500米。1980年更名为动物园路，1984年又更名为英阿瓦提路。

巴哈尔路，即维吾尔语"春天"的意思。巴哈尔路位于天山区南部，西起胜利路与三屯碑路交会处，其原名东征路。1984年更名为巴哈尔路。

雅玛里克山路是由雅玛里克山命名的。古时雅玛里克山一带厄鲁特蒙古部落牧民称之为雅玛里克。意为"山羊之家"。后来"雅玛"被讹传为"妖魔"，民间又称其为"妖魔山"，清代乾隆年间改山名为"福寿山"，又称"灵应山"，1986年，恢复了雅玛里克山的名称。

阿里路，东起仓房沟路北段，西至火车南站下盘道桥头。因毗邻西藏自治区驻新疆办事处而在1993年命名为阿里路。阿里在藏语里即"国土、领土"

欢庆 金炜摄

的意思。阿里也成为"堆"地，即藏语"河流上源"和"高地"的意思。

和田街，位于沙依巴克区以东，在和平东、西渠之间，北起黑龙江路、南到和平桥。以前这里是一片荒滩。1915年，杨增新主政新疆时期，由和田来此经商的商人，经营售卖大量的和田土特产。他们在这里建造货栈、住房，修建寺院，所以群众又称呼这里为和田街。新中国成立后，在此地设置了"五一""七一"农贸市场，摊点遍布，货物充足。

奇台路东起乌鲁木齐河三桥，西至过境公路，长1900米。据说此地当年多为奇台地区的商人聚集之地，逐步形成了奇台路。奇台即蒙古语"吐虎玛克"，是"槐树"的意思。

炉院街位于沙依巴克区西南，东起乌鲁木齐河滩路，西至乌鲁木齐火车南站。1940年以前，此地属迪化县，1943年盛世才命开拓广场，将在广场内从事翻砂、烘炉等手工业者的集中之地，形成了一条街道，沿用至今。

棉花街，位于沙依巴克区西南部，1940年开辟广场时，一部分棉花手工业者迁入此地，故称为棉花街。

饮河巷，位于天山区新市路西段。新中国成立前，磨河渠水流经此巷，居民到磨河汲水，故群众称之为饮河巷。

饮马巷位于人民路中段以南，东起育才巷，西至饮河巷，全长112米。新中国成立前，此巷直通西哨门外的八卦泉，是城内居民驱赶牲畜出城饮水的必经之地，因此而得名，沿用至今。

邻近新华南路和龙泉街的坤且巷是一条不大为人知道的小巷。"坤且"在维吾尔语中是"皮匠"的意思。新中国成立前，这里的整条巷子都是皮匠云集的地方，每天有几千张皮革在这里加工、晾晒，并供乌鲁木齐及周边地区制作皮鞋、皮衣的需要。

如今，从新华南路进入巷口，除了1939年创建的第五小学，巷内的建筑基本都是校区的家属楼，因鲜有小车驶入，宁静的小巷，仿佛还能留住时光的剪影。

坤且巷的制皮业曾经盛极一时，坤且巷南边与饮河巷相接，制皮的水源非常丰富，新疆和平解放前磨河渠水流经饮河巷，也为皮匠们熟皮子大量用水提供了便利。当年，皮张密密匝匝晾晒在河边，成了一道风景。但制革生产过程中产生的异味也很大，因此老人们都称这一带为"臭皮坑子"。直到新疆和平解放后，小巷才渐渐改造成了居民区。

《乌鲁木齐文史资料》记载，从抗日战争到新疆和平解放前夕，乌鲁木齐饮马巷（坤且巷）形成了加工皮张的集中区，当时有50余户人家在这里从事制革生产。

以前，因为邻近马市，在20世纪初，今天的育才巷一带是十分兴旺的牲畜交易市场。交易旺盛时常在夏秋时节，上市的牲畜有马、牛、羊、驴、骡、骆驼等一应俱全。又因为此地毗邻河滩，牲畜饮水非常便利，皮张还没有干便被运到坤且巷，再经由皮匠们进行加工。

在坤且巷与饮河巷交接的路口处，有一座灰色的清真寺，外墙简朴，规模不大，寺门上挂着"坤其买力清真寺"的牌匾。在维吾尔语里，"坤其""坤且"就是"皮匠"的意思。

如今的皮革业都已经由手工业变成了工业，但坤且巷却依然保存着过去手工业的痕迹。

江南后巷位于解放南路北端西侧，东起解放南路，西至育才巷，全长260米。新中国成立前，因巷内湖南居民较多，故名叫江南巷。1952年，城内建设将此巷前半段开拓成了路，故此巷成了江南后巷。

火药库巷位于西后街南段南侧，西起西后街，北至东后街，呈马蹄形，全长140米。因清末此地设置有火药库，故称为火药局巷。新中国成立后，改成西后街，1984年恢复了火药库巷的名称。

卫生巷位于光明路东段北侧，南起光明路，北至红山路，全长630米。新中国成立前，此巷养猪的居民较多，故称猪圈巷。1952年改变了该巷的卫生面貌，又将此巷更名为卫生巷。

除此以外，乌鲁木齐也有很多以沟、梁、坡、湾、山来命名的很多地名，如碾子沟、王家沟；南梁、北梁、小东梁、八户梁；六道湾、七道湾、八道湾、九家湾等。另外还有如向阳坡、南梁坡、北山坡等。以山冠名的有东山、红山、西山、鲤鱼山、黑甲山等。

1765年，迪化建城后，开设了4座城门：东惠孚、西丰庆、南肇阜、北憬惠。此为官方的命名，但普通百姓叫起来，渐渐就成了东门、西门、南门、北门。

1772年，清政府又在迪化城西北建造巩宁城，二年后（1774）建成完工。因城内驻扎着满清官兵，人又称老满城。在巩宁城建造之前，即在迪化新城的周围建造了一系列城堡，如头工、二工、中营工、三工、地窝堡等。

1886年，新疆建省后，迪化新城开始扩建。清政府便在今天的新中国成立门一带建了"新满城"，与迪化新城融为一体，迪化城当时设置了7个城门，道路建设没有章法，城内以大十字为中心，分为东、西、南、北四条大街。

当时的巡抚衙门就在今天的人民广场自治区党委大院，周围街、巷商业繁华，有名的便有铜铺街、衣铺街、荷花街、留士巷，其中铜铺街、衣铺街是卖铜器、卖衣服的地方，留士巷则是以酒店、宾馆为主，主要是官员来省府办事住宿等，这些街巷后来在民国时期均已经拆除了。但随着城市的发展，乌鲁木齐的城里也逐渐有了车市巷、马市巷、山西巷、南巷、西关、北关、南梁、西河坝、二道桥等名称。如小西门当时被称为徕远门，就在今天的徕远宾馆附近。

清代时，如今的东风路西段叫参将巷，住着很多军队官员；中段是铜铺街，东段叫县正街。因为做生意的汉族很多，文化路又叫汉城街。1947年，将铜铺街和县正街合称为民权路，参将巷和主席行辕前改称保安路。1954年，将这条路合并成了东风路。

民国时期，迪化城又进行了一些扩建，但仍是在城内进行。明德路这一街道的名字恐怕是所有街道当中最有文化含量的一个了。据说此名为杨增新所取，"明德"一词出自《大学》里的"大学之道，在明明德"，一直沿用至今。

民国时期，20世纪40年代，迪化又进行了大规模的扩建，主要是在沙依巴克区又规划、命名了一批街道的名字，如扬子江路、长江路、黄河路、钱塘江路、黑龙江路、经一路、经二路、经三路都是那个时期命名的。除了以江河命名外，还有一些街道用县来命名的，如奇台路、吐鲁番路、乌苏路、乾德路（现在的五一路，旧时米泉县称为乾德县），当然也有一些路是用人名来命名的，如现在的和平南、北路命名为左公南、北路，而左公祠位于今天北门儿童医院旁边，原新疆军区政治部幼儿园院内。

新中国成立以后，20世纪50年代，乌鲁木齐的街道建设有了很大发展，城内也向四面八方发展，重点是向南、向北发展。首先扩建了光明路，而后是新华南北路、友好南北路、北京路、西山路、幸福路、五星路等，1953年，乌鲁木齐市政府将原有的旧城墙拆掉，修建了红旗路。把老北门原有的城壕沟改造成了文艺路。同时取消了一些街道的名称，如大十字南大街更名为解放路，因解放军进疆由此街进入迪化，故改名为解放路。原来的洋行街更名为胜利路。而团结路则经历过三次改名。1864年原陕西逆匪妥得璘在此地构筑"王城"，百姓称其为"皇城街"；1946年，国民党中央训练团驻扎在新疆艺术学院，又更名中训路；1950年，进疆的人民解放军和新疆民族军40团驻扎该地，故又改为团结路。

"文化大革命"时期，乌鲁木齐也像内地的很多城市一样，都经历过一个改名潮，如友好路更名为"反修路"，意为反对修正主义。光明路改名为"反帝路",即反对帝国主义。就连明德路也改成了"兴无路"(振兴无产阶级)。和平南、北路改为"革命路"。如今尽管很多地名已经改回到之前的名字,但仍有个别名字留了下来,诸如"大寨沟",当初起这名字时,是农业学大寨时期,一直沿用至今。此外还有东风路、跃进街等名字,直到今天仍在沿用。

改革开放以后,乌鲁木齐主要向北、向西发展。乌鲁木齐的街道、地名也有了一个新的格局,以前以单位名字命名的时代不再有了。但出于人们的习惯,一些企业随着时代的发展或许已经不存在了,却转化成了地名,如"机械厂""二毛""二钢"作为名字留了下来。

还有一些名字,如"马料地""中营工"作为清代时期的地名,至今仍保留了下来。还有"八楼"、大小西门等都作为人们过去的记忆,成为乌鲁木齐珍贵的历史记忆。

位于红光山片区的新疆国际会展中心,其造型就宛如一轮升起的明月。在乌鲁木齐红光山新疆国际会展中心周边,形成了五纵三横的道路网,即七道湾路、会展大道、外环路东北段、南湖路北延、河滩快速路、河南东路、苏州西延、会展北路等,对于乌鲁木齐来说,米东区、会展片区、高铁片区将是今后发展的新引擎。会展大道一头贯穿着乌鲁木齐会展经济的经济增长极,成为集会展博览、总部经济、文化创意、现代服务、电子商务、高端居住、外事交流及都市旅游为一体的首府重要功能区域。国际会展中心已经成为中国新疆与中亚、西亚、南亚和欧洲各国及各省市在经济、文化、科技等方面合作交流的平台。

2008年,乌鲁木齐又开始启动了对外环路东北段的改扩建工程。乌鲁木齐外环路东北段高架道路及采空区道路于2009年开始建设,2010年通车。乌鲁木齐外环路以及相关节点交叉建成,构成了一个较为完整的城市路网布局,增强了乌鲁木齐市的综合运输能力,明显改善了城市基础设施滞后于社会经济发展要求的被动局面,改善了城市投资环境。"田"字路工程自2012年4月启动,到2013年10月全线贯通,乌鲁木齐市主城区"田"字形快速路网架构完成。

"田"字路快速路工程无疑是乌鲁木齐建城历史上规模最大的工程。与此同时,"田"字路建设还包含一处全疆范围内首座能四通八达的定向型互通立交桥，即横跨河滩路的克拉玛依高架桥。这座桥为五层立交，距离地面最高处达到34米，东、西、南、北四个方向共有8条定向匝道。

这五层立交桥匝道及辅道长约3680.9米，第一层是河滩路，第二层是华凌立交桥，第三层为河滩路左转进入地面道路，第四层为地面道路左转进入河滩路，第五层是连通东西外环的克拉玛依路高架桥，施工难度前所未有。

"田"字路的建成，大大提升了外环路的整体通行能力，增强了快速路网之间及快速路与骨干道路之间的连接与转换，缓解了中心城区居民出行难的问题。同时，对构建乌鲁木齐市现代综合交通枢纽，改善民生，促进发展，提升城市形象产生了非常积极的作用。

老马市的变迁

老马市曾是乌鲁木齐一个最红火的牲畜市场。对于乌鲁木齐上了年纪的人来说，几乎没有人不知道位于乌鲁木齐南关的马市。如今250多年过去了，这里曾经是与阿布赉进行过换马交易的场所的历史，尽管如今这里马迹皆无早已变成了一个现代商业地标，却让这个名字作为一种永久的纪念长久保存了下来。

旧时，乌鲁木齐人都把城门外的大街，以及大街附近的居民区，叫作"关厢"。南关，也就是指过去"迪化新城"南门外的关厢，即北起今天的人民路，南至山西巷以南100米处的南稍门巷；东抵和平路东侧，西止饮河巷，占地近半平方千米；解放南路北端纵贯其间，长达800米，这便是当年的南关大街。这块地盘，也可以说是乌鲁木齐城市建设的发祥地。1758年，清乾隆年间在这里建筑过一个屯城。后来靠北边兴建了迪化新城，这一带就成了南关。按照中国城市发展的传统，这里自然而然就成为商业和手工业者的聚集之地。

当时的老马市位于南门关外的关厢两侧，也就是今天的育才巷南段一带。早先，这里没有街巷，只是靠近河滩的空旷地带，骡马集市在那里形成的最早年代，便是250余年之前。

18世纪中叶之后，关内到新疆的商路开通后，乌鲁木齐因为占据着地利的优势，逐渐发展成为天山北路的贸易点之一。清政府以内地的绸缎、棉布和砖茶等货物，向哈萨克部落换取马匹以供军用。乾隆皇帝在位的后三十年间，就曾多次询问乌鲁木齐每年与哈萨克等地成交的马匹贸易情况。《清高宗实录》记载，在乌鲁木齐与哈萨克交易的马匹，多达数千匹。同时也还交易有牛、羊等牲畜。换得的马匹除了陆续解送军营外，部分东调内地，也有一部分留在屯田处所，用于农田耕作或放在乌鲁木齐南山的官办牧场内备用。此种与哈萨克等部落实行的换马交易，一直为官方所垄断，持续了大约七八十年。

乌鲁木齐南关自迪化新城建立后，就非常繁华。南关成为当时货物的集散地，是周围垦区的贸易中心。屯田所必需的役畜的交易都会在附近可以买到。光绪十年，新疆建省以后，迪化升级为新疆省会，迪化南关作为曾经的马匹交易市场也再度繁荣了起来。当时百业俱兴，作为新疆农业生产资料的牲畜买卖，自然也得到了快速发展。据世居此地的老人们回忆，20世纪初，育才巷一带的牲畜市场就一直非常繁荣与兴盛。

在那个年代，马市的交易旺季一般在春夏时节，市场上买卖的牲畜，不仅有马匹，还有牛、羊、驴、骡、骆驼等一应俱全。在喧闹的马市里，不仅有牲畜的买卖双方，还活跃着很多买卖双方的经纪人，当时人称为"牙人"。这些"牙人"大多仍是由回族人担任。这里临近河滩，牲畜饮水也很方便。距离此地100多米的小巷子，就是饮马巷，从育才巷直通以前的西稍门外的就是八卦泉。这个地名是现在唯一一个有关老马市的历史见证了。

老马市一般是清晨开市，到晌午进入尾声。一大早，牲畜从周围四里八乡被主人牵着赶到这里进行交易，成交后，又被新的主人牵着，或吆喝着，四散而去。下午，这里便变成一个孤零零的空场地，冷冷清清。到了20世纪50年代初，老马市的牲畜交易，就日渐减少了，以至于最后消失。这里慢慢地沦为了一个买卖旧货的地方，原本意义上的"马市"不存在了，取而代之的是一个综合性的集市。人们常常发现自己向往许久没有地方购买的东西，这里都有。非但如此，这里东西的价格还比很多地方便宜很多。有时，也会随手卖掉几件家里的旧物件，以缓解燃眉之急。

随着商品交易种类越来越多，南关马市也显示出其他市场没有的向心力和吸引力。来这里的熙熙攘攘的人流，也不断招徕四面八方的小贩，来这里售卖。经营少数民族喜爱的小商品，布匹摊摆开了，售卖中药材的云游郎中也来了，剃头的挑着挑子沿街站定，各种各样的吃饭摊子从干鲜果品到烤肉、凉面、凉皮子应有尽有，馕房、包子、抓饭等悉数摆开，一个稳定的综合性市场就不知不觉间形成了。

对于这样一个百货集市从无到有形成的全过程，在空间上自然造成两个结果：一方面城市的地盘扩张了，向北延伸到现在的江南后巷一带，南边则经过新市路扩展到财神楼子附近；另一方面圈内的空地渐渐缩小，起初的流动摊贩，把摊铺改建成了店铺，变成坐商后一个挨着一个，变成了一个一个小门面，连接成曲曲弯弯、四通八达的巷道，挤占了原来的开阔场地。

经过十年动乱，乌鲁木齐的城市建设开始按照规划有序发展，兴盛了几十年的马市旧货市场也逐步萎缩。尤其是20世纪80年代后期，全乌鲁木齐有多处农贸市场兴起，新的商业区又相继建成，老马市逐步改造成了住宅区，就此也就走完了自己最后一段路程。

如今，这里陈旧的平房早已经拆除，一个崭新的居民生活区出现在南关大街的西侧，老马市已变成了一条巷子，"马市巷子"这个地名也就直截了当地告诉我们，老马市已经衰落，新马市已经建成。

南关轶事

南关商业一条街位于现在的解放南路一带，是当时迪化边城的第二商业中心，有着浓郁的民族特色。这里以经营土特产为主，还有一部分从苏联进口的货物。如今这条街已经不复存在了，但对于从那个年代走过来的人们来说，南关街的昔日繁荣，早已经深深印在了永恒的时代记忆上了。

20世纪20年代，随着城市的不断扩张，在乌鲁木齐南关的这条街上，南门外、南稍门、二道桥一带都是当时最繁华的商业地段。这里有新疆南疆喀什等地生产的土布，如多用于家庭的擦洗布、粗布、白大布，还有带颜色的大连布和一种白色细布——乔尔弹大布等。当时有很多人常用带有颜色的大连布做衣服，这些土布幅度比较窄，都在35厘米左右，每匹布长约20米，因为价格低廉市场需求量非常大，顾客往往都是整匹地买。另外，和阗的丝绸、地毯和练习毛笔书法的桑皮纸、库车的疙瘩胰子香皂、焉耆的蘑菇、南疆各地的干鲜果，还有苏联进口的"布匹盖子货"等，都可以在这里买到。尤其一到南门，售卖土布的商店是一家挨着一家，均是由维吾尔族商人们经营。他们大部分都是一些小门面，用的是老式门头插板门，营业时卸掉门板就可以全部打开了。这些店门通常都有一个高80厘米的柜台，里面货架上摆满了土布、丝绸，一般都是一个人管理，门前放着一条木板凳，顾客进门可以坐着谈生意。没有顾客时，店掌柜就坐在柜台上休息，具有浓郁的民族特色。

南关大街上的民族特色商店都是一些五六十岁的老人在坐堂，其中还有很多商店的掌柜均可以用好几种语言与顾客交谈。当你进入他的商店里观赏他的商品时，他会主动与你打招呼，请你坐下，非常有礼貌。在这条街上，还有维吾尔族商人经营的规模较大的商店：小肉孜的官货店、吾守尔的杂货店、阿比孜的民族饭店等。

南关街上的汉族、回族商人经营的大小商店也不少，其中较有规模和影响的就是二道桥市场里的回族商人马生连的醋酱坊、郭应祯的粉房、佘师傅的点心铺等，还有汉族师傅潘建亭经营的百货店，詹鸿鸣师傅经营的绸缎布匹专卖店等。在南关一带，经营干鲜果品的也很多，而且一年四季走俏。

南关商业街上，白天人来人往，异常热闹。夜幕降临时，则到处挂起了马灯，还是从苏联进口的照明灯具。旧时候，各家里普遍用来照明的灯具各式各样，各个地方的特色风味小吃应有尽有，他们在这里或者分散摆摊设点，或者集中连成一片，形成具有民族特色的独特饮食夜市，一眼望去，热气腾腾，是当时乌鲁木齐一道迷人的风景。

远去的老字号

乌鲁木齐的商业再早起源于清代乾隆年间，乾隆统一新疆后，便说："新疆驻兵屯田，商贩流通，所关最要。"乾隆二十七年（1762），清廷重臣永贵提出，鼓励全国各地商民到新疆天山南北麓经商，在清朝官府支持下，中原的汉族商民纷纷取印照，携资出关，分赴天山南北。如此，乌鲁木齐便迎来了汉族商民增长最快、商铺发展最快的一个时期。

史料记载，乾隆三十七年（1772），陕甘总督文绶奉命出关，一路目睹了天山北麓商贸繁盛的景象，说"年来商贾贸易，佣工艺业，民多日多一日"，乌鲁木齐更是"商贾辐辏，比之巴里坤内，更为殷繁"。

当时百货也算是商民贸易的"执牛耳者"。这些行当的经营者大多像津商一样，是从内地来新疆经商的汉族商民，他们经营的商品，品种繁多，十分丰富。一些店铺的掌柜还会说维吾尔语和俄语，极大促进了商铺生意。从经营范围看，内地商民在迪化主要从事百货业、食品业、蔬菜业、中药业等，都是与百姓生活息息相关的行业。特别是百货业，店家可以说"上至绸缎，下至葱蒜"，无所不有，他们非常注重经营时兴百货，经营的百货商品中不但有国货还有洋货，如俄国和日本的商品，有时还根据购物对象的要求，专门采购相应的商品。刚开始时，津商主要向满族和汉族的官吏、地主销售商品。因此，大多经营官场所需的公文、纸张、笔墨、朝服、靴鞋，以及宴客所需的各种海味等货品。

随着生意规模越来越大，资金越来越大，津商结合迪化少数民族的地域特征，从内地进货时，开始购置一些少数民族喜爱的商品，如哈达、瓷器等，逐渐形成了按地域划分的几大商帮。随之也产生了一些推动乌鲁木齐经济发展、有一定影响的著名商铺，其中著名的专营店有德聚和绸缎庄、广聚和棉布店和瑞盛祥鞋帽店；著名的糕点店有集义生、瑞记号、佘文炳的清真点心铺等。这些老字号曾经享誉边城，如今都已经成了那个时代的符号。

形象的"幌子营生"

绸缎和棉布大多是用来做衣服的，是不同阶层人群的日常生活用品。这类货品对商家来说可是有利可图的好生意。民国以前，绸布一直是官方贸易的大宗商品，但内地商帮到来后，由于与官府当局来往密切，许多私营商家也有销售。在清嘉庆中期，清政府开放贸易后，绸布的民间贸易数量进一步增加，尤其是贩棉贸易迅速增长。这些内地商民甚至租种当地农民的土地，产棉后再贩卖回中原地区销售。

在近代迪化商业中，专营绸缎布匹的商号多是津商。他们以批发京广杂货为主，绸缎、布匹、棉线、染织品等，品种繁多，形状、色彩、质地也多种多样，种类齐全，基本满足了社会各阶层、各民族的需要。津商店大多带义、利、和、泰、聚、兴等吉利字样，并请业界著名人士、书法家、作家、政要等书写匾额，商铺除了有栏门柜、账桌、货架等陈设外，更有一个突出特色：店堂与门头都会用新的布匹或绸缎装点，以朴素又广泛适用的实物作形象旗幌，让来往顾客通过店幌就能了解商号经营的商品类别，店里还摆放着茶几和座椅等，供顾客暂时休息。同时，在激烈的商业竞争中，津商对店员的形象和素质也很看重，要求店员必须衣着整齐、干净，仪表端庄大方，还要不断学习专业知识，像有趣的"狮子滚绣球""金香炉""凤凰双展翅"等算例，就是作为店员学习珠算乘除法的必修课。这些算例将中国古老文化体现无遗，也自然带旺了生意。当时，在乌鲁木齐开设绸缎布庄中有代表性的有永裕德、同盛和、德昌源、德聚和、德聚公、广聚和等商号。

永裕德商号，光绪十一年（1885）由天津杨柳青人郑永乾开设，坐落在迪化东大街，现大十字东侧，当时是全城第一座有楼房的铺面，专营绸缎、布匹、京广杂货等批发业务，后院还兼营客栈。柜台先生商业知识非常丰富，懂得经营，有店员30余人。每年春秋两季，店掌柜都会从天津、上海购进大批货物，又将新疆的土特产运往内地销售，业务发展迅速，生意越来越兴旺，一跃成为乌鲁木齐规模最大的商号,据民国五年(1916)结算,本利、库存、房产共值50万两纹银。经过地方当局批准,这个商号当时拥有发行"本票"的特权,可用来兑换官方铸造的"红钱"(硬币),在市面上流通。光绪二十五年(1899),永裕德聘请了精通业务、治店有方的天津杨柳青人杨绍周任经理。由于杨绍周精明能干、足智多谋、热心公益,1911年,迪化总商会成立后,被推选为商会首任会长。在杨增新主政新疆时期,历任迪化总商会的领导职务,还兼任着迪化官钱局的代办,在当时的政商两界,都颇具威信。宣统二年(1910),永裕德在东大街建起了迪化市面上的第一座楼房。

同盛和商号,光绪十二年(1886)开业,由天津杨柳青人周乾义投资经营,李梧岗等人是商号本地的股东,坐落在大十字以南,主营京广杂货、日用百货、绸缎布匹和海味。商铺在上海、天津、北京,新疆喀什、阿克苏、奇台、吐鲁番都有分店,在吐鲁番还有几处坎儿井和几百亩地。每年从内地购进大量货物,驮运到乌鲁木齐,又将新疆的土特产,运往内地销售,经营品种繁多,店员多达20余人,年纯利达4万银圆。柳士清、徐涌波、曹余三、尚松年等任商号经理。这些人都是当时迪化工商界的知名人士,为乌鲁木齐商业发展和城市繁荣发挥了重要作用。

德昌源商号,1906年由天津杨柳青人崔善祥开设经营,坐落在迪化东大街,现大十字天山商场东侧,当时在新疆颇有影响。崔善祥16岁时从做染线、染布料的小生意起家,在杨增新主政新疆时期,原津商"八大家"之一的德恒泰百货商店停业,崔善祥把店盘了过来,将商号改名为"德昌源",经营绸缎布匹、日用百货,因经营有方,商铺生意越做越大,后来闻名全疆。盛世才主政新疆时期,改造市容时,崔善祥在原址上兴建了两层四合院的楼房,并修建了地下室,邻街的一面作为商铺店面,后面的宅院是家眷住宅。大十字见证了德昌源的兴盛和衰败,也见证了崔善祥为人和善的好名声,以至于人们都喜欢叫他崔德昌。

德聚和绸缎庄,开业于20世纪20年代,由姚希贤、任之山、赵昆山、杨绍全4人合伙创办,与隔壁的德聚堂中药铺是兄弟店,坐落在迪化南大街,即现在的大十字一带,曾在迪化名噪一时。德聚和主要批零兼营全国各地的呢绒绸缎，而且店家多采用现代流行的超市营销手法，长年有专人在天津、上海、四川、湖南等地采购货物，每有新货到店，店员都会把这些杭绣、川绣、湘绣等各种绸缎段子被面挂在四周的墙面上，并把天香绢、美人、闪花缎、彩织缎背皱和各色的纺绸等，一样一样地摆放在玻璃柜里，色彩绚丽、五颜六色，供顾客任意挑选，看样订货，而且这里的店员还个个都会说维吾尔语和俄语，且每天都穿戴整洁，对来往顾客都和颜悦色讲解每个商品的产地、质量、成色、用途，问清楚顾客买料的用途后，为顾客参谋尺寸，周到的服务常常令顾客满意而归。因而到这家绸缎庄前来购买丝绸制品的各族顾客都特别多，还有些外国客人常来选购，每天的业务非常繁忙。

与德聚和临近的庆春和绸缎庄，也是由天津杨柳青人投资开办的。它的主人叫潘少波，是迪化最早的商号之一，因经营有方，布匹绸缎既有高档的，也有中低档的，花色品种齐全，保证货物质量。当时这家店的最大特色是，对于市里的老主顾，逢年过节，店掌柜会将新到的时令丝绸物品，一件一件包装好，带着店员挨家送到顾客门上。尤其到春节，掌柜在店门前张灯结彩，把店铺装扮一新，更是引得人来人往，川流不息。

德聚公商号，由天津静海商人刘益臣与杨柳青商人董树棠投资创办，坐落在大十字西南角，即现在的大十字天山商场附近，是津帮"新八大家"的老字号商铺，后改建为裕丰隆、晋隆商号。新中国成立后，更名为恰合商店。20世纪20—50年代，在大十字一带，生意最为红火。商铺专营各种绸缎、布匹、京广杂货等，属于大型的正规商店，约有经营和各种管理人员20余人，且各种店规非常严格，接待顾客方式有严格规定，商品陈列整齐，店堂整洁干净；店员仪表讲究，懂得维吾尔语和俄语，方便各民族顾客购物。每年店家还会在冬、夏两季派专人到天津、北京、上海等地采购货物，冬季采购夏季商品，夏季采购冬季商品，置办完后，用骆驼运到迪化。由于商铺货物齐全，货真价实，批零兼营，店员热情周到，销售非常可观，在当时生意非常兴隆。

广聚和棉布店，是20世纪20年代开业的，也是由天津杨柳青人皮广玉投资开办的，坐落在迪化南大街，即现在的南门人民银行的对面一带。主要经营津、沪等地生产的各种棉布，各种色织布、花布、色平布、直贡呢等，如

"四君子"牌的花哔叽、"青蛙"牌咔叽布，还有苏联进口的花牙儿缎、花洋布、桂子皮、条子绒、铁力克（类似线咔叽布，耐穿）等布匹，可以说，这里的布匹应有尽有，花色齐全。当时这家店铺的特点是，负责销售的店员个个精干，只要顾客上门，他们总会千方百计地满足顾客的需求，一般不会让顾客空手而归。这些做法为店铺增加了很大的销售额。在外面跑业务的人员也会积极组织货源，及时掌握行情变化，再加上皮掌柜为人热情，喜好交友，商界皆称其为"皮老广"，生意做得红红火火，在迪化一带颇有名气。

家庭好帮手

日用杂货，对于老百姓来说，就如同一个个好帮手，大到日用器皿，小到柴米油盐姜葱蒜。当然这些对于商家来说，就是一个个商机。这些围绕老百姓居家日常生活必需品来经营的商家，让人耳熟能详的有永盛和、瑞盛祥、同义昌、义兴永等，还有小肉孜的民族商店和伊布拉音的民族用品商店。

永盛和商店，开业于20世纪20年代，是由天津杨柳青商人乔印福创办的，坐落在迪化南大街，即现在的中山路天山商场附近一带。专门经营京广杂货、天津针线制品、化妆用品和搪瓷器皿。当时乌鲁木齐的居民们婚丧嫁娶的必需用品，都是到这些地方来置办。这个店铺的特色是门面和柜台的布局与设计新颖，引人注目。乔掌柜从小在家乡学会了油漆手艺，年轻时担着小篓徒步来到新疆迪化，做过油漆裱糊匠，很有创业精神，经营有方，加之长子乔树林从小在商号做学徒出身，对市场需求非常了解，把老百姓所需的都准备充足，每天店铺里顾客盈门，生意兴隆。在同行业里面，那也是首屈一指。

瑞盛祥，20世纪初开业，由天津杨柳青商人肖子瑞、肖一青哥俩创办，坐落在迪化北大街，现在的小十字一带。主营天津名牌鞋帽，品种地道。号码齐全，在当时享有盛名，是迪化最老的商铺之一。这个商铺的特色是在店门前挂着金字牌匾，特别吸引人注意。当时闻名全国的天津金九霞鞋庄的各种单棉夹鞋，男士礼服呢圆口单鞋，以及内地制造的女士拉带鞋，还有苏联进口的胶套鞋，冬季男女棉靴头，缠足的小脚棉夹鞋，在这里均能买到。此店还专门经销天津盛锡福帽庄的各种帽子，如礼帽、缎子帽衬儿、带有红线球的缎子娃娃帽，冬季戴的黑缎子或咖啡色皮子的棉将军盔等各类时兴的鞋帽应有尽有，款式多样，漂亮美观，深受当时的百姓喜爱，逢年过节更是顾客盈门，生意兴隆。

同义昌杂货店，由天津杨柳青桑园子人姚同善创办，坐落在迪化西大街，现在中山路一带，资金雄厚，是当时迪化最大的一家杂货店。主营各种海味与调料，喀什的大连布、大布，和田的丝绸、桑皮纸，库车的"维吾尔族胰子"、冻油鸡，伊犁的酥油、蜂蜜，阿勒泰的五道黑，乔尔泰的冻鱼，焉耆卡勒峡的优质蘑菇、大头鱼，乌鲁木齐出产的洗脸用的香皂，塔城的毡筒，以及石油、蜡烛和当地产的盆盆罐罐，逢年过节还有天津人杨柳青的剪纸、窗花等，可以说，"上至绸缎下至葱蒜"，吃穿用样样出售。尤其是每年从全国各地采购货物，同时还在全省各地购进名优商品，能及时满足老百姓对时兴百货的需求，生意十分红火。

义兴永，开业于20世纪30年代，由山西省新绛商人杨大忠创办，坐落在迪化大西门河滩街附近，当时是远近闻名的商铺之一。主要经营各种皮货，其中新疆特色的地产品种繁多，比较出名的有库车黑羔皮筒、二毛皮筒、狐狸筒，暖和的狗皮褥、羊皮袄、羊皮手套，经常出门在外的马车夫都是这里的老客户。还有从北京、天津来这里的客商，返回去时都要到这里购置几件极富当地民族特色的黑羔皮筒，作为回去馈赠亲友的佳品。当时，熟皮制品多用土办法制作，材料主要是发酵后的小米、黄米加工炮制。这种做法制作的皮毛虽比不上用红矾、硫黄等原料制作的精致，但却经久耐磨、耐用。那个时候，乌鲁木齐的交通工具主要还是马拉轿车，车座铺垫和车用窗帘都是狐皮制品。所以这些皮毛产品的销路一直很好，常常供不应求。杨师傅经营皮货数十年，从熟皮、裁剪到缝纫都非常精通，尤其是在皮革的加工炮制、分等划类、选料制品、节省原料，以及下脚料的使用等方面都积累了非常丰富的经验。他制作手艺高超，是个制革能手，加上他为人忠厚，深得人们喜爱。新中国成立后，杨师傅参加了公私合营，专长得到了充分发挥。在他的培养下，很多年轻人成了制革能手。

小肉孜的民族商店，开业于20世纪20年代，是由维吾尔族商人小肉孜开办的,坐落在迪化南门的街心花园西面,就是现在的中国银行大楼一带。主营京广杂货店、土特产品,以及当时从苏联进口的各种搪瓷器皿,如铜制的大小沙玛瓦(烧开水用)、铝质茶壶、木质椅子、钢丝床、大小铁锅等用品。这个商铺的特色是在布置方面具有很浓的民族特色,柜台上面铺着大红的和田毯子,货架上摆满了各种少数民族的日用商品。小肉孜师傅还会说很流利的汉语,为人忠厚,人缘颇好,平时还经常帮助一些困难的维吾尔族和汉族乡亲。小肉孜在维吾尔族、汉族商人和群众中具有很高的名望,小店的生意也一直非常好。

伊布拉音的民族用品商店,开办于20世纪40年代。商店是由维吾尔族商人伊布拉音投资经营,坐落在迪化老马市,即现在的南门育才巷第七小学对面一带。商店以经营民族用品和小商品著称,很受当时的各族群众欢迎。商铺里各种少数民族日用百货,民族妇女用的各色线、丝、毛头巾、耳环、手镯、项链、戒指等各种装饰品,还有长筒袜、丝袜、胶鞋、胶套鞋,各种玻璃器皿,上海生产的蝶霜、"双妹"雪花膏、夜来香水、"双喜"牌发蜡、各种香粉等化妆用品,以及四合一香皂、檀香皂、固本肥皂、固齿灵牙膏、黑白牙膏等洗漱用品,钥匙圈、钥匙链、钥匙扣、衣针、铝针、别针、裤扣、领扣、帐钩等,包括各种规格的钢丝发夹、烟盒、小刀、指甲刀、折叠旅行小剪刀等小五金商品,这里都应有尽有。特别是各种纽扣,品种齐全,规格多样,如玻璃的暗眼纽扣和明眼纽扣就分为好几种,暗眼纽扣有凹形和装甲口,明眼纽扣分二眼和四眼纽扣,还有用于男士中山装和女士裤的电木纽扣,童装常用的贝壳纽扣和金属纽扣等。当时,居住在周围的各族群众需要买纽扣,都到伊布拉音的店里来挑选,常常是满意而归。

舌尖上的记忆

津商在迪化的商业版图上,有一些企业是围绕着"食"来进行的。"民以食为天","食"虽并非人们的终极目的,但没有是"食",一切也将无从谈起。所以那些敢为人先者,将内地的饮食也带到了新疆,且将一种饮食文化也带到了新疆,伴随了边城人们的生活上百年,以至于成了我们很多人的舌尖记忆……

永盛西点心铺

永盛西点心铺,是20世纪20年代开业的。它是天津杨柳青商人刘鉴周创办经营的,店铺坐落在迪化南大街,资金雄厚,当时即有流动资金3万两纹银,于是刘鉴周又有了一个"刘三万"的美称。

永盛西点心铺主营中式糕点,还兼营京广杂货,各种海味、调料、醋酱、小磨香油等副食品,俄得克酒、各种罐头、水果糖等。刘经理的父亲刘永平是随左宗棠的西征部队"赶大营"进入新疆的津商,战争结束后,一直从事小本生意。1908年,刘鉴周也一路挑着背篓西行寻父而来到了迪化。后来,他们父子二人一起创办了这家点心铺,在当时是很有一些名声的。

后来,刘鉴周也学会了一些维吾尔语,擅长与各族商人打交道,还热心公益事业,平易近人,是当时迪化民间津商"十大和气人"之首。

永盛西点心铺的点心,讲究传统操作,品种齐全,除日常销售的"小八件"等家常点心外,一些时兴的点心更是闻名。当时的点心之所以出名,主要还得归功于领班师傅刘文江。刘师傅也是天津人,制作的点心多是中式糕点,用的是正宗的天津手艺,而且技艺超群,讲究真材实料,配料有方,像端午节的什锦绿豆糕,夏季的薄荷糕,中秋的套馅月饼,冬季有闻名的什锦南糖，还有元宵节什锦元宵等，都是利用上等的土特产做原料，配料精美，而且是刘师傅独家首创的糕点，深受顾客的青睐。尤其是什锦南糖更独具特色，像芝麻糖片、酥糖、老虎肉等品种，还有各式各样的糖蘸，套用模子做成的"八仙""天女散花"等五彩空心糖人，是小孩子的最爱，可以吃也可以拿着玩，每天都吸引着很多人前来购买，往往供不应求。

这个点心铺最大的特色是盅碗糕，在当时独一无二，选用的主要原料是鸡蛋、上等面粉、糖、玫瑰、青红丝等混合佐料，然后用直径5厘米的小碗盅蒸熟。而且所用的蓝色小碗盅，是江西景德镇特制的，蒸熟的盅碗糕金黄诱人，赏心悦目，常常是达官贵人宴会上的必备美味佳品。《乌鲁木齐掌故》记载，当时常有一些归国华侨前来订货说，"比西式糕点好吃多了！"

瑞记号点心铺

瑞记号点心铺是一家中式点心铺，1945年从凤凰城玛纳斯迁来迪化的。它也是由天津杨柳青人郭广瑞与两个儿子投资经营，坐落在迪化三角地，即现在人民广场、天山百货大楼的东北角一带，是远近闻名的老字号。除主要经营各式糕点外，还出售自己磨制的小磨香油和芝麻酱。此外，他们还在每年的冬夏两季，分别推出茶饮，如冬季的什锦元宵、牛骨髓油茶、江米面的茶汤等熟甜食；夏季的酸梅汤、山楂汤等冷饮，深受顾客欢迎。

瑞记号点心铺在搬到迪化来之前，在玛纳斯已经经营了40余年，出售的糕点都是自做自销，油酥、蛋糕、油炸等品种齐全，质优地道。瑞记号点心铺最大的特色便是制作的酥皮类"京八件""萨琪玛"和"蓼花糖"点心，在当时的迪化仅此一家。"京八件"的点心，用近十种馅料做成桃、杏、腰子、枣花、荷叶、扁圆、卵圆、佛手8种形状，花样新颖别致，做工精细，香酥可口；"萨琪玛"是当时满族群众在春节期间馈赠亲友的必备糕点之一，主要用料是精面粉、鸡蛋拌料，切成3厘米的面条，用油烹炸成金黄色，故又叫作"金丝糕""蛋条糕"，松香酥脆，营养丰富，老少皆宜，极受欢迎。

集义生南式食品店

集义生食品店是 20 世纪初开业的，由山西省蒲州县人苗沛然创办，坐落在当时迪化南大街，即现在的大十字南侧一带，也是乌鲁木齐的百年老店之一。集义生主营南式糕点，兼营酱醋，是当时唯一一家经营南式糕点的食品店，以货真价实而闻名。集义生制作糕点的最大特色是造型美观，薄皮大馅，用料多糖而少油，甜而不腻，具有独特的南方风味。酱醋则是聘请山西名师制作，色黑清亮，味道清香，久放不坏，是正宗的山西老陈醋，深受老百姓的喜爱。

集义生的另一个特色是糕点有水晶饼、黑仿白月饼，还有夏季的油质绿豆糕等。水晶饼是集义生特有品牌糕点，可谓当时一绝。它主要采用几种混合动物油和面，皮酥层多，久放不干，是访亲会友的佳品。黑仿白月饼主要以黑白料馅出名，成品月饼中料馅分明，用料精细，酥香绵软，尤其是每年的中秋时节，这里制作的黑仿白月饼供不应求。夏季油质绿豆糕的最大特色是配料得当，内加什锦或枣泥馅，外形用树叶状的模子扣出来，直径约 7 厘米，看上去油绿喜人，感觉凉爽，色、形、味都深受顾客喜爱。

集义生食品店在 20 世纪 30 年代以前是一家老式铺面，门面没有门窗，古色古香，店内陈设干净典雅，柜台先生都是山西科班出身，身穿长袍，语言绵软，态度和蔼，对于顾客的各种需求总能做到让顾客满意。到了冬季，店内还备有炉火，供人取暖，聊家常，赢得了不少生意。新中国成立后，集义生食品店参加了公私合营，在其原址上新建起了乌鲁木齐市蔬菜公司的门市，以后又被一家民营企业兼并重组。如今集义生已经不在了，但老人们到了这里仍习惯称呼它为集义生，可见当年这家商号的影响有多大。

佘文炳的清真点心铺

在 20 世纪 20 年代，佘文炳的清真点心铺开业了。它是由陕西蓝天回族商人佘文炳创办的，坐落在迪化南门外头道巷与育才巷交会处的东北角，40 年代初迁至财神楼子附近，曾在当地回族、维吾尔族群众中享誉一时。

这家点心铺，是以佘文炳师傅的名字命名的，主营油炸类和混糖类点心。佘师傅做的点心货真价实，口味正宗，在选材上用真材实料，制作配料精良得当,久放不坏,油而不腻,葱香味浓,风味独特。他擅长设计和雕刻制作点心的各种模子,因而制作出来的点心色、香、味、形俱佳,一年四季畅销。另外佘师傅与永盛西点心铺的刘文江师傅交往甚厚,因而佘师傅的"京八件"点心,在清真点心中独树一帜,不但融合了中华传统点心特点,又具有了民族特色。

据《乌鲁木齐掌故》载,佘文炳师傅制作的传统大馓子,主要原料是白面、清油、鸡蛋、花椒水、盐等,按照一定比例调制和面,油炸时掌握火候,使每一根馓子粗细长短一样,上面都起着小泡,高高地码在大托盘上,像一朵盛开的金菊花篮,既好看又好吃。

当时,在每年的肉孜节和古尔邦节期间,佘师傅的点心店里的点心往往供不应求,老主顾都是提前几天给佘师傅打招呼,才可以取上货。而且在佘师傅的点心店买点心,他非常注重产品的包装,一定要将东西包装得四棱八角整整齐齐,并贴上大红纸印的商标,很吸引人。所以,当地群众也非常乐于购买佘师傅制作的点心。

百年味道: 吾吾子羊羔肉

乌鲁木齐的美食的确有很多,但能够传承上百年的还是为数不多的,但很多人一定不会忘记"吾吾子羊羔肉"这个老品牌。这家企业从最早的肩挑货担,到推车串巷,再到固定连锁门面,一步步扩大,且一代一代传了四代人。它在给人们带来幸福享受的同时,其缕缕香气似乎也散发出一种浓郁的文化气息。

据《乌鲁木齐掌故》载,光绪三十二年(1906),"吾吾子羊羔肉"的创始人李生华带着一家人从陕西老家来到迪化。来到迪化后,李生华仍然挑着扁担走街串巷卖羊羔肉。后来,李生华的儿子李占寿接手生意后,开始推着木轮车在当时的南关稍门子一带(今天解放南路以北附近)的集市上卖羊羔肉。李占华生于1921年,他的小名叫"吾吾子",从小跟着父亲打杂,对于烹宰羊肉很有一套。他卖的羊肉味美柔嫩,刚出锅时,热腾腾的羊羔肉肥瘦相间,嫩滑爽口,不腻不膻,很快便在南门一带有了名气。一传十,十传百。就这样,"吾吾子羊羔肉"一叫就叫了上百年。

后来,"吾吾子羊羔肉"的经营方式也从挑着担串巷到推车叫卖,一步步发展到摆摊定点售卖,再到后来的入店经营。"吾吾子羊羔肉"品牌越叫越大,越叫越响。

如今,一百年过去了,"吾吾子羊羔肉"已经传承到了第四代传承人李敏手里。根据市场的需要,"吾吾子羊羔肉"已经开始了连锁经营模式。尽管店面多了,但是羊羔肉的制作方法,无论是选羊还是剁肉、煮肉,采用的仍然还是传统的老工艺,煮肉调料实现了标准化,做成了加盟连锁店都可以使用的料包。可以说,一盘羊羔肉,浓缩了四代人的辛苦经营。这代代传承的羊羔肉的味道仍是当初的那种味道。煮一只羊需要多少水,煮三只羊需要多少水,什么时候放调料,每种调料放多少,都精确到了几克,甚至几毫克。

李敏介绍,整只羊要先切为五段,下锅前要将羊血管里的血放干净,如此才能均匀受热。煮到一定时间,除了放盐、洋葱,还需要放他们祖上传下来的10余种秘方调料。这样才能保证煮出来的羊肉口味纯正,符合祖上传下来的煮羊羔肉的老味道。而且,每个调料包都要经过几十次、上百次的反复研制才可以进入店面,这样无论顾客走到哪一个店面都可以吃上以前的老味道。

李敏说,做生意和做人是一样的,必须要勤奋、善良,有爱心。虽然祖上传下来这份手艺到他这代人已经是第四代了,但"吾吾子羊羔肉"的招牌没有变,羊羔肉的味道没有变。目前店里消费的大部分顾客都是回头客。有些老食客从孩童时代就是这里的老主顾,现在头发都白了,还经常和家里人一起来这里吃羊羔肉,就着用茶叶、红枣、枸杞、桂圆、冰糖为原料沏成的三炮台大碗茶,畅快地过一顿嘴瘾。

如今,"吾吾子羊羔肉"已被评为了乌鲁木齐市、自治区级非物质文化遗产,还被中国烹饪协会、新疆烹饪协会评为"中国名菜""新疆名菜"。"吾吾子羊羔肉"品牌正一步步走出国门,走向世界。

迪化城的民间社火

新疆建省以后，随着经贸往来的日趋增多，乌鲁木齐的人口也在逐年增加。尤其是各个省份来这里投资置业的人在增多，这些人在乌鲁木齐站稳脚跟以后，又把内地的妻子、儿女接到了这里定居。随着各省来这里经商人数的增多，各个商会也接着相继成立。商会、商帮成了连接内地各个省份的人们在边城的一个纽带。

如今由各级政府部门承担的各项大型文娱、体育活动，在当时几乎都是由商会来组织的。比如在20世纪30—40年代，每逢春节期间开展的乌鲁木齐的民间社火，也称民间文艺花会活动，皆在此期间集中表演，各商会之间竞争非常激烈。从正月初一到十五，各省会馆都拿出自己的看家本领，不惜巨资将各自的社火办得精彩出众。民间社火活动不仅丰富了当时各族人民群众的文化生活，也加强了各族群众间的文化交流。社火活动多以中原文化形式为主，融合吸收了少数民族文化元素，使得乌鲁木齐的社火活动特色明显，各族群众喜闻乐见。1939年，苏联电影工作者还就此专门拍摄了一部社火纪录片，在国外放映时，引起了轰动。当时在乌鲁木齐举行的社火中，较为出名、影响力很大的有两湖会馆的龙灯，中州会馆的舞狮，陕西会馆的高抬，山西会馆的汾阳花鼓，甘肃会馆的跑驴、旱船，河北会馆的高跷和以津帮商人为主体的清平水会龙灯等。

惊险绝妙的高抬

在当年的社火表演中，最有吸引力的是陕西会馆的高抬。高抬是一种技艺高超、极为玄妙的民间艺术，具有造型艺术绝妙、结构严密完整、形象优美动人的特征。参加表演的都是八九岁的男女儿童，服饰华丽，打扮别致，令人喜不自禁。每年春节前后，陕西会馆都要组织20余台高抬，在街头表演数日，盛况空前。每年一出来就摆满了一条街，观赏群众前拥后挤，都想先睹为快。

整个高抬社火，前后分两个锣鼓队，每队八个人，专用的锣鼓点，新颖悦耳，前呼后应，给街头盛会增添了很多节日的热闹气氛。每一个高台都是一折戏的画面，内容、造型、姿态各异。它的基础是1.5米宽、高约1.2米的四方木台（类似木柜），台内装有铁芯子做的基座，从基座伸出一根直径约5厘米、高约5米的铁杆，铁杆两侧根据画面造型，可焊接一人或两人的脚手架，并有保险圈，扮演角色的儿童，站在架上穿着古装，将脚手架全部掩盖，再用一双假腿把身子连接起来，站在一根树枝上或人的肩头上，既惊险，又逼真。比如演《黛玉葬花》一抬，台上的画面造型是一棵鲜花盛开的桃树，林黛玉肩扛银锄、花篮，一只小脚穿着绣花鞋，站在一根筷子粗细的桃树枝上，另一只脚悬起，在空中翩翩起舞。再如《还我山河》一抬，台上是一个直径约1米的地球仪，一个日本鬼子一脚蹬在地球侧面，整个身子仰倒倒空，在地球仪上部的中国领土上，站着一个抗日战士，右脚踩在地球仪上，左脚悬空做冲锋状，高抬行进时，地球仪在转动，演员随着锣鼓声，表演各种动作，博得观众热烈的喝彩。高抬在行进时，由四个人肩扛缓慢行进，另有四个人预备替换。为了保证儿童演出的安全，在起步和停落时，都用拐架支扶。拐架用红绿绸绢扎绑，还装饰着明镜、小彩灯和各色闪光的精致图案，非常好看。当时陕西会馆的领头人是西安人张宗仁，一个精明能干、热心公益的老人。每年他都聘请精通高抬艺术的名师巧匠，并动员各家上号的店员和市民约300多人无偿义务服务社火。乌鲁木齐很有名气的秦帮老中药店凝德堂、元泰堂及其他商号均给办社火提供赞助。因而社火越办越红火，给边城人民留下了深刻印象。

霸气的龙灯

当时乌鲁木齐的社火中，龙灯表演中有两道会，一道是两湖会馆的二龙戏珠，一道是清平水会的天津龙灯。两道龙灯各有绝招，都以锣鼓伴奏，但音调鼓点各有不同。两湖会馆的龙灯，一般是夜间在街头表演，龙身的每节都点着蜡烛,耍起来五彩缤纷,耀人眼目;远看就像两条火龙上下飞舞,再加上两侧陪舞的人高举着火把,场面壮观。清平水会的天津龙灯,是一条较大的彩龙,一般是白天在街头表演,耍龙头和龙尾的都是一些身强力壮的好把式,龙头始终跟着彩珠球转,时而紧随一团,时而腾空跃起,变化多端,在配合着锣鼓,博得群众的不断喝彩。在社火演出期间,四条大街的商店门前,都摆着桌椅和茶水、点心,供表演者们休息和品尝。各商家都欢迎社火在自家门前表演,以图个吉祥如意。

山西花鼓

山西会馆举办的社火山西花鼓也非常受边城人民的欢迎。这支花鼓队服饰华丽,形象优美,组织形式很有特点,从服装、化妆上看都具有当时新疆14个民族的特点。这个民族大团结的花鼓队都是男扮女装,花鼓队一过来,观众们纷纷寻找自己本民族的代表人物,无不拍手称赞。参加花鼓队的队员,大都是在乌鲁木齐各商号的山西省人氏,有经理也有店员,有老也有少。他们热心排练,积极参加街头表演。山西人经营的永盛生百货商店、永盛堂等,每年都会捐款资助、兴办山西花鼓队的民间社火活动。

粗犷的耍中幡

在社火表演中,河北人组织的北方民间传统社火中的耍中幡也堪称一绝。它以粗犷、豪放、刚劲有力而著称。耍中幡表演,一般分为"一人中幡"和"三人中幡"。中幡是一根长10余米、粗约10厘米的竹竿或木杆。上面装有彩旗和一个五彩缤纷的大花伞样的华盖,以及长长的宽条幅,重约20千克,人们称其为中幡。"一人中幡"表演时,演员们时而用肩扛,时而用头顶,或者用胳膊肘立,或者用肚子、脊梁把中幡高高地立在空中,且上下舞动生风,同时还伴有紧锣密鼓,好不热闹。"三人中幡"表演时,除了每个人做出高难度动作时,还要把中幡互相传递。因为不能用手接,也就增加了耍中幡的难度。动作非常惊险,演员接不好会头破血流,所以观众也看得提心吊胆,人人捏着一把汗。但是,演员们的基本功都非常扎实,接得巧妙而且准确,有惊无险。

尤其是最后一个动作，由一位演员就地躺倒，用双脚蹬起中幡，使其四面旋转，旌旗飞舞，高高耸立，常常博得人们的阵阵喝彩。

俏皮的高跷

由天津帮和河北人共同举办的高跷会，也是民间社火中的佼佼者。表演者扮成各种人物，手持道具，双脚踩着木跷，高的约1米多，低的也有30—40厘米，或行或走，或演或唱，均给人以美的享受。高跷会阵容强大，内容丰富多彩，往往还邀请戏剧界的专业演员们参加演出。演员们的化妆也各有不同，表演的节目有三人一组，也有两人一组的，大多是以传统的戏剧为内容的舞蹈。三人以舞蹈形式表演的《白蛇传》中的"断桥"片段；二人表演的《小放牛》等，还有丑角戏《傻公子扑蝴蝶》，一位艳妆少女拿着花竿扑蝴蝶，引得傻公子扑、捉、闪、滚、劈叉、蝎子爬等，表演一些高难度动作，引得观众哈哈大笑。还有丑角扮演的大烟鬼，满脸漆黑，打哈欠，流鼻涕，手拿烟枪，走起路来是跟头绊子，惹得观众笑弯了腰，给民间社火活动增添了不少喜庆气氛。

百年传奇二道桥

二道桥市场，是近一个世纪以来，乌鲁木齐市商业发展的一个标志。自晚清末年，清政府给沙皇俄国商人在乌鲁木齐划定"贸易圈"开始，二道桥便形成非常有名的外贸市场，随着百年来的沧桑起伏，它见证了乌鲁木齐乃至新疆商贸发展的整个历程。2002年，市政府投资1.5亿元，改造了二道桥市场，新落成的二道桥市场建筑面积达到了3.5万平方米，仍经营民族特色用品，至今这里仍是乌鲁木齐的民族特色一条街。

二道桥的传说

清末年间，在迪化南关一带的乌鲁木齐河两岸便有了天津的杨柳青商人、陕西的千里货担郎、喀什的商贾、伊犁的老板在这里做生意。丝绸市场、地毯市场、棉花市场、羊毛市场、土特产市场在这里慢慢云集。大饭馆、小吃店、车马房、钱庄、乡会馆、照相馆、制衣铺、剃头坊、洗澡堂等各类辅助设施一应俱全。但是也因乌鲁木齐河岸缺少一座桥梁，两岸的商人、顾客来往二道桥都极为不便，要绕道西大桥，多走三四千米的路程，极其不方便。

光绪二十二年（1896），有一位叫李玉林的江苏籍木匠想在这里建造一座桥，以方便两岸人员的往来，立刻得到了各方人士的纷纷响应，各省的会馆也纷纷慷慨解囊，募捐支持，三天即募捐了3万多两白银。于是各省的会馆分工协作，出工的出工，买材料的买材料，运输的运输，负责后勤的负责管好民工的生活，如此便热火朝天地干起来了。当年的7月中旬，在现在的天池路和解放南路交会处，修建了一座新桥。新建的桥梁东面与新市巷交叉，西面和天池路相交，建在十字路口，呈南北走向。桥高六尺，宽一丈一尺八，跨度一丈五尺。这座桥成为连接乌鲁木齐南北的交通要道，因为当时乌鲁木齐南门外，已经有了一座木桥,故将此桥称作"二道桥"。

光绪七年(1881),中俄签订了《伊犁条约》,约定把新疆乌鲁木齐、奇台、哈密、吐鲁番划为俄商的贸易区。光绪二十一年(1895),清政府允许俄国驻吐鲁番领事馆搬迁至迪化。光绪二十二年(1896),清政府在乌鲁木齐给俄商划定了"贸易圈",北起二道桥,南到三屯碑,东抵延安路,西至新华路。俄商把布匹、砖茶、糖、棉线、石油、卷烟、火柴等货物运到"贸易圈"销售。同时,又把新疆的牲畜、羊毛、羊皮、羊肠、棉花、干货等商品出口到俄国和中亚,从中牟取巨额利润。

当时俄商在迪化的"贸易圈"内开设的洋行主要有天兴行、仁中信、吉利、德和、茂盛、吉祥涌、德盛、芝盛、大力九大商行,年进出口商品总值达4万卢布以上。俄商获利丰厚,英、德、美等国商人看到有利可图,也接踵而至,陆续开设了安利、顺发、壁利、华美等洋行。因此,"贸易圈"又称为"洋行街"。鼎盛时期,在1907年,这里的洋行已增至30余家,许多商行还在吐鲁番、奇台、塔城设有分店,不少经营者都成了暴发户。这也让毗邻的二道桥市场一带逐渐形成了著名的"外货市场"。

新疆和平解放以后,政府开始规划二道桥一带市场。1958年开办了二道桥百货商店,专门经营少数民族的特需商品,如百货、食品、五金交电、服装鞋帽、照相器材、钟表等7200余种商品。后来,在此基础上,又建成了大型综合商场——乌鲁木齐民族用品商场,建有三层营业大楼,总面积达到3000多平方米。

1982年,二道桥地区又建成东西长550米,建筑面积达7656平方米的二道桥市场,市场内有660多户经营者,销售12大类1600多种民族特色商品。其中,这里的商户有80%是世居的商户。这里也成了新疆最大的民族特色用品专业批发零售市场,逐步代替了过去的路边交易,每天这里的游客多达两万余人。新疆地产如和阗地毯、维吾尔族的花帽、英吉沙小刀、艾德莱丝绸等特色商品早就从这里走向了世界。

当时在修建二道桥市场时,在一家商店内出土了369千克古铜币,约7万枚,还有西汉的五铢钱,王莽新朝的十泉钱,唐代的开源通宝,宋代的交子钱、会子钱、关子钱，元代的贯钱、铜跨钱，明代崇祯年间的通宝钱等。其中最早的是西汉时期的五铢钱，最晚的是清代咸丰年间的铜钱，时间跨度达1800多年。这批古钱币的出土，证明了迪化与内地千百年来的生生不息的贸易往来。

二道桥的魅力

清末宣统年间，二道桥附近就已经形成了乌鲁木齐第二大商业中心。二道桥一带的小店铺是一家挨着一家，中外游客云集，当然尤以维吾尔族为多，也有汉族和回族。市场内有喀什的土布、和田的丝绸、库车的土制肥皂、焉耆的蘑菇等新疆地产特色商品，以及俄罗斯的盖子布、巴基斯坦的铜器、土耳其的首饰等异国商品，琳琅满目。当时，天山南北乃至新疆周边一些国家的居民都把能逛一次二道桥当成人生中一件很荣耀的事情。

辛亥革命后，随着俄商洋行的步入衰落，本地商贾心怀家族兴旺的梦想，从四面八方涌入二道桥。20世纪20年代，这里逐步形成了经销当地土特产、内地的日用百货以及洋货的贸易市场，各种小吃店、榨油坊、铁匠铺、杂货店、点心铺、干鲜果品店等店铺布满了街道，这里逐渐成了乌鲁木齐的第二大商业中心。

当时，远近闻名的民族用品的店铺有小肉孜的百货店、吾守尔的杂货店、阿比孜毛拉的民族饭店、伊布拉音的民族用品店、马生连的醋酱房、郭老三的淀粉房、佘文炳的清真点心铺等，以及汉族商人经营的潘建亨的百货店，詹鸿鸣的绸缎布匹店、张独鹤的帽子店、直新公司、德生堂中药铺等有名的店铺都集中分布在这里。

张独鹤的帽子店，20世纪40年代开业，是新疆伊犁汉族师傅张独鹤针对民族兄弟的喜好开设的一家帽子店。当时，乌鲁木齐的维吾尔族居民都喜欢戴一种平顶、扁圆、小帽扇的帽子。因其形状像维吾尔族的传统劳动工具坎土曼而得名"坎土曼帽"。因张师傅年轻时跟维吾尔族制作师傅学过制帽手艺，他做的坎土曼帽精致地道，颇受少数民族顾客的喜爱。

直新公司，在20世纪初开业，由天津杨柳青人安辅臣、赵润田创办，坐落在二道桥一带。专门做收购、加工土特产品生意。公司先把收购的棉花、皮毛、肠衣等加工后，再运往天津、伊犁等地出口，与苏联一些加盟共和国进行换货贸易，又把换回来的布匹、汽车零件、火炉、铁锅、农具、石油等运回新疆销售。30年代初，直新公司又购置了数辆苏联汽车，往来于新疆与苏联的口岸之间运送货物。因经常拉运羊毛，所以这个车队又被人们称为"羊毛车队"。

二道桥市场有古朴的和田地毯、绚丽的艾德莱斯丝绸、精巧的民族乐器、久负盛名的天山雪莲、润如凝脂的和田玉、清新淡雅的薰衣草精油、隽美的土耳其挂毯、形态各异的巴基斯坦铜制工艺品、奇妙的俄罗斯套娃等商品琳琅满目，伴随着动感十足的少数民族音乐，以及新疆特色的吟唱，常常使驻足这里的中外游客流连忘返……

20世纪90年代以来，作为新疆最早的商贸城中的一个，小商小贩普遍占道经营，交通拥堵，市民们怨声载道。1999年，乌鲁木齐市政府再次对二道桥市场进行了改造。2002年，长135米、宽40米，总建筑面积达3.5万平方米的二道桥市场建成。新的二道桥市场高达六层，一个现代化的商贸中心矗立在世人面前。

商帮·会馆·商会

商帮

清光绪年间，随着津商在迪化的成功经营，山西、陕西、甘肃、湖南、湖北等省的商人也在迪化开设起一系列商店，从而形成了又一批新的商业。在这个时期，针对当时迪化社会各阶层、各民族的需要，各大商帮、商号的经营范围涉猎很广，尤其是百货业、食品业、蔬菜业、中药业以及娱乐业均得到了长足发展，与津帮共同促进了近代乌鲁木齐商业的百年繁荣。

山西商人时称晋帮，是最早来新疆的内地商人，在迪化主要经营金融业，著名的商铺有蔚丰厚、天成亨、协同庆3家票庄。此外，还有永盛生、日星功等较大的商号，以及饮食行业中著名的三成园。在经营中，晋商比较墨守成规，不善于随机应变，也不重视门面装饰，外观也不如津帮商号那样华丽。尽管在如今乌鲁木齐的大街上，已经看不到晋商的老字号了，但在乌鲁木齐的商业史册上也无法抹去晋商这浓重一笔的。

陕西商人时称陕西帮，在迪化以凝德堂和元泰堂两家国药店最为著名，其中凝德堂开业最早，声望也最大。如今，百年老店凝德堂依然坐落在大十字街上，为顺应时势老店已改为中西药兼营，还有坐堂医生。每当推开店门，一股中草药味就会扑面而来，在那一墙药匣子的一开一合中，配药师熟练地抓出一味味药材，然后称量、分类、复核、包装，其中最引人注目的是店内挂着的两块匾额，横为"凝德堂"，竖为"童叟无欺"，透着与众不同的雅味。

湖南商人时称湘帮，以乾益升茶为首，其次是升恒茂茶庄。乌鲁木齐的老人几乎都去过湘商的茶庄小憩。

四川和河北来乌鲁木齐的，多为挑担商贩，每年往返一次，其货物多系零星日用品。川帮中坐商以经营酒馆业的鸿升园（即后来的鸿春园）为主，川、鄂商人还有经营手工业和兼营门面的一些字号。

在乌鲁木齐近百年的商业活动与发展中,《中国经营西域史》记载:"津商根基最厚,手段最灵,商品最富,营业最盛,势力遍及南北二路。"上述商帮与津帮等商业人士均是以经营绸缎、茶叶、糖果、糕点、钱庄、国药、饮食和日用百货为主,在近代迪化金融机构异常薄弱,在本国银行资金周转不灵的前提下,内受新疆统治者的摆布,外与享有"贸易圈"特权的外商进行竞争,他们苦心经营,独树一帜,为乌鲁木齐近代商业的发展和繁荣作出了很大贡献。

会馆

乌鲁木齐作为新疆的政治、经济和文化中心,各省进驻会馆的时间相对较晚,却也带有深厚的多民族文化的烙印。

乌鲁木齐的会馆兴盛于近代,主要是由当时的内地商帮在迪化求生存、图发展、互帮共济建立起来的社会组织。与内地会馆相比,尽管乌鲁木齐的会馆成立较晚,但参与和涉及政治的层面,以及发挥的社会作用和历史影响远远超过了国内其他地区。首先,乌鲁木齐会馆产生的基础不同,是商民按照籍贯来分类,用乡土情谊来填补离乡别土、失去亲友的精神寄托,是一种乡土观念维系共同命运的群体最坚实的纽带。其次,作为民间组织,会馆为民众做了大量有益的事务,发挥了多种社会职能作用,用来解决同乡之间各类矛盾纠纷,伸张正义,主持红白喜事,营造商帮声势,满足乡民的需求。这便是会馆历经百年和不同时代仍具有生命力的原因。最后,会馆也是最能传承商业文化的一角,当时的会馆是特定乡派开展文化娱乐活动和文艺表演的场所,一般来讲,这些活动面向的社会民众不受乡籍限制,所有老百姓都可以观看、赏玩,这也为弘扬商帮理念、传承商

晚清末期的乌鲁木齐四川会馆
莫里循,摄于1910年

业文化、积淀城市文明奠定了基础。

据《乌鲁木齐掌故》载，会馆在乌鲁木齐的兴起已有100多年的历史。早年间，各省在乌鲁木齐的会馆曾活跃一时，很有影响。如东风路天山大厦对面原来的军人服务社一带的两湖会馆、民主路附近的川云贵会馆，现在新中国成立后建立的江浙会馆、中山路附近的陕西会馆，中山路西端路北山西庙巷内的山西会馆，北门医院对面的甘肃会馆，人民广场西侧的中州会馆，还有文化路东五道巷内河北省和天津市的公所和山东公所等小会馆。其中，最著名的会馆有两湖会馆、陕西会馆、山西会馆、甘肃会馆、云贵川会馆和江浙会馆六大会馆。

两湖会馆。左宗棠收复新疆后，战争结束，部分湘军官兵没有回家乡，而在这里安家落户，成为乌鲁木齐居民，会馆成为联络友谊、稳定人心的场所。两湖商会在现在的人民广场天山大厦附近，建立起两湖会馆（此地原地名为荷花池街），还建立了王爷庙，供奉的是禹王，每年夏季到了禹王的诞辰日（农历六月六日），全城所有的两湖籍乡民都云集在会馆里，聚餐、酬神、看戏互诉乡情，盛会一直持续半个月，是当时祭祀活动中最盛大，演出时间最长的会馆。两湖会馆内悬挂着一副楹联：

东风舒杨柳千条，春色入边城，望气遥连函谷紫；南干是昆仑一脉，乡情联新宴，开门如见楚山青。横匾：惟楚有材。

两湖会馆建筑宏伟，塔称当时全疆会馆之翘楚。馆址土地开阔，由大小三个跨院组成，外观像一座华丽的庙宇，并建有花园，种植的草木很繁茂，参天的古树成林，景色很美，走进来经常会让宾客流连忘返，赞不绝口。

两湖会馆的正殿前面建有一座高大的戏台，从三个跨院都可以环视戏台，设有前台、后庭两个演戏厅，前台主要供前来祭拜的乡民观赏，后庭则专用于接待官宦巨贾畅叙乡情。这里上演的主要是汉剧，往往余音绕梁、韵味十足，深受人们喜爱。正殿两侧建有配殿，与正殿一样也是雕梁画栋，飞檐斗拱，很有气魄。

后来，两湖会馆又分成了湖南、湖北两个会馆，在规模上比原先的两湖会馆还要雄伟、宽敞、富丽堂皇。当时的湖南会馆又称为定湘王庙，湖北会馆则称为盂兰公所。

光绪十三年（1887），又在两湖会馆的旁边建设了左公祠，祠堂大门上方写着"左文襄公祠"的牌匾，正中悬挂着左宗棠的画像，祠堂前面两侧各陈列石鼓一座，庭内分建了前后两个院，由戏楼、厢房组成。每年春节和清明节前后，新疆官吏都会前来祭祀，老百姓尤其是天津杨柳青商人都会前来焚香叩拜，以感谢左公帮助他们远赴边疆、发财致富的恩德。祠堂门楣上有新疆首任巡抚刘锦棠亲笔手书的横批"功宗久祀"，两侧楹联有：

开荒肥莽榛，公规厥始，我竟厥成，百度秉遗模，抚今兹疆土人民，犹想见元戎经略；

大名垂宇宙，乐蘘非荣，圭裳非贵，九边崇祀事，愿终吉日月河岳，长护持丞相祠堂。

山西会馆。占地面积广阔，原址在现在的大西门外联妇联幼儿园一带，也修建了宏伟气魄的庙宇，供奉的是武圣关帝君，俗称关帝庙，每年的农历五月十三过会，酬神、演戏三天。当时会馆周围都是菜园子，大部分属于会馆的田产。这样一来，愈发显得壮观。会馆周围古树参天。山西会馆的楹联是：

设馆以叙乡情，芳草天涯，不越归心之念；
集会如回故里，桃源塞上，同联聚首之欢。

关帝庙的楹联是：

史家拟议日矜误矣，视孙曹诸人，原如无物；
后世称尊以帝敢乎，论春秋大义，还是称臣。

这些楹联写出了山西乡民对故乡的思念情怀，也道出了对政治的疏离。山西商人从绥远、包头长途贩运，来到新疆，他们人多势大，但他们的目的地并不在乌鲁木齐，而是在一直垄断着北疆贸易的枢纽古城奇台。据说位居古城奇台的山西会馆的规模比乌鲁木齐的还要大，金碧辉煌，楼约三层楼高，登楼远眺，整个奇台可以尽收眼底。晋商的资金实力由此可见一斑。

陕西会馆与原晋陕会馆在同一地点。民国六年（1917），晋陕两帮分离，由陕西富商在如今的中山东路另建了一座陕西会馆。供奉的是周朝文王、武王和周公，庙产丰厚，每年的农历二月初二开展酬神、演戏、会餐活动，主要演出的是秦腔，大多在每年的春节时表演，还会表演欢快的社火等文化娱乐活动，深受百姓喜爱。

甘肃会馆又称陇右会馆，原址在现在北门儿童医院一侧的健康路北边，供奉的是伏羲氏。清末民国时期，甘肃籍的军政要员和实力派人物很多，在乌鲁木齐势力很大。因为他们拥有强有力的政治支持和广泛的社会群众基础，所以甘肃会馆的经济实力也非常雄厚，当时会馆巷的所有房产都归会馆所有。每年的农历九月初九，甘肃会馆便开办庙会，酬神、演戏，让乡民在会馆欢聚一堂。甘肃会馆举办庙会时还有一个特色，就是把会馆馆藏的名家字画拿出来展出，以吸引更多的字画爱好者前来临摹观赏。甘肃会馆的楹联是：

会开西域，家国谧安，群策群力兴骏业；
馆设北庭，华夷共处，同心同德展鸿猷。

金树仁执政时期，曾想把甘肃会馆改为甘新会馆，以笼络当地乡民，表示甘肃、新疆是一家，以扩大自己的统治基础。但终因甘肃商人的势力太大而没有改成。后来甘肃商人在奇台县直隶会馆的东侧另外又修建了一座甘新会馆，可见甘肃人在新疆的势力一度可谓是如日中天。

云贵川会馆又称四川会馆。其原址在今天的乌鲁木齐市民主路一带，供奉的是文昌帝君，庭内搭建有高高的戏台，也有各种的演出设备，并建有左右厢厅、看台等设施。观众在看台上可以看到演出的全景。包尔汉在《新疆五十年》一书中说，四川人在阿勒泰地区的势力很大，那里的四川会馆建设得很富丽堂皇。并有戏台，一点不比乌鲁木齐云贵川会馆差。四川会馆的楹联是：

休言冷月关山，羌笛一声，此曲只应天上有；
话到锦城丝管，江风半入，何人不起故国情。

江浙会馆也称作三江（江苏、江西、浙江）会馆。其原址在原高级法院后面的后勤三八缝纫厂附近，供奉的是春秋越王勾践，建有戏台。浙江会馆的规模比其他省会馆的规模都要小一些，每年的祭祀活动也只是在节日时才举办。喜欢看戏的百姓也是逢场必到，自然看戏的人也不会少。江浙会馆的楹联是：

众志同心，惠畴熙庶绩；
群英胜日，塞国话乡情。

江浙会馆的戏台楹联是：

听西部笙歌，岂犹是胡笳羌笛；
看中华人物，莫漫夸班笔张槎。

除此之外，在近代的乌鲁木齐，还有不少规模相对较小的会馆，因为在乌鲁木齐的乡民数量较少，也或者在政、商界的势力太少、太弱等因素，自然没有上面的六大会馆规模大，而且留下的资料也相对较少，如中州会馆、天津公所、河北公所、山东公所等小会馆。但其中比较大的如中州会馆，也称河南会馆，原址在今天的文艺路大兴巷内，供奉的是宋代岳武穆，虽然规模不是很大，但是会馆建筑却很精巧，规划整齐，也让人赏心悦目。另还有乾州会馆，原址在现在的乌鲁木齐市委家属院，后改为了参议会会址等。这些会馆也都为乌鲁木齐的经济和文化发展作出了或多或少的贡献。

商会

19世纪下半叶，面临严重的国家危机，清政府推出了一系列鼓励发展商业、奖励事业的政策，颁布了《振兴工艺给奖章程》等条例。当时，迪化的商业往来，大多由俄、德等国的洋行所控制。这些外国洋行不但在贸易圈大量倾销本国商品，而且还廉价收购本地的土特产。他们在贸易圈内不受清政府的法律约束，享受不纳税的政策，从中获利丰厚，本地商人怨声载道。每年，官府所需要的协饷在押运途中也总会出现一些问题，不能按时送到，官府不得不向商民"借贷"周转。为将本地商人组织起来，做好时局所需要资金筹措事宜，同时借机抗衡洋行势力，1911年4月，根据新疆政府当局的号召，迪化政府成立了商业民间组织，即迪化总商会，推荐津帮八大家之一的裕永德百货商店经理杨绍周任第一届会长。从此，社会层面零散的商民组成了团体组织，增强了工商领域各行业之间的相互竞争和联系，维护了本地商民的利益，对发展本地经济、抑制洋行起到了一定的作用。如今看来，当时的迪化总商会就是政府挤兑外国商人、借商团力量打击洋行的一个御用组织，但这也为后期工商业联合会的建立发展奠定了基础。自此以后，迪化总商会经历了多次改名，主要是抗战时期改为工商会，抗战胜利后改为市商会，新中国成立后又改为工商联合会并沿用至今。

迪化总商会成立之初，任务异常复杂，不但充当各种合同的见证人，审理会员之间的民事案件、摊派税款问题，还要承担拆股、清账等纠纷处理，救济金的发放，照顾已故会员的幼年遗孤等工作。同时，因为正值辛亥革命的风暴席卷天山南北，迪化绝大多数工商界人士非但不惧怕当局的保皇派势力，而且对共和革命的态度非常坚决。有的对筹措商团武装和保护城市商民做出部署，甚至参与掩护革命党人的活动。例如迪化南关福寿巷的水磨大院就是刘先俊领导革命党进行武装斗争的大本营，有的商人不惜生命财产，积极支持革命队伍，有的积极投身革命阵营。刘先俊在发动"12·28"武装起义前几天，亲自前往奇台，在奇台、迪化筹资5000多两纹银，其中主要是工商界人士的自动捐款。不幸的是，起义失败，南关的裕丰泰水磨经理赵耀南、中药房经理陈德辰等人，最后以"与孙文有勾结"惨遭杀害，并被没收个人全部财产。

迪化总商会还对扶持地方工业发展、打击外国势力起到了积极作用。民国初年，关内各省民族工业蒸蒸日上，对边城商民产生强烈影响。民国四年（1915），总商会从天津聘请来了炼油技师，提高了炼油质量，使迪化石油公司也生产出了市民照明的煤油。再如，当时迪化水磨沟面粉供不应求，为解决市民的面粉需求，民国六年（1917），商会理事回民马正元在总商会的帮助下，花费一万两纹银从俄国购进了一台磨面机，日产面粉2500千克，从而缓解了全城面粉供应紧张的局面。民国十二年（1923），由商会会长杨绍周、苗沛然筹资白银2万两，从天津购进一套蒸汽纺织机设备，成立阜民纺织公司，使迪化有了地方机织布生产厂家。民国十四年（1925），外国基督教会在迪化兼营西药，对当地各族群众进行敲诈勒索，总商会为抗衡洋医，先从北平请来马体仁医师，开设了迪化西医诊所，因药源不济而倒闭后，在全市工商界人士的大力支持下，总商会会长刘云卿又开设了一家民生药房，以最低价收费，为患者诊病售药，遇到困难的患者还免收或少收费用，体现了工商界爱民的热忱。

此外，迪化总商会还大力支持地方建设，举办社会公益事业。如周济孤寡老人、掩埋无主尸体、施粥济贫等活动。民国二十一年至二十二年（1932—1933），由于马仲英、金树仁争夺新疆执政权，战火纷飞，百姓流离失所，总商会与有关社会团体组成慈善救济会，用于赈济南北疆难民。这一时期，仅迪化就开设了四处粥厂，每天救济1400多人用餐。

民国二十六年（1937），全民抗战开始，盛世才与中国共产党建立抗日民族统一战线后，一批中共干部从延安来到新疆工作。毛泽民任财政厅副厅长、代理厅长职务，他将迪化总商会与工会合并，改为迪化工商会，还成立了分会组织，广泛动员工商界人士踊跃筹金抗战。有的商号自动义卖三天，所得收入全部捐献。1937年至1940年5月，迪化工商界共为抗战捐献银币72万元，约占新疆全省捐款数量的三分之一。

1949年8月，迪化工商界掀起了拒用金圆券运动，并以市商会名义，在大十字、南门市场附近张贴布告："自今日起，金圆券不得在本市流通，倘若使用，咎由自取……"

不久，兰州解放。部队乘胜西进，驻迪化少数军政人员抛售囤积的货物，大量套取黄金。这时，地下党组织——战斗社及时发出了油印的《告工商界同胞书》，号召全市工商界人士提高警惕，严防受骗上当，做好准备，用实际行动迎接解放。

1949年9月，迪化驻军起义与反起义斗争呈白热化，顽固派也感到大势已去，决定交出兵权离开迪化。当时包尔汉主席的侍从室主任聂力夫、省府委员白文昱、刘永祥等亲自去市商会协调，以新疆各族各界的名义，由市商会给出走的顽固派制作金质纪念章，让他们体面地离开。并成立了工商界迎接新疆解放筹备组，主要由马鹤年、潘九锡等11人组成，具体负责迎接新疆解放的相关事宜。

1955年9月，乌鲁木齐迎接解放军筹备组改为慰问团，卜松龄作为工商界的代表，随同新疆迎接解放代表团奔赴哈密，迎接中国人民解放军第一兵团第二军入疆先头部队。当时在全市工商界的大力支持下，3天内共征集肥皂、毛巾、糕点、罐头等慰问品20余箱，约三卡车，活羊6000只、生猪3000头、面粉5000千克。由此可见，迪化总商会在各个历史时期都对乌鲁木齐的经济社会发展作出了大量贡献，更为新疆的和平解放事业作出了巨大贡献。

THE
BIOGRAPHY
of
URUMQI

乌鲁木齐传

百年传承、百年梦想

第九章

为构建人类命运共同体，实现中华民族伟大复兴的强国梦，新疆上上下下，乃至乌鲁木齐市的一届又一届政府进行细心谋划，未雨绸缪，将乌鲁木齐市建成名副其实的东联互通、进出中亚、连接欧洲、向西开放的重要桥梁和门户。

　　随着乌鲁木齐市欧洲班列、中巴班列的一个个开通，乌鲁木齐市这个丝绸之路经济带核心区、亚洲腹地中的城市也又一次吹响了振兴丝绸之路宏伟梦想的嘹亮号角：进军中亚、走向欧洲，奔向那辽阔、壮丽的蔚蓝色海洋！

边城话"园"

作为乌鲁木齐市的重要组成部分,"红山公园""人民公园""明园"是乌鲁木齐市园林中最具代表性的三张名片。红山作为乌鲁木齐市的象征,从早先的寺庙满布到如今的绿水青山,其间走过了太多太多的曲折。人民公园则从新疆建省首任巡抚刘锦棠开始,便开始悉心筹划,及至新中国成立之后,展现出她俏丽的面容。明园则是另一种严格意义上的私家园林。她的历史悲欢命运,同样令人唏嘘,令人感叹!

红山公园

红山位于乌鲁木齐市的市中心,因山体系紫色沙砾岩石构成,呈赭红色,故名"红山"。红山海拔910.6米,山体巍峨,美丽无比。因其山势险峻,又被人称为"神山"。据地质考证,红山是距今约8000万年前与天山一同崛起。山上发现有珍奇的化石资源,曾发现有距今2.7亿年前的古鳕鱼化石等。

红山公园的面积约870亩,园内有"塔映斜阳"等景点。红山嘴断崖之下的乌鲁木齐河,曾在乾隆五十年(1785)和乾隆五十一年(1786)间连续两年发生洪水灾害,附近居民损失惨重,一时谣言四起,说红山和对面山上的雅玛里克山正在相互靠拢,一旦两山衔接,滚滚北去的乌鲁木齐河水便会被阻塞,乌鲁木齐也会成为汪洋大海。于是,清乾隆五十三年(1788),乌鲁木齐都统尚安在红山和雅玛里克山的顶端各建起了一座高约10.5米的青砖实心塔,谓之"镇龙宝塔"。

红山塔原来是一座青灰色的楼阁式实心砖塔,共九层,平面为六角,由塔基、塔身、塔刹三部分组成。整个塔高10.5米,塔基高1米,塔基与雅玛里克山的砖塔遥相呼应,塔高10.6米,青砖实心六面九级。由于有着古老的

夜幕中的红山公园　刘小瑞摄

传说，故引得众多游人前来观赏。公园为红山还专门铺修了16台56级踏步。

砖塔建筑结构严谨，造型美观，建造得相当坚固。200多年来，历经塞外风雪的多年侵蚀和多次强烈地震的摇撼，始终岿然不动，完好无损，屹立在红山之上。每当夕阳西照，虎头峰断崖红光熠熠，整个峰峦红光四射，宛如神话中的宝光出现。清代诗人宋伯鲁有诗曰："流水马声双槛外，夕阳塔影两山尖。"

有关乌鲁木齐红山的传说，有三个版本：一是传说远古时代，乌鲁木齐是一片汪洋大海，从天池飞来两条恶龙兴风作浪，海水消退后，两条龙就化作红山和妖魔山（雅玛里克山）。当时乌鲁木齐都统尚安奏准修建此塔，在两座山上各修了一座"镇妖塔"，期望镇山、镇水，保城安民；二是传说18世纪的红山脚下，乌鲁木齐河连年发生水灾，百姓认为是瑶池飞来的两条恶龙变成红山和妖魔山在作怪，便在这两个山头上各修了一座宝塔来震慑恶龙；三是传说在周朝时，西天王母娘娘在瑶池举办蟠桃会，会上西王母娘娘乘由清烈、赤鳞两条龙所驾的云香宝与周穆王天子驾驭的由神骑、宝驹所驾的青铜车比赛。后西王母娘娘听了大怒，将两条龙贬入瑶池湖底，经过千锤百炼，两条龙化作今天的红山、妖魔山。乾隆五十三年（1788），天逢大旱，两条龙企图游到一起，阻断乌鲁木齐河，当时的乌鲁木齐都统尚安得知消息后，请道士在两座山上修建了镇妖塔。尽管这些都只是传说，但从空中鸟瞰，红山和雅玛里克山确实是一个断开的整体，因为地层断裂，才将整个山体分割成两座昂首相望的山峰。

从红山上顶沿山势向东眺望，确实有一条石头山是从博格达蜿蜒西下，一直延伸到乌鲁木齐河边，山脉突断，山头矗起，恰似巨龙昂首。所以红山也一直作为遥祭博格达山的地点，一直是乌鲁木齐的城市标志和象征。

红山曾是一座荒山，1958年起，乌鲁木齐市的军民凿石换土，修渠引水，植树造林，架桥铺路，建造园林景观。年复一年，终于将红山装点成了一座美丽的公园。

红山也与平顶山一样，都有着一个虎头峰。这里也曾是乌鲁木齐市一个重要的宗教场所。原来红山上的庙宇建于清乾隆四十四年（1759）前后，清嘉庆元年（1796）后，红山脚下陆续修建了大佛寺、北斗宫、地藏庙、三黄庙、海神庙、火神庙等众多庙宇。

1933年，盛世才曾听说金树仁在玉皇庙内题诗咒骂他，便将玉皇庙一把火烧掉了。为掩饰其火烧庙宇的恶行，盛借口"破除迷信"，在1942年又将红山脚下的大佛寺、北斗宫等所有庙宇予以拆除。1949年，盛极一时的红山圣地，仅剩下一个古塔、秃岭和一个即将倾倒的寺门。新中国成立后，市政府才决定恢复红山名胜。1959年，在玉皇庙遗址上修建了瞭望亭。1990年4月，开始在红山上重修了庙宇，更名为大佛寺，重修的大佛寺由山门、大雄宝殿、藏经阁（包括千手观音殿上下两层）、厢房组成，神像有释迦牟尼、弥勒佛、观世音、地藏王、四大金刚、十八罗汉等。

远眺楼位于红山的最高处，系仿清古建筑，从山下到远眺楼，铺设有325级台阶，楼高三层，高21.95米，1.38米的长廊环绕周围，廊内珍藏有乌鲁木齐市城市建设图片159幅和新中国成立前的市容图片14幅。两座新、旧沙盘分别陈列在三楼和二楼。整个建筑占地531.32平方米。登楼远眺鸟瞰，乌鲁木齐市全境可以尽收眼底。

人民公园

位于乌鲁木齐西大桥河滩路一侧的"西公园"，也叫"人民公园"，起建于乾隆二十年（1755）。新疆建省前后，刘锦棠扩建迪化新城时，对原名"海子"的"西公园"进行了清理，整修了堤岸，由此将"海子"改名为"鉴湖"，又叫"关湖"。鉴湖原系乌鲁木齐河潴成的湖沼，四周芦苇丛生，绿树环绕，后在湖的南岸建造了一个两层小楼，即湖心亭。光绪四年（1878），左宗棠收复除伊犁之外的新疆全省后，新疆建立了行省，将省府定在了迪化。首任巡抚刘锦棠将"关湖"四面取直，使"关湖"清澈若镜，且取庄子"鉴于止水"和朱熹的《观书有感》中的"半亩方塘一鉴开"的句子，改"关湖"为"鉴湖"。

在杨增新主政新疆时期，1921年，李溶卸任吐鲁番知事不久，省议会议长安允升因病去世，杨增新便安排李溶接任了新疆省议会议长一职。李溶接替议长一职后，全力配合杨增新的工作。当时，杨增新发展生产与民生，受到社会拥戴。为此，省议会建议在迪化西郊鉴湖以南，修建一个杨公生祠以示纪念。建议一出，应者云集，反响强烈。李溶在征求杨增新的意见时，杨增新说：鉴湖周围杂树成林，芳草鲜美，湖东有华丽的龙王庙，庙会时车水马龙，建一个人民休憩的场所是可以的，但要建杨某生祠万万不可。于是，公园修建一事便由李溶负总责。又请了迪化商界巨头杨绍周、苗沛然来襄助。此后，他们在鉴湖南岸仿照北京太和殿的形式建了一座丹凤朝阳阁，阁前塑杨增新铜像一座。

此外，李溶等又在其他地方建了醉霞亭、晓春亭以及水榭等园林建筑，又辟有花圃、砌围墙、园门，以前的湖心亭（也叫鉴湖亭）也修葺一新，俨然是一座精致的园林。

因为杨增新反对修建他的生祠，可以建公园，但李溶原想给杨增新在新疆的政绩留下一个纪念，所以希望公园的名字命名为"杨公园"，将鉴湖改名为"滇池"，不料杨增新毅然反对。杨增新不愿人们给自己歌功颂德，最后给

丹凤朝阳阁　何忠摄

公园起名叫"同乐公园",人们也都附和说好。园名由李溶书写,古朴妍美。

如今这座人民公园是一个以文化、娱乐、休闲、历史古迹于一体的综合性文化娱乐休闲公园。公园占地面积为450亩,南北长约1万米,东西平均250米,呈长方形。园内绿地面积为24万平方米,湖水面积1.8万平方米。

这座"同乐公园",就是今天的"西公园",也叫"人民公园"。人民公园正门前就是乌鲁木齐连接以前迪化新城和巩宁城的重要桥梁"涵丛渡",也就是今天西大桥的所在地。西大桥连接着乌鲁木齐今天的天山区和沙依巴克区。

从西大桥边上的人民公园正门进去,右手边上增建有一座园中园"阅微草堂纪念馆",里面还立有一座纪晓岚的雕像。历史记载纪晓岚流放乌鲁木齐期间是在九家湾一带,即今天的红庙子道观内。因为纪晓岚号观弈道人,既然是道士,住在道观里也是理所当然。但当时九家湾还比较荒凉,纪晓岚承担着给乌鲁木齐都统衙门起草文牍的职责,也不可能一直居住得那么远,在道观自然是留有一个房间,两边跑的可能性还是存在的。

如今的这座岚园，在总体阅微草堂的基础上，总体建筑风格仿清式北方庄重雄伟与江南园林式巧宜灵雅的特点，融南北风格于一体。总体结构分为功能不同的三个小院，严正、灵活、错落，小院规整，廊式多样，从屋顶形式和组合来看，不拘一格。其分别采取了：硬山、悬山、歇山、八角攒尖、四角攒尖等式样，而歇山中则有"重檐歇山"，悬山和硬山中则有"勾连搭"的做法。从建筑空间布局上，各单体建筑在平面上延展，通过彼此围合，形成不同功能与院落空间、大小、形状各异，随着地势的高低起伏，不同院落形式错落有致的空间格局。

翠馆鸣禽，又称"湖心亭"，鉴湖也叫西湖。1898年，户部左侍郎张荫桓因参与戊戌变法而被流放乌鲁木齐。次年，张荫桓捐资修建了鉴湖小楼，起名叫"鉴湖亭"。每年农历的六月初六逢庙会，这里游人如织，熙熙攘攘，很是热闹。

1912年3月15日，中央临时政府电令新疆巡抚改为都督。5月18日，袁世凯任命杨增新为新疆都督。杨增新上台后，便将鉴湖辟为正式的公共游览场所。新中国成立后，鉴湖经过维修，显得格外秀丽，湖水照人，配有拱桥、长木桥，盛夏皓月当空，清幽幽的湖面，令人心旷神怡，流连忘返。

在今天人民公园内新修缮的朝阳阁前的广场前，还立有一尊高大的大诗人李白雕像。人民公园右边一侧的是乌鲁木齐公园南北街，马路对面便是新疆日报社大院，最早是阜民纺织厂的所在地。

如今将近一百年过去了，民国时期李溶倡议修建的这座"同乐园"，仍是地处乌鲁木齐市中心，边城人们修身、养性、游玩的好去处。

明园

据史料记载，距今222年的明园，清嘉庆七年（1802）建造，是乌鲁木齐最早的一个私家花园。明园位于乌鲁木齐市友好北路原新疆石油局的大院内。

盛夏走进这个大院，草木葱郁，叶草繁茂。亭台、楼榭间掩映着一组组苏式老建筑，二至三层高，杏黄色的外墙，石膏花纹，人字形屋顶，拱形的气窗，直达屋顶的铁皮漏水管。雕饰精美，屋顶呈现凌空之势，骨架坚实稳重，但纹理之间，掩饰不住岁月留下的痕迹。这个院内住着的大多是新疆石油地质行业的前辈。

老人们回忆说，这里过去曾是盛世才的岳父邱宗浚的私人花园，现在的43号楼下就曾是邱家的地窖，楼南是当年的喷泉。院内原来有一座坟包，据说是盛世才岳母的坟茔。

这座园林最早是嘉庆七年（1802），乌鲁木齐都统明亮所建。当时建有一些亭台、楼榭，广植花木，取名"明慧园"。

明亮（1735—1822）字寅斋，富察氏，满洲镶黄旗人。父亲广成，官至都统。姑母是乾隆皇帝的第一位孝贤皇后。乾隆三十年（1765）明亮在銮仪卫任上授伊犁领队大臣之职而赴新疆。次年回京后，明亮历任吉林、宁古塔副都统。征缅甸立功，封一等襄勇伯。平定金川后，授首任成都将军，后改任四川提督。乾隆四十六年（1781）参与镇压甘肃撒拉族起义，后被授第三任乌鲁木齐都统。

乾隆四十八年（1783），在清统一新疆后，乌鲁木齐一年一度的四月十五日在红山山顶遥祭博格达山神的祀典上。明亮曾登临天池，写下了"神池浩淼，如天镜浮空"。天池的命名便来自明亮。随后，代理了伊犁将军一职。

乾隆四十八年（1783）八月，明亮被缉拿解赴进京，追究其天池引水之罪。清廷认为实与屯田无益，即令停止开挖，所用银两皆由明亮赔缴。

乾隆四十九年（1784）明亮获释，以蓝翎侍卫跟随大学士阿桂镇压固原回民起义后，授头等侍卫。后历任乌什、喀什噶尔参赞大臣兼刑部尚书，乾隆五十七年（1792）后出任黑龙江将军。乾隆五十九年（1794）底调任伊犁将军。乾隆六十年（1795）秋，黑龙江将军衙门总管舍尔图派遣家人赴京控告将军舒亮、副都统安庆贱价强行向属下购买貂皮。明亮亦受到牵连，被乾隆下令：杖一百，徒三年，从重发往乌鲁木齐效力赎罪。

明亮被流放不到一年，于嘉庆元年（1796）再次被起用，参与镇压湖南苗农民族起义。嘉庆六年（1801）入觐授二等侍卫，次年秋再赴乌鲁木齐任乌鲁木齐都统一职。这是明亮继乾隆四十六年至四十八年（1781—1783）任乌鲁木齐都统19年之后再次赴任乌鲁木齐都统一职。

明亮这一次的任职历经两年,他在乌鲁木齐红山的西北面修建了一座公园,即明园。明亮英勇善战,嘉庆九年(1804)任兵部尚书,嘉庆十五年(1810)授协办大学士。次年因隐瞒家中仆人聚众赌博降为西安将军,后复官至兵部尚书、协办大学生。嘉庆二十二年(1817)晋升为武英殿大学士,道光二年(1822)去世,享年87岁。

后来,明慧园逐渐荒废下来。20世纪初,这里又成为石家园子的一片桃园。园中,春天桃花盛开,芳香满园;夏季枝繁叶茂,硕果累累。

盛世才主政新疆后,1941年,其岳父邱宗浚从伊犁调至乌鲁木齐,遂将此园霸占。《乌鲁木齐文史资料》第八辑披露,邱宗浚将"明慧园"改名为"明园"。他在里面修建了几栋苏式建筑平房,正中间修建了邱氏宗祠。他命人砍掉大批桃树,改种白杨。此园成了他的私家别墅。

1944年9月,盛世才调任重庆后,邱宗浚也将在新疆搜刮的大量财物,装满10辆卡车运往兰州。

新中国成立后,明园里留存最久的邱宗浚遗迹就是大门。这座大门直到20世纪70年代才拆除,后来这座大门几经重修,自2000年后,恢复原貌。

1952年,明园内距大门不远的三栋楼被称为1号楼、2号楼、3号楼,是院内最显著的建筑。到了1957年,周边又盖起了4—10号楼,建筑风格均与前三栋相仿。

1950年,根据《中苏友好同盟条约》,中苏合营的新疆石油公司成立,明园成了新疆石油工业的指挥中心。1954年12月31日,中苏石油股份公司改名为中华人民共和国燃料工业部新疆石油公司。明园成为原新疆石油管理局机关的所在地。由此,这里又成了中方聘请的苏联专家的驻地。

20世纪60年代初,中苏关系破裂后,苏联专家撤走,人去楼空。"文化大革命"期间,这些专家楼的每套楼房分配给3户职工居住,非常拥挤。

如今,走进1号楼,楼道内楼梯全部为实木,漆着明快的橘黄色。走在上面,台阶平缓,没有丝毫的颤动感。楼梯拐角的窗户开窗达3米高,显得楼道内非常宽敞。

今天乌鲁木齐的苏式建筑,大多建于20世纪的五六十年代,也基本上受苏联专家的影响。那些建筑多是石灰砂浆砌筑的砖墙，承重木结构楼板和人字屋架为主的结构形式，屋顶为硬山搁檩，人字架、浩式架。

1962年，新疆石油管理局迁往克拉玛依，并在乌鲁木齐明园成立了明园办公室。1969年，改为新疆石油管理局驻乌鲁木齐办事处。

如今，明园这座院落，已经成了这个区域的代名词。70多年的沧桑变迁，新旧交替，更承载了几代石油工人的红色记忆，原先的私家园林成了石油工人的家园。半个世纪过去了，这里成了石油人外出歇脚的必经之地，更是新疆石油对外联络的办事中枢所在，但它仍是新疆石油工人的一个"家园"。

"贸易圈"沉浮

新疆建省前的光绪七年（1881），在毗邻乌鲁木齐最早的迪化屯城以南，即今天的乌鲁木齐二道桥到三屯碑一带，迪化逐步形成了一条一条的洋行街。这些洋行街均是俄罗斯风格的建筑。我们知道，乌鲁木齐最早的商业开埠于天津商人的"赶大营"。新疆收复后，津帮商人便在如今的大小十字一带搭建商铺经起商来。此后陕、甘商人也加入其中，壮大了新疆商业的力量。

清光绪七年（1881），《中俄伊犁条约》签订。条约规定，俄商有权在迪化建立不与中国人混居的单独居民点，中国人则称其为"贸易圈"。在贸易圈范围内，中国政府不能行使其权力。在贸易圈居住的俄国臣民的一切事务均由沙俄领事管理，他们遵守的也自然是俄国的法律。这实际上也类似于上海、天津等地的租界。

清光绪十年（1884），新疆正式建省。由此，新疆的政治、经济、文化中心由伊犁移到了迪化。说起沙俄在迪化的贸易圈，最早可追溯到1895年，沙俄向清政府提出开放迪化通商，设立领事的要求。同年12月，清政府批准了俄国在迪化设立领事的要求，并建立贸易圈。1896年，中俄签署了《划定迪化领署及贸易地址条约》。条约分为五款，规定了迪化沙俄领事馆及俄商贸易圈的界址范围，贸易圈占地面积约240亩。

1897年，沙俄新任迪化总领事吴司本抵达迪化，在划拨界址的西北角建筑了沙俄驻迪化领事馆，即今天的胜利路、延安路交界处，随后便组织俄商在贸易圈内建造房屋，修盖店铺。

1898年，迪化贸易圈初建时，仅有数家俄商店铺，沙俄商民只有200余人。到1907年，俄商店铺已达30余家，俄国商民增加到了800余人。

1905年夏天，迪化俄国领事要求扩展贸易田地，巡抚潘效苏未经上报，擅自划拨给沙俄 60 余亩土地。

到了宣统末年，迪化俄商贸易圈又向南北延伸了许多。在沙俄政府的强烈要求下，在喀什噶尔、伊宁和塔城等驻有俄国领事的城市都建有贸易圈。

当时迪化按照居民的民族成分划分成了汉人区、满人区、维吾尔人区，以及驻有俄国商人的俄国侨民区。除俄国侨民区外，每个地区的四周都建有比较坚固的草泥围墙，四周设有城门。

此外在每座城堡的里面还又建有小堡垒——营盘。营盘周围有矮一些的城墙，里面驻有各种机关和军队。在城附近不远，还建有一些单独的工事。内设营房，驻扎有军队。所有的政府机关也都设在工事内。

每年的圣诞节、复活节，俄商贸易圈的大教堂的里里外外就聚集起数千人，合手祈祷，通宵守夜祈祷，热闹非常。

迪化贸易圈的范围，从二道桥到三屯碑，西到西河坝（现河滩路一侧），东到八户梁。

说到俄商的贸易，早在清朝末年，俄国商人就已经遍布了新疆天山南北的城乡，俄国货也充斥着大大小小的商店。咸丰元年（1851）沙俄即与清政府签订了《伊塔通商章程》，将势力扩展到了天山北路。清光绪七年（1881），沙俄又利用《伊犁条约》，将迪化、伊犁、塔城等地增为商埠，允许俄商在天山南北各路进行免税贸易。沙俄几乎独占了新疆的贸易市场。因为新疆地处内陆，远离出海口，交通运输十分不便，新疆很多大宗农牧初级产品没有销路，只能与沙俄进行贸易，以换回一些生活必需品。

贸易圈内的各种建筑均是俄式建筑，马路南北皆栽种着法国梧桐，店铺林立，俄商在这里收购出口的商品主要是：家畜、皮货、兽皮、干鲜水果，以及棉花、生丝等，畜产品为多。沙俄输入迪化的商品主要有棉、毛、丝制品，以及食糖、烟草、皮革、靴鞋、玻璃器皿、纸张、火柴、煤油等。其中棉花、煤油、五金为最多。

当地百姓将这些来自沙俄的物品统称之为洋货，如洋布、洋烟、洋火、洋糖、洋钱、洋马、洋服等。在如今乌鲁木齐人的口中，也依然使用着洋葱、洋姜、洋柿子、洋芋等词汇。当时沙俄在迪化陆续开办有九大著名洋行，诸如天兴行洋行、仁忠信洋行、吉祥涌洋行、吉利洋行、德和洋行、茂升洋行、德胜洋行等相继开业，其中吉祥涌洋行为领头羊，另外还有一家华俄道胜银行，取代了中国人盛行数千年的钱庄。沙俄的华俄道胜银行是沙俄在新疆开办的一家真正具有现代意义上的银行。沙俄领事馆也设在这一区域内。

这些洋行凭着享有领事裁判权以及不向中国政府纳税等诸多优势，大量销售沙俄的布匹、呢绒、铁器、铜器、白糖、火柴、钟表、玻璃等工业制品，廉价收购新疆当地生产的皮毛、棉花、大黄、葡萄及毡绒制品等土特产品，大大冲击着新疆本地的商贸市场。

包尔汉早年就是应聘了天兴行的差事，而从沙俄回到了祖国。他在其回忆录《新疆五十年》里说，截至1907年，迪化有俄商30余家，800余人，年存货约值30万卢布。仅以吉祥涌洋行为例，20世纪初，吉祥涌在如今的教育厅附近修建商行，经销茶叶外，又在八户梁、菜园地（今延安路）一带开了大规模的洗毛厂，雇用廉价劳动力达200人，为其清洗和加工羊毛。如今乌鲁木齐延安路一带的老人仍把延安公园一带称其为"羊毛湖"，在其附近至今也还有"羊毛湖"的地名。

1917年，俄国十月革命后，苏联政府废黜了对中国的各项不平等条约，新疆杨增新政府亦开始在1920年起对外商征税。

由此，在迪化神气了20余年的贸易圈终于被冲垮。所谓九大家俄商洋行，除三家停业回国外，其他洋人均加入了中国籍，随着官方贸易的逐步发展，那些私人贸易公司纷纷倒闭衰落下来。

在乌鲁木齐市南梁胜利路392号坐落着几幢二层小楼，面积达503.6平方米，占地1100平方米。这便是"新疆八路军办事处纪念馆"，是目前乌鲁木齐市仅存的几座不可移动的文物之一。而在晚清时，就连这个"新疆八路军办事处"竟也在"贸易圈"的范围之内。

这里原是一座私宅，在盛世才统治新疆时期任塔城行政长官的赵德寿的个人住所。这幢楼房便是他亲自设计并雇人建筑，始建于1928年，落成于1933年。后来，盛世才逮捕了赵德寿，没收了此楼，将其改为了新疆边防督办公署第二招待所。也就是在这一年，卢沟桥事变发生，全面抗战在中国大地上爆发，国共两党再度携手，全国抗日民族统一战线形成，中国共产党领导的工农红军改编为八路军和新四军。

为宣传中共的抗日主张，开展统一战线工作，推动群众性的抗日救亡运动，联络友军，采购与转运军需物资，接待中共过往人员，设立了八路军驻新疆办事处。1937年10月，中共中央先后抽调了50多名得力干部赴新疆工作。1937年至1942年，这里成为中共在新疆的首脑机关。陈云、邓发、滕代远、马明方、陈潭秋等先后任过八路军驻新疆办事处主任。

1942年，主政新疆的盛世才公开反苏、反共，投向国民政府后，将毛泽民、林基路、陈潭秋等曾在新疆工作过的共产党人先后杀害，作为向蒋介石国民政府的"投名状"，在反苏、反共的道路上越滑越远。

距离八路军驻新疆办事处东南角几十米的地方，便是贸易圈设在乌鲁木齐的淖毛湖，即洗羊毛的地方。而距办事处西北角100米左右的地方，就是苏联驻迪化总领事馆的所在地，也就是贸易圈的所在地。

早已经消失了的贸易圈，就是今天二道桥乌鲁木齐国际大巴扎的所在地。新疆国际大巴扎是乌鲁木齐在改革开放以后对先前破败的二道桥区域进行了整体改建而成的一个集餐饮、歌舞、新疆土特产销售为一体的大型商业综合体，也是今天乌鲁木齐市综合了维吾尔族特色的贸易大巴扎。在春夏之季，这里每天都是川流不息的内地游客，人头攒动，人山人海。

新兵营：星火可燎原

2018年10月15—18日，在新疆农六师五家渠市的"将军纪念馆"举办了"星火铸忠魂，亮剑耀天山"主题活动。这场活动邀请了当年西路军将士的后代参加。农六师五家渠是中国人民解放军第六军进入新疆后创立的，先后诞生了125位将军。所以此地以"将军之城、亮剑之师"作为自己的无上荣耀。

这次主题活动邀请了当年西路军进入新疆的473名将士的一些后代，包括徐向前元帅的儿子徐晓岩中将、朱德元帅的孙子朱和平、刘亚楼司令的儿子刘煜滨、王近山将军（热播电视剧《亮剑》中主人公李云龙的原型即王近山将军）的女儿王媛媛等一大批元帅及将军的后代参会，另有陈云纪念馆的副馆长也代表陈云纪念馆前来参加活动。他们从北京、上海、广州、西安等各地齐聚乌鲁木齐五家渠。这次活动还有一个主题，就是新疆航空队的研讨会。

主题活动完了之后，参会人员即分为两个部分，一部分在五家渠召开研讨活动，另一批人则参观八路军纪念馆、新兵营纪念馆及新疆航空队纪念馆。

如今在乌鲁木齐的西后街和前进街交汇口，即自治区党校隔壁、乌鲁木齐文庙旁边还有几幢土坯房，悬挂着"中国工农红军西路总支队"的牌匾，这就是当年西路军进入迪化，先在西大桥，人民公园隔壁的阜民纺织厂暂时住下后，他们每天早上嘹亮的军歌便响彻大半个边城。后来整个西路军左支队整个改编成新兵营，移驻到了现在的纪念馆的位置。当年新兵营驻地的面积比现在大很多，后来为了纪念那段红色历史，仅保留了一部分作为一个纪念馆使用。

西路军余部，在李先念等的带领下，于1937年4月底抵达甘新交界的星星峡，进入新疆。五月一日，陈云、滕代远、冯铉三位领导受中央委托，前去迎接。当时主政新疆的是盛世才，他担心西路军对抗日民族统一战线构成影响，故而将进入新疆的西路军整个改成了新兵营。西路军进入迪化后，统一整编成了五个大队，除了学习政治和文化以外，干部还要学习战略战术，战士按照文化程度和年龄，学习汽车、装甲车、炮兵、医务，以及航空飞行等课目。

这些学员学习期满后，盛世才与苏联的"蜜月期"也宣告结束。随着盛世才公开反苏、反共，他也将新兵营参加航空、机械学习的这些学员悉数集中、监禁了起来。后来，盛世才索性撕下伪装，公然将他们投入监狱达四年之久。直到张治中主政新疆，才将他们全部释放并派人专门护送回了陕北延安。

如今，在乌鲁木齐市幸福路终点站位置，建了一座"新疆航空队纪念馆"，纪念在盛世才时期参加航空培训的那批人。他们学成回到延安后，又称为"八路军航空队"，解放战争结束后，他们又奉命进入东北，成立了东北航空队，进而成为中国空军的重要组成部分。当年的星星之火，终于燃成了中国空军的燎原大火。

乌鲁木齐味道

说到乌鲁木齐的美食,新疆人生活中最离不开的食物就要数烤羊肉、馕和拌面了。这些新疆最平常的美食,已经融入了新疆人的生活,成了新疆人生活的一部分。

姑且不说民国时期在迪化街头市民中流行的"吾吾子羊羔肉",及至新疆解放前后,内地来的人是越来越多,上海城隍庙的包子、陕西西安的羊肉泡馍、肉夹馍、山东的水饺、云南的过桥米线、四川的火锅……几乎内地各个地方的美食,在乌鲁木齐街头均可以找到它们的身影,因为各个地方的人们都有着自己的口味。

在乌鲁木齐市生活久了,自然非常喜欢新疆的美食。烤肉、抓饭、炒面、拌面……这些寻常美食,完全适应了新疆各个民族的口味。

改革开放以后,随着市场的日益繁荣,乌鲁木齐市的餐饮业异常繁荣,各种有特色的美食也是层出不穷。仅是炒面,就细分成了丁丁炒面、九叶炒面、家常炒面、二节子炒面、揪片子炒面、辣皮子炒面……拌面也会与各种菜肴搭配在一起,什么土豆丝拌面、毛芹菜拌面、西红柿鸡蛋拌面、辣子肉拌面、过油肉拌面……就连抓饭,也会分羊的各个部位来售卖出不同价位的抓饭。

在新疆生活习惯了,每天吃新疆饭食,一旦外出时间长了,还非常想念新疆美食。新疆很多去内地出差或旅行的人一下飞机和火车,第一件事情就是美美吃一顿新疆拌面。吃完之后,抹一抹嘴,才感到又回到家了。

因为新疆昼夜温差大,光照时间长,新疆的小麦都是一年一熟,不像中国的南方小麦可以两到三熟,所以新疆的面粉往往筋道,韧性好,吃起来香。乌鲁木齐天寒,吃羊肉可以取暖。新疆的羊肉,因没有受到各种工业的污染,羊吃的都是纯天然的食草，所以煮起来香嫩可口、不腻不膻。围绕羊肉而做出的美食是多之又多，比如烤羊肉串、烤全羊……

还有新疆的馕，光馕也有很多种，常见的有肉馕、窝窝馕、芝麻馕、片馕、希尔曼馕、玫瑰囊、核桃囊等。最大的馕叫"艾曼克"馕，中间薄边缘厚，中央戳有许多花纹，直径有40—50厘米。最小的馕有茶水杯那么大，叫"托喀西"馕，厚约1厘米。做工最精细的一种馕，表面撒上些"斯亚丹"（黑种草籽，像芝麻）。馕的花样很多，所用的原料也很丰富。除了面粉、芝麻、洋葱、鸡蛋、清油、牛奶、糖、盐都不可缺少。据考证，"馕"字源于波斯语，流行于阿拉伯半岛、土耳其、中亚各国。维吾尔族将"馕"叫作"艾买克"，传入新疆后，才叫作"馕"。"馕"含水分少，久储不坏，便于携带，适用于新疆干燥的气候；加之烤馕制作精细，用料讲究，吃起来香酥可口，富有营养，各族人民均非常喜欢。我们乘飞机、坐火车，时常会看到背着一二十个馕登机的人，少数民族朋友去内地学习、出差，吃不惯内地的食物，往往带上几十个馕，就着一碗茶水，一个馕就可以是一顿饭。

若在乌鲁木齐晚上有应酬，喝多了，第二天早上来一碗牛肉面，会使你的肠胃舒适无比。乌鲁木齐的美食连锁非常多，有的都已经走出了新疆，什么苏式牛肉面、火焰山餐饮、小尕子餐饮、吾吾子羊羔肉、四十九丸子汤……

因为新疆的面粉好，再加上新疆的羊肉好，纯天然，所以做出来的美食也自然非常吸引人。

奶茶也是新疆少数民族日常生活中不可缺少的饮料。哈萨克、蒙古、维吾尔、乌兹别克、塔塔尔、柯尔克孜等民族均非常喜爱奶茶。在农牧区和高寒地区，肉食较多，蔬菜较少，需要奶茶帮助消化，此为一。二是冬季寒冷，夏季干热。冬季饮奶茶可以驱寒，夏季饮奶茶可以消暑。三是牧区人口稀少，外出放牧不易找到水，喝奶茶可以耐饥耐饿。

如果您是第一次来新疆，一定要品尝招待贵宾宴席中的一道烤全羊了。一只烤全羊架在炉子上烤，外表金黄油亮，散发着诱人的香气。尝一口，外部的肉焦黄发脆，内部的肉绵软鲜嫩，羊肉味清香扑鼻，颇为适口，别具一格。食之唇齿留香，满口生津。

除了烤全羊之外，新疆还有烤包子、大盘鸡、大盘肚、大盘鱼、纳仁、马肠子、粉汤、馓子等美食，让人流连忘返。

新疆的特色美食的确还不止这些，因为新疆的汉族居民来自全国各地，而这些来自各省市的人们又都把家乡的饮食特色带到了新疆。所以新疆的饮食又集中了全国各个地方的味道，俨然是一个中国的美食之都。

新疆人的口味相对较重，所有川菜、徽菜、鲁菜、粤菜、淮扬菜、上海菜等各个菜系进入新疆，都需要融入当地的特点，再摇身一变而成为新疆特色的各个菜系了。

俗话说：一方水土养一方人。新疆人的饮食特点与这里的气候、地域高寒密切相关。所以各地的美食到了新疆以后，都还要结合新疆的实际，融入一些新疆的饮食特点，变成地地道道的新疆美食。

以前在新疆流行着"大碗吃肉，大碗喝酒"的习俗，这在草原上牧民家里做客，可能还会这样，你若不喝醉，就不算招待好你！但如今这种情况是好多了，饮酒的习惯也是宽松很多了，不再讲究拼命喝酒、硬灌了，想喝什么也可以自己选择了。但是若想好好品尝一下新疆的美食，那您可是选对了地方。

新疆各个民族的饮食都有其特点，各有其不同；新疆各个地区的人，到了乌鲁木齐，也都有一个适应当地人口味和习惯，有一个再加工、再融合、再发展的过程。

歌舞之乡

新疆是多民族聚居的地区，也有着"歌舞之乡"的美誉。20世纪40—50年代红遍全国的新疆歌唱演员康巴尔汗广为人知，饮誉世界。这些年来，王洛宾改编、整理、创作的一系列脍炙人口的新疆民歌，还有刀郎创作的一首首新疆地域风格浓郁的新疆民歌，在新疆是家喻户晓。尤其是新中国成立之后，新疆一代又一代的音乐、歌舞始终是中国荧屏上备受瞩目的亮点。首府乌鲁木齐，集中了整个新疆顶尖的文艺团体如新疆歌舞团、新疆军区文工团等，以及优秀的音乐家、词作家、作曲家和音乐研究者等艺术人才。新疆军区文工团的巴哈尔古丽演唱的《甜甜的歌儿迎宾客》，音域宽广，华丽动人，她的名字乌鲁木齐人可是家喻户晓，还有原新疆军区歌舞团的克里木，他调到总政歌舞团后，更是将乌鲁木齐的歌舞带向全国，带向世界。有着"夜莺"美誉的维吾尔族女高音歌唱家迪丽拜尔的花腔女高音，享誉世界。他们都曾是乌鲁木齐人的骄傲，如今更成了整个新疆人的骄傲，中国人的骄傲！他们频频亮相于各大演出平台，如一张亮丽名片，向世界传递乌鲁木齐以及新疆乃至中国音乐舞蹈文化的巨大魅力。

每到盛夏季节，在乌鲁木齐的各大公园、休闲广场上，只要维吾尔族乐曲一响起，立刻便会有无数男男女女欢快地跳起维吾尔族舞蹈！如今这种维吾尔族舞蹈，更准确地说是新疆舞蹈，在全国各大城市的公园里都可以看到。这是音乐的力量，舞蹈的力量，文化的力量。

当新疆音乐响起来时，它那激越的鼓点、华丽的音符就引得人们情不自禁地跟着全身舞动起来。新疆的音乐蓬勃舒展，热情绮丽，如霞光普照大地，透彻明朗，壮美绚丽。新疆的歌舞历史源远流长，早在西汉时期，新疆的于阗乐、胡旋舞等便传入内地中原，活跃在长安的宫廷上。新疆独特的西域乐

乌鲁木齐高铁站　马庆中摄

舞，又通过中原传至日本等国家，对那些国家的音乐或舞蹈的发展产生着积极的作用。

新疆在古代就曾产生过像苏抵婆、白明达、裴兴奴、何妥、尉迟青、尉迟章等一大批音乐演奏家、作曲家和音乐理论家，他们都曾就职朝廷、掌管音乐、传艺演奏。

居住在新疆的维吾尔、哈萨克、柯尔克孜、塔吉克、蒙古、锡伯、满、乌孜别克、塔塔尔等民族都能歌善舞。在长期的历史熏陶中，新疆各族人民共同创造了绚丽多姿的歌舞艺术，它伴随着丝绸之路的驼铃声，蜚声中外，名扬天下。

新疆歌舞以动听优美的音乐，绚丽多姿的舞蹈，深刻反映了西北边陲少数民族的独特风情，而各民族的歌舞艺术则都具有本民族极鲜明的特点。各民族奇特的服饰和诱人的风情，使新疆的歌舞艺术成为祖国民族文化的宝贵财富。它不仅为新疆歌舞之乡增添了色彩，而且也大大丰富了祖国的民族艺术宝库。

新疆各民族的歌舞都有自己的特色。维吾尔族人尤其以能歌善舞著称，维吾尔歌曲多以曲调委婉、情感炽烈、伴奏乐器丰富多彩而著称，不少乐曲具有叙咏性、伴舞性的特点。维吾尔舞蹈则以动作柔和、回旋轻疾、形神协调、表情丰富而引人入胜。女性舞蹈姿态优美、舒展大方，男性舞蹈则刚健奔放。民间盛行的麦西莱甫（歌舞娱乐聚会），就是熔本民族音乐、舞蹈艺术于一炉的群众自娱形式。

哈萨克族酷爱即兴歌唱，俗谚有"骏马和歌是哈萨克的翅膀"之说。特别在高山、草原上的哈萨克牧民，喜欢怀抱冬不拉（二弦琴），自弹自编自唱，宣叙情感与故事。歌词多运用诗的韵律，形成音乐与文学的统一。在天山草原上经常举行的阿肯弹唱会（"阿肯"即民歌手），便是这种民族艺术的结晶。哈萨克人也喜欢民族舞蹈，舞姿刚健，步法简朴，表达了马背民族豪爽、真挚的性格。多用"动肩"，步法上采用"马步"。

正因为新疆的舞蹈种类繁多，所以新疆也主办了在国际上有很高知名度的新疆国际舞蹈节，目前为两年一届。舞蹈节举办时，乌鲁木齐市各大影剧院、演出场所都在忙着几十个国家的舞蹈演出团体演出，一票难求。

新疆的音乐、歌舞因民族的多样而多姿多彩。每个民族都有自己独特的音乐文化。生活在新疆的人们，在与其他民族的不断接触当中，也耳濡目染，学会了他们的一些舞蹈，人人都可以唱几首他们的歌曲。

在乌鲁木齐的很多公园里，每到傍晚，人们都时常可以看到，同一块场地，一边是人们在跳麦西来甫，一边是人们在跳现代的健身舞蹈或街舞……他们共处一地，和谐相处，畅想着自己美好的未来。

百年血脉：新疆人

清代时，新疆与东北黑龙江的宁古塔一样，是北方两个最大最集中流放犯人的地方，"若文武官员犯'徙'以上，轻则军台效力，重则新疆当差。成案相沿，遂为定例"。乌鲁木齐建城早期的周边各个屯堡当中，就拘押着一定数量的刑事犯人，从事屯垦。此种制度一直实行到光绪十年（1884）的新疆建省，第一任巡抚刘锦棠上奏清廷，建议清廷今后不要再把重刑事犯人发配至新疆。

左宗棠收复新疆的战事结束后，便有相当数量的大批湘军、楚军、蜀军、陕甘老兵留在了新疆，从事耕种、劳作，生息繁衍。更有清代早期，不断迁徙、移民新疆的那些甘肃农民迁居于此，生息繁衍了几百年。

1933年，24892名抗击日本侵略中国东北的义勇军战士弹尽粮绝后退入苏联境内，取道苏联西伯利亚，从巴克图口岸进入新疆境内。后来，这些东北义勇军战士均改编成了新疆部队，很多战士亦转入了地方工作。他们中的绝大多人都把鲜血和生命，留在了新疆这片肥沃的土地上了。

新中国成立后，人民解放军进军新疆，加上1947年前后调防进入新疆的约十万名国民政府官兵，整个二十余万人，也都加入建设新疆的滚滚洪流中了。这些官兵也都来自全国的各个省份。将这些生力军留在新疆，光有男性，没有女性怎么行？于是后来，王震将军报请中央，又从山东、湖南征集了数万女兵来到新疆，这便是"八千湘女下天山"之类电影、电视剧题材的故事背景的真实来源。

新中国成立之后，在新疆的部队里，兵员的主要来源是甘肃、陕西、山东、河南、四川、湖北、山西、河北等省份。这些战士服役期满后，根据新疆出台的鼓励人们留居新疆的政策，相当多的人便留在了新疆。所以新一代的新疆人中，来自部队官兵的比例是非常之高的。

新疆乃极边之地，地大物博，幅员辽阔，只要肯出力，都可以吃饱肚子。新中国成立之后，内地各省有将近一百万人来到新疆谋求生路，他们后来也都成为建设新疆的一支重要力量。

因为近十万上海知青赴新疆插队，所以在我们身边随处可以看到上海知识青年的后裔，即使在大批上海知青返城之后，还是有不少上海知青留在了新疆。也因为新疆曾有过八千湘女进新疆、五千鲁女进新疆这样的故事，我们在新疆更是到处都可以遇见湖南籍、山东籍的后代。还有新中国成立后，大批医疗卫生行业的人才，大批金融行业的人才，大批纺织行业的人才……都纷纷来到新疆支边，所以在新疆你可以在生活、工作中，遇到来自各个省份人的后代，但他们都有一个新的身份和新的名称，那就是：新疆人！

乌鲁木齐本身就是一座移民之城、融合之城。因为融合，各个省份的文化在这里碰撞、交流、交融。著名诗人周涛曾在其早年的《边城》一诗中说：

> 一年之中就有半年的寒冬，
> 霜雪冰花就是塞上风景；
> 三个人里兴许有一个罪人，
> 荒凉的关外只收留孤胆野魂！
>
> 只有他们像一群疲惫的骆驼，
> 被狠心的命运判了无期徒刑；
> 江南的热土呵反正没了希望，
> 咬一咬牙在雪峰下生根。

周涛先生这首诗，说的是自清代以来的另一类人到新疆的命运。直到新中国成立之后，这种迁徙发生了根本性的变化。尤其是生于20世纪50年代前后的人，如今也都到了六七十岁上下。这个年龄阶段的人，要么是当初入伍曾在新疆生活、战斗过；要么是当知青时在新疆插过队……即使后来这些人回到了内地，一生中最好的年华是在新疆度过的，新疆也成了他一生中难以抹去的记忆。这些年来，我们每年都会遇见很多前来寻访故旧，前来查找父辈在新疆工作经历的人。他们即使回到内地还梦想着回到他（她）年轻时工作过、生活过的地方。因为新疆，已经成为那些人生命中难忘的记忆，成为他们生命中的一部分。

乌鲁木齐是一座混血之城。这里的人们，包括"赶大营"进入新疆经商的后代，都已经七八代生长在新疆了。即使是20世纪五六十年代进入新疆的后代，如今也已经是疆二代、疆三代了。他们相互交流、相互融合，并互相通婚。

乌鲁木齐距离北京有两小时的时差。当北京人早晨八点钟上班时，乌鲁木齐人还处在睡梦之中。傍晚时，北京五六点钟天色已经黑了，而在乌鲁木齐却还是红日高挂；六、七、八、九月的乌鲁木齐，直到九十点钟，晚霞还没有完全消失。所以有时候，新疆人的时间观念与内地人大不一样。曾经一度，新疆还实行过夏时制，比我们时常通用的北京时间还要晚四小时。

也正如诗人周涛在诗中所说，乌鲁木齐是半年的冬天、半年的夏天。在乌鲁木齐春季与夏季的交替并不明显，秋季与冬季的区别也很难区分，不像内地的很多地方，春夏秋冬四季分明。每年的三四月，往年的积雪还没有融化干净，转眼杏花就开了，接着就是半年的夏季；而当内地秋季来临时，边城乌鲁木齐直到十月下旬还依然艳阳高照。而当乌鲁木齐路边的树叶泛黄，纷纷落下之时，转眼便是天降大雪，然后就是长达六个月的冬季。

乌鲁木齐的夏季，几乎就是一个水果的季节，满大街都飘逸着瓜果的芳香。当乌鲁木齐的春天来临时，托克逊的杏花大规模开放了，时间不长，周边城郊的草莓便已纷纷上市了。当桃花、梨花、海棠花次第开放的时候，南疆大规模的杏子也纷纷运到了乌鲁木齐。接着李子、桃子接踵而至，接着便是葡萄、蟠桃、西瓜、甜瓜陆续登上人们的餐桌。所以生在乌鲁木齐的人们，一到夏季便到了尽情品尝新疆瓜果的好时节。

尽管乌鲁木齐的夏季漫长，但是一早一晚的昼夜温差还是比较大的。所以乌鲁木齐也有"早穿皮袄午穿纱，围着火炉吃西瓜"的谚语。也正因为乌鲁木齐的昼夜温差大，所以新疆人多喜欢吃羊肉以驱寒。

这也很自然就使得新疆人大多体格高大、健壮，性格粗犷；姑娘们也是靓丽、俊美。所以人们也常说，新疆的羊肉养人，新疆纯天然的食品养人，新疆的山水养人。

以前挂在新疆人口头上的一句话是，大碗喝酒、大碗吃肉！但近年来，随着人们健康意识的提高，大吃大喝的人少了，也不像以前那样劝酒了。

这些迁来新疆的内地人，在新疆生活久了，连他们的生活、工作习惯，兴趣、爱好，都已经完全适应了新疆的气候、人文、水土。尽管边城夏季炎热，但绿荫下便可乘凉，不像内地，天气炎热时无处躲藏。乌鲁木齐冬季虽然寒冷，但是房屋里却是暖意融融，惬意无比，不像内地很多地方，冬季屋里屋外一样冷。所以在新疆生活了几十年，再次回到内地故乡，反而不习惯了，再次回到新疆来生活。

在新疆购买物品，习惯于论公斤，而内地则是论斤。这也显得新疆人大方、潇洒，从不斤斤计较。在新疆生活得久了，就连人也慢慢变得开朗起来、乐观起来、豪爽起来、阳光起来。

过去从遥远千里的内地省市，流放到乌鲁木齐来的犯人，需要深一脚、浅一脚地走上几个月，甚至半年以上时间。如果没有健康的体魄，那无论如何都难以承受这长途跋涉之苦。所以能走过数千千米，且在新疆长期生活下来的人，都有很好的耐力，都有乐观的精神和心态。

如今在乌鲁木齐，也许是父辈当兵留在新疆的陕西人的后代，也许是父辈知青支边新疆时留在新疆的后代，或者是东北义勇军的后代……抑或是来乌鲁木齐经商的山东人、温州人、广东人……也不论口音天南地北，凡是在新疆生活十年、二十年以上的人，我们都称呼他们是新疆人，新一代的新疆人。因为现代交通、现代通信……已经大大缩短了人们之间的空间距离和心理距离。

在乌鲁木齐市的一些老的居民大院中，有汉族、维吾尔族、哈萨克族、回族、乌兹别克族……各民族友好相处，相互交流、交往、交融，演绎出了很多动人、感人的故事。即使在一个普普通通的单位里，同事之间也是各个民族都有，大家彼此互相关照、互相爱护，也是再平常不过了。

夜幕下俯瞰，都市的天桥像一枚别致的戒指亮人眼球　肖晨晨摄

乌鲁木齐的大街小巷，各种批发市场很多，从小商品到各种机电产品、陶瓷产品、家电产品、各种建材，等等。如今内地各省商人仅在乌鲁木齐市成立的各省商会就达几十家，比如浙江商会、江苏商会，会员企业有数万家。

生活在新疆的人们，时常有机会到内地出差或是旅游，经常会遇到一些不了解新疆的人，带着诧异的表情问我们："呀！是新疆来的呀！你们上班要骑马吗？"每当此刻，也会有些新疆人揶揄一句，"我们不骑马，我们上班骑骆驼！"改革开放之初，我们时常会遇到这种情况。但近些年，随着人们对新疆了解的增加，渐渐没有了这种情况了。

随着现代交通通信条件的改善，新疆与内地的距离大幅度缩短了。如今随着现代物流业的迅猛发展，一个电话、一个短信、一个微信、一个邮件，瞬间便可以把需要解决的问题办妥。即使乘飞机，几小时便可抵达另一座内地城市。

1949年，新疆和平解放时，迪化市的人口与光绪十年（1884）新疆建省时，几乎没有太大的变化，都大约是十多万人。但随着新中国的成立，大规模开发新疆、建设新疆的热潮开始，乌鲁木齐市的人口也在快速增加，目前已达到230多万人。乌鲁木齐市也发生着天翻地覆的变化。

新疆人是一个新的名词，他们来自全国的各个省份。不管是哪个省份的人，也不管是什么民族，如今我们都称呼他（她）是新疆人。这就像我们的名字叫中国人一样，凡是在新疆生活的人，都有一个共同的名字，那就是新疆人。新疆人，极具包容性，不论是什么口音，什么方言，也不论是军人、知识分子，还是商人，都在为新疆奉献自己的一份力量。

新疆人的性格、气质

著名作家林语堂曾分析过中国各个省份人的特点，诸如上海人的精细、山东人的性格豪爽，湖南人的性格火暴，四川人的性格勤劳……每个省份、每个地域环境中生长起来的人，他们的性格肯定会有差异。但在新疆生活久了，人的性格也会发生很大的变化。可以说，新疆的"疆二代""疆三代"体现了他们父母身上的优点。

在新疆的绝大多数汉族民众，当年他们都还是飒爽英姿、风华正茂的一群年轻人，如今五六十年甚至七十年过去了，他们早已经是年逾古稀、风烛残年。但他们的后代却还都依然生活在新疆，坚守在新疆。非但如此，他们的后代也都过了知天命的年龄，更有了疆三代也成长了起来。在新疆也非常流行这样一句话：我们的父辈，为了新疆，他们献了青春，献子孙！很有些悲壮、决绝的口吻。

还有取道苏联西伯利亚进入新疆的东北义勇军战士，如今他们的后代也都已经是疆三代、疆四代了！或者更早，他们是属于天津杨柳青"赶大营"的，世世代代在新疆已经七八代人了！

正因为我们的父母来自不同的省份，不同的地方，才情同此理，才可以接受与自己不同的其他省份来的人们。

新疆人普遍给人一种好客、豪爽、爽快、大方的性格印象；新疆人也从来不小肚鸡肠、斤斤计较；新疆人开放、包容、自信的性格特征往往让人顿生好感。更何况，新疆人说话几乎都是一口标准的普通话，就能快速拉近与他人的距离。

酷爱摄影的天津人赵来清来到乌鲁木齐一次，就被新疆的四季美景所折服。从此他再也没有离开过新疆，并把自己的服装公司也开到了乌鲁木齐，成了一名追寻"赶大营"先辈精神的新一代的大营客。

2017年9月28日，乌鲁木齐中车轨道交通装备有限公司首列地铁列车下线　姚刚摄

　　天堂虽远，新疆很近。世界很大，新疆很美。因为新疆的美景而痴迷新疆、留在新疆、扎根新疆的人有很多很多。他们这些人，完全不同于他们的先辈，迫于生计向西寻求发展的一批人，而是完全属于充满热血、充满豪情的一代新人。他们将个人的爱好与自己的事业结合在了一起，完全凭着自己的一腔热情，追求自己的梦想。

　　新疆人从来都不是故步自封的人，他们很善于吸收别人的观点、长处，从不僵化。新疆人还都非常具有爱心，因为在这里生活的人们都知道，生活中一旦离开了陌生人的帮助，是很难走出困境的，所以遇到需要帮助的时候，往往新疆人会最先施以援手，所以新一代的新疆人也更懂得团结和协作的重要性。

　　正如在沙漠上行走的人，将吃过的西瓜皮一定要反扣在沙漠上，预备后面来的人在万分饥渴时还能够留存一份希望。这就是宽容，这就是善良。

　　在乌鲁木齐的公共场合，你若看到以大欺小，恃强凌弱，会看到一群人站出来打抱不平。而在公共场合，你很难看到白发苍苍的老人，或怀抱婴儿的妇女没有座位。这也是新疆一种新的风气、新的美德。由此，也可看出新疆人的豪气和正气。

因为新疆人多来自内地的各个省份，先辈曾因保家卫国、屯垦戍边来到这里，自然便有一份守卫边防的责任。这也使得几十年后的今天，新疆的疆二代、疆三代们都很自然有了一份承袭父辈的家国情怀。他们更关心时事，关心新疆的发展，关心国家的安宁，关心新疆的安宁，懂得国家的安宁、新疆的发展和安宁与他们每一个人的命运都息息相关。

新疆人人都知道，国家好了，新疆才能好！新疆稳则国家稳，新疆安则国家安！

新疆人绝不排外，也没有什么外可以排。乌鲁木齐人也是锐意进取，敢吃螃蟹的先行者。虽然地处偏远，信息落后，但只要是新思想、新信息，乌鲁木齐人都可以吸收，可以接纳。乌鲁木齐人的适应能力非常强，可以适应各种环境和各种性格的人。这就是说，乌鲁木齐人的胸怀是包容的、豁达的、开阔的。

就如同新疆的地域辽阔，一个人在沙漠上行走，没有旁人的帮助很难独立走出沙漠一样，新疆人尤其懂得团结、友爱的重要性，"各民族团结是一家人"。新疆人热情，新疆人好客，这便就是乌鲁木齐人，尤其是新疆人的精神和气质所在！

随着新疆在全国的热度越来越高，到新疆旅游、投资的人越来越多。

尤其是近二十年来，每天前往新疆各个地州的全国19个省市的近4000名援疆干部奔忙在新疆的各个援疆所在地，为新疆的发展贡献着自己新的力量。数千名来自各个省份的援疆干部们往来奔波，尽管他们并不直接对口支援乌鲁木齐市，但他们又往往受训、公干于首府，所以几乎都直接先飞到了乌鲁木齐，在那里集中、受训，再像一粒粒种子一样撒向新疆天山南北的大地上，去做一个短暂三年的新疆人。

正如一句古话说，人总要叶落归根！我们的父辈，年纪大了，有些选择回到故地去安度晚年。但正像我的父母，如今老了也还没有安闲、舒适，即使回到故地，也仅是住上几天，看看故旧，便匆匆返回新疆。我们已经完全适应了新疆的气候，习惯了新疆的生活。新疆已经成了我们上一辈人一个新的永远的故乡。

夏季，新疆也很热，但绿荫下便非常凉爽。漫长的冬季，新疆也很寒冷，但室内有暖气，让人暖意洋洋，舒适无比。这些相较于内地很多省份夏季的燥热，冬季没有暖气的阴冷惬意很多！我们的父辈已经完全习惯了新疆的冬暖夏凉，已经习惯了冬季漫天大雪后，脚踩在洁白的雪地上，踏出一声声清脆的雪裂声。

有文化人类学家发现，不同的海拔地带孕育出风格不同的文化。新疆的低地平原和绿洲有着成熟的农耕文明，前山和半山草原有着历史悠久的游牧文明，高山寒冷地带有着独特的半农半牧文明。由此可见，新疆的地域文化也呈现出丰富的多样性。

新疆是古代东西方文化的荟萃之地。新疆深藏在亚洲大陆的腹地，与沿海地区比显得偏僻。但是在过去，新疆是亚洲大陆上最繁忙的交通要道，穿梭于亚洲大陆的世界各地的商人、僧侣、兵勇、官吏、倒霉的文化人、寻找新的牧场的游牧人、寻找土地的拓荒者和那些无法归类的行者，都需要路过新疆并留下一些痕迹。他们带来了东方和西方的文化，还有信仰和宗教。

新疆各民族之间的文化，都集中体现了东西方文化的精华，各民族文化的差异。汉族妇女缝纫衣服时针尖朝外，剃头匠在为顾客剃头时刀刃朝里，而新疆南疆的维吾尔人却与此完全相反。人们的文明程度越高，就越懂得通过互相合作来取得自己族群的最大利益。新疆各族人民也早就懂得这个道理。他们在共同开发新疆、建设新疆的过程中，在长期的共同生活中，也形成了互相依存、互相借鉴、互相补充、共同提高的民族关系和民族文化互相渗透系统。当历史把新疆带进现代文明后，这种互相依存、共同繁荣的民族关系有了新的内容。内地人往往喜欢用"新疆人"来称呼新疆的所有人，因为在他们的眼里，新疆的人无论什么民族，都有着相似的喜好、性格、做派与讲究，以至于连相貌都有些相似。

在新疆久了，你还时常会听到说一口河南方言的维吾尔族老乡，也会听到说一口江苏方言的维吾尔族老同志。他们一定是来自各个地州、县上的老乡。因为他们长期与河南、江苏老乡朝夕相处，耳濡目染，自然连说话的口音都有些相似了，这便是一个文化语言相融合的过程。

正如新疆民国首任都督杨增新所说，新疆就是一个盛世的桃园。不论我们的父辈来自哪里，或湖南，或山西，或河南，或山东，或江苏……如今，我们都有一个共同的身份，那就是"新疆人"。

阿勒泰山、天山、昆仑山就是我们的骨骼，一条条河流就是我们的血脉，大漠、草原就是我们的胸膛……盛夏和冰雪，也正是锻造我们的一座座熔炉。因为大漠、烽烟，我们变得坚强且执着，豪迈且无畏；因为草原、河流，我们又显得温柔且坚韧，柔美且勇敢。

所以多情且豪爽，执拗且坚持，勇敢且豪迈，构成我们新疆人共同的性格特征，所以新疆人也都与生俱来具有一种宿命或者担当！

百年梦想

一百多年前，曾多次来到乌鲁木齐的著名探险家斯文·赫定，在《亚洲腹地探险八年》一书中，记述了他在乌鲁木齐的所见所闻：

> 杨增新督军在乌鲁木齐事件中被害后，金树仁掌握了大权，他中断了与中国内地的一切贸易联系，使省内贸易全部控制在苏俄手中，财源被毁，金银源源不断地流进金树仁私人的库房，只有金树仁自己可以送金砂出省，并用飞快贬值的纸币支付各项款项，他垄断新疆最重要的财政来源——毛皮和羊毛生意，所有在该省的中外人士，要离开这里真是难上加难。金（树仁）在尽最大努力将新疆与外界隔绝，以防止泄露民众的不满和他在这里的各种恶政。他的暴虐、贪婪和重赋，激起民众的不满、反抗，最终导致内战。
>
> 乌鲁木齐的气氛仍然很紧张。天黑后，居民出门必须打着灯笼，还要说明出门的理由。下午四点关城门，住在城外的人进城访友，一定要在这之前返回。一次，斯文·赫定考察团成员因耽搁太久而误了出城的时间，只好在几位中国朋友家里住了一夜。街道上整夜都有士兵巡逻。

而一百年后的今天，再看乌鲁木齐，白天仅能给人以一种色彩，的确单调，但到了夜晚，那交替变幻的霓虹灯把整座城市都装扮得多姿多彩，亮丽无比！

五个层级三十多米高的立体交叉桥随处可见，若是到了夜晚，您才可以真正感受到边城乌鲁木齐的现代与繁华！

因为现在交通发达，早晨还在广州流行的海鲜、果品，下午就可以到达乌鲁木齐人的餐桌上。类似地，在乌鲁木齐街头，中国台湾产的榴莲、菲律宾产的香蕉都应有尽有！

如今乌鲁木齐早已进入了新的商业时代，民国时期的那些破败场景已经彻底消除了，旧迪化商埠文化的繁荣与发展，深深影响了几代的乌鲁木齐人。

有研究者将乌鲁木齐的经济发展和变化分为三个阶段：第一个阶段是1949—1978年，乌鲁木齐经历了国民经济的三年恢复时期，以及对农业、手工业和资本主义工商业的社会主义改造，经历了"大跃进"和国民经济调整，遭受了"文化大革命"的挫折；第二个阶段是1979—2009年，乌鲁木齐的企业改制得以完成，实现了"村改居"工作目标，外资引进、城市建设有了突破；第三个阶段是2010年至今，乌鲁木齐的城市建设呈井喷之势，令世人瞩目，经济活动凸显出多样化、市场化、国际化的特点，形成了大市场、大流通、大外贸的格局。主要经济指标持续保持两位数增长，增速连年位居全国省会城市前列，人均地区生产总值五年实现了翻番，走在了全国的前列。

在历史的长河中，作为古丝绸之路的一个古老驿站，乌鲁木齐经历一百多年前的贸易繁荣，不同民族、各种宗教形成的多元文化在这里繁衍、交融，相互吸引，相互借鉴，逐渐形成了多元、开放、和谐共存的文化特点。

如今的乌鲁木齐，已是高楼林立，四通八达。过去从长安出发，要经历高山、河流、大漠、戈壁，才能将丝绸、瓷器运到异国他乡。如今通往中西亚全新的"丝绸之路"已经形成。乌鲁木齐已经成为丝绸之路上一颗璀璨的明珠。新中国成立之初修建的乌鲁木齐火车南站，早已经不能满足人们的需要，仅仅能承担一些疆内的短途旅客及货运需要，代之而起的则是一座大型的综合性高铁片区大型火车站，用列车连接起丝绸之路经济带。

承担货运业务的原来只有乌鲁木齐北站，如今不但增加了乌鲁木齐东站，而且乌鲁木齐北站的规模都已经扩大了很多。改革开放初期，乌鲁木齐市的客运，面向新疆各地只有一座碾子沟汽车站，而如今乌鲁木齐市碾子沟汽车站不但继续使用，还又增加了乌鲁木齐北郊客运站、南郊客运站、火车站客运站等。

改革开放初期，乌鲁木齐仅有一座小小的航站楼。改革开放后，乌鲁木齐最早的航站楼变成了T1航站楼，紧接其后又建成运行的有T2航站楼、T3航站楼，目前正在酝酿建造T4航站楼！

地处亚洲大陆地理中心的乌鲁木齐，这座距离海洋最遥远的城市，曾经的商业驿站，已经嬗变成了新亚欧大陆桥中国西段的桥头堡，连接着亚欧两个市场，带动着新疆和中亚地区的繁荣，促进地区和平稳定。

乌鲁木齐的国际大商埠，由国际化商贸物流中心衍生而来。以往乌鲁木齐的友好路商业圈、大小西门商业圈、二道桥大巴扎商圈、火车南站商圈、铁路局商圈均以不同业态、形式吸引着人们，成为这座城市的商业地标。而对于乌鲁木齐高铁新区来说，高铁片区商圈骤然形成，这里成了首府最红火、最抢手的土地。以高铁客站为核心的建设项目如酒店、会所、商务办公楼、高铁时代广场等已纷纷启动，辖区内的综合保税区、国际纺织品服装商贸中心也在陆续兴建。

凭借天时地利，一座集金融商贸中心、总部商务中心、生活服务中心、度假休闲中心为一体的中亚国际商贸金融中心核心区已然脱颖而出，并以其高铁核心的强大功能优势，构建出一个产业创新的新片区。

如今的乌鲁木齐市形成了较为发达的立体交通网络。1990年"第二欧亚大陆桥"全线贯通，为乌鲁木齐走向世界架起了一座金桥。近期，新疆拟新开工铁路建设项目有额济纳至哈密铁路、精伊霍铁路伊宁至霍尔果斯段电气化改造、乌鲁木齐铁路集装箱中心站、格尔木至库尔勒铁路、乌鲁木齐铁路枢纽乌西至乌北联络线。

乌鲁木齐地窝堡国际机场，开车距离市区仅半小时车程，为4E级民用运输机场，拥有三座航站楼，航站楼总面积达18.5万平方米，拥有两条长约3600米的跑道，全球航线184条，货邮吞吐量157.5万吨，飞机起降架次为16.2万架次，可接纳2302.7万次的旅客，在我国机场的排名中处于第19位。

乌鲁木齐机场的建成，不仅推动了与周边国家的经济交流，成为丝绸之路上的交通枢纽中心，也成为内地人民进出中亚地区的重要门户。机场的建成，不仅成为新疆的城市名片，更促进了新疆社会经济的发展，改善了新疆人民的生活水平，使整个新疆地区的幸福指数大大提升。

目前新疆已建成国家一类口岸17个、二类口岸12个,是我国拥有口岸最多的省区。仅乌鲁木齐市就拥有乌鲁木齐国际机场、华凌国家二类口岸、边疆宾馆国家二类口岸、乌鲁木齐经济技术开发区口岸、新疆商贸城国家二类口岸、新疆旅客运输公司汽车站口岸六个国家二类口岸。新疆已连续在乌鲁木齐市举办了19届"乌洽会",2011年升格为"中国—亚欧博览会",成了我国与中西南亚以及欧洲发展经贸合作的重要平台。

乌鲁木齐市是新疆的政治、经济、文化中心,新疆几乎所有有名的大学都集中在首府。新疆著名的大医院在中亚地区都非常有名,尤其是新疆医科大学,有很多来自中亚国家的留学生,就连中亚国家一些非常重要的人物治疗疾病都会来乌鲁木齐。我们在乌鲁木齐的街头,也时常会与这些来自中亚的商人、留学生擦肩而过。每当如此,我们便微笑着与他们点头示意!

作为新疆首府之城的乌鲁木齐,我们距离未来的梦想越来越近了。

乌鲁木齐：艺术之城

1

称乌鲁木齐市为"艺术之城",最早始自日本著名学者、国际创价学会的会长池田大作先生。

记得2005年年初,我在一份杂志任职时撰写《池田大作与中国》一文时,曾与池田大作先生联络。因为我看到池田大作给他新疆友人的信函中,盛赞新疆首府乌鲁木齐为"东西方文化交流的艺术之城",颇为诧异!

后来我明白了。那是池田大作先生对乌鲁木齐市的一个美好的期盼与祝愿!因为池田大作先生并未到过乌鲁木齐,而他对新疆首府乌鲁木齐则是怀有一份遥远的期盼与祝福之情的。

池田大作先生对新疆乌鲁木齐一往情深。他说,位于丝绸之路的新疆是东西方文化交流的要冲,也是佛教及日本文化的恩人之地……

所以也难怪一批接一批的日本学者、作家、僧人和探险家跋山涉水到新疆来。池田大作先生也曾在回答汤因比博士的提问时说:"如果有来世,我最希望生在公元一世纪佛教传入时的中国新疆。"

两位哲人、大师的那次经典对话,他们的颔首微笑也就此定格成了一个永恒!

2

新疆曾经是东西方文化交流的要冲。龟兹(今库车)的五大石窟群,吐鲁番的柏孜克里克千佛洞,还有那一座座的古城、遗址、古墓都充分证明着:

新疆曾是中原文化、印度佛教文化、欧洲希腊文化、伊斯兰文化在此激烈碰撞、交汇、融合的一个中心。

罗布泊小河墓地挖掘出来的楼兰干尸，经研究也属于4000年前的欧罗巴人。透过龟兹佛教大师鸠摩罗什远赴长安翻译佛经，东晋法显的西行求法，再到唐代高僧玄奘的西行求法，我们不由得心生艳羡，且庆幸我们所居住这片土地历史悠久，文化多彩灿烂……

盛唐时期，中国的造纸术经由杜环传入中亚，促进中亚地区的文化交流。跨界而居的多个民族在这里生息、繁衍、交流、融合、碰撞。

到了清代，跟随清军进入乌鲁木齐的兵丁士勇，带来满族的萨满教、汉人的道教，还有祆教（景教）……内地商贾进入新疆，将河北的高跷、陕西的高抬、两湖的二龙戏珠、山西的花鼓戏、天津的清平水会和龙灯等民俗带到了迪化（今乌鲁木齐市）。各种民俗在这里尽情表演，竞相绽放，极大丰富了迪化边城人民的文化生活。

新疆各民族在这里交流、交往、交融。从中原内地各个省份来的，各个不同历史时期来的人们也都先后聚集到了这里。他们将各个地方的文化、饮食都带到了这里。民族的交流，文化的碰撞、融合，自然产生出新的裂变……

3

2019年5月初，当此书稿正在杀青时，乌鲁木齐市俄罗斯文化交流协会在"复活节"之后组织在乌鲁木齐市的俄罗斯裔，前去东山公墓"雅园"祭拜苏联红军烈士墓一事亦勾起我对那段历史往事的回忆。

那些死亡的苏联红军战士，是盛世才主政新疆时期，受盛世才之邀，前来乌鲁木齐帮助其消灭对手马仲英部，巩固其新疆政权的。

我曾在《苏联红军烈士纪念碑落成始末》一文，首次披露了那座纪念碑落成的前因后果。

那些俄罗斯人后裔，把他们的文化、艺术、习俗带到了这里，成就了乌鲁木齐不同于内地建筑风格的边城建筑特色。

华灯初上，会展中心一片灯火阑珊　刘元摄

4

新疆的维吾尔族是一个能歌善舞的民族，新疆的音乐、舞蹈也是享誉世界的，但新疆又不仅仅只有一个少数民族，新疆有13个世居少数民族，所以民族艺术的资源异常丰富。新疆以前的龟兹音乐、胡旋舞即响遍唐代都城长安，痴醉了长安民众。如今，乌鲁木齐举行两年一届的"中国国际舞蹈节"，世界各地几十个国家的舞蹈团体在这里举办演出。9月中旬，演出时，乌鲁木齐市的各个大的影剧院同时开演，那可称得上是盛况空前。

没有历史的城市是稚嫩的、浅薄的，没有文化的城市同样是缺乏内涵且苍白的。而一座城市历史文化底蕴的深浅，却又恰恰是通过那一个个远去的历史人物和残破的历史遗迹来体现的。

走在乌鲁木齐的大街小巷，你可以看到一座座道观、佛寺，看到一座座年代久远的清真寺，看到天主教堂，看到基督教堂。这种多个民族的多种宗教信仰，多种不同文化和谐共居一城的情况，在中国的很多城市都是不多见的。

单从这一点上讲，就足可以说明乌鲁木齐这座城市的别致与伟大了！

5

1996年9月,余秋雨先生来乌鲁木齐演讲时说,"打造现代都市文化的三个重要标志是:1.拥有多少历史遗存,2.拥有多少文化偶像;3.文化产业的发展规模。"

没有遗迹的城市是非常遗憾的!而历史给一个城市以厚度,否则这座城市就是一个浅薄的城市。

对于乌鲁木齐这座沟通东西方贸易和文化的桥梁来说,它所处的地理位置及其所展现的对外开放的态势来看,它发挥的作用和展现出来的特色也越来越明显,越来越充满魅力。

那么,我们新疆,尤其是乌鲁木齐市能否为世界文明的演进提供一个新的样本呢?!

THE
BIOGRAPHY
of
URUMQI

乌鲁木齐传

拥抱未来

第十章

"一带一路"添动力

乌鲁木齐最早建立的"迪化屯城",是清政府为了满足哈萨克汗国阿布赍汗换马交易的请求而兴建的。在迪化屯城建立254年后的2013年9月7日,还是与这个哈萨克民族,在其首都阿斯塔纳纳扎尔巴耶夫大学,中华人民共和国主席习近平首次提出共建"丝绸之路经济带"倡议,两国关系在历史渊源的延续中又开启了新篇章。

乌鲁木齐作为中国西部距离东部海洋地区最遥远的一座首府内陆城市,往往是经济欠发达的一个代名词。但它一个华丽的转身后,将自己变成了面向中亚、面向欧洲、面向南亚对外开放的一个最前沿。

2013年10月3日,习近平主席在印度尼西亚国会演讲,又提出共建21世纪"海上丝绸之路"的倡议。海、陆丝绸之路就是我国同中亚、东南亚、南亚、西亚、东非、欧洲经贸和文化交流的大通道,相关各国打造互利共赢的"利益共同体"和共同发展繁荣的"命运共同体"。

从中国视野到全球视野,"一带一路"提供了一个包容性巨大的发展平台。

2013年11月,新疆亦对共建丝绸之路经济带给出明确定位:"以建设丝绸之路经济带为契机,全面推进对外开放。努力将新疆建设成丝绸之路经济带上重要的交通枢纽中心、商贸物流中心、金融中心、文化科教中心和医疗服务中心。"

2015年3月,国家发改委发布的《推动共建丝绸之路经济带和21世纪海上丝绸之路的愿景与行动》发布。《愿景与行动》中指出,推进"一带一路"建设,中国将发挥国内各地区优势,其中对新疆的定位为"发挥新疆独特的区位优势和向西开放的重要视窗作用,形成丝绸之路经济带上重要的交通枢纽、商贸物流和文化科教中心，打造丝绸之路经济带核心区"。《愿景与行动》中描述丝绸之路经济带的重点合作方向主要是中国经中亚、俄罗斯至欧洲（波罗的海）或者中国经中亚、西亚至波斯湾、地中海。

2015年4月20日至21日，习近平主席访问巴基斯坦期间，与巴方领导人签署了《关于建立全天候战略伙伴关系的联合声明》，明确以"中巴经济走廊"为引领，以瓜达尔港、能源、交通基础设施和产业合作为重点，形成"1+4"经济合作布局，同意尽快完成《中巴经济走廊远景规划》。

2015年是"一带一路"倡议重大项目落实的关键一年，乌鲁木齐率先提出加快建设丝绸之路经济带核心区"五大中心"，把乌鲁木齐建设成为国家大型油气生产加工和储备基地、大型煤炭煤电煤化工基地、大型风电基地和国家能源资源陆上大通道，建设成丝绸之路经济带上的核心区成为乌鲁木齐市的重点工作。

乌鲁木齐的城区路网建设，包括BRT、田字路等项目，极大地提升了城区交通的承载量。但"一带一路"的"交通中心"概念，已不再仅限于一个城市的路网建设，而是将一个城市的路网变成一个"大枢纽"，形成连通城际，进而连通全国、连通欧亚的"大交通"，因此，2015年，乌鲁木齐市加快了构建"三环十五射"的路网骨架，并开始完善乌鲁木齐、昌吉、石河子交通网络体系，同时积极推进乌鲁木齐地铁1号线项目、完成2号线前期工作。此外，高铁和航空的建设项目也开始提速。

随着城北高新区（新市区）长春路立交桥提前4个月完成双向通车，乌鲁木齐的城市路网已基本形成了一个主体的框架，乌鲁木齐的城市路网初具规模。城北，是连通北疆路网的枢纽，乌市、昌吉、石河子城际路网的建设也已日趋完善，乌鲁木齐"交通中心"的地位得到进一步强化。

乌鲁木齐"丝绸之路经济带国际物流中心核心区"是2015年后半年经开区（头屯河区）启动的另外一个重要项目。该项目将规划建设一个以西站地区为核心，联动北站地区、空港地区、三坪地区的开放战略架构体系。整合区域内铁路、航空、公路资源，结合新疆陆路港项目，在火车西站铁路国际物流园选址约500亩土地开展规划建设。该物流中心空间布局将形成以西站片区为核

翔　陈辉摄

心、统筹北站片区、八钢车站片区、三坪中心站、空港、甘泉堡站、城南合作区资源，以铁路一类口岸为平台，集成多式联运海关监管中心、中欧班列新疆集结中心、B类保税中心和产业集聚配套功能。乌鲁木齐"商贸物流中心"的雏形已初现端倪。

2015年，乌鲁木齐经济技术开发区（头屯河区）的新疆软件园正式投入运营，天山云计算基地也启动建设。

2016年5月26日，被誉为"钢铁新丝路"的中欧班列从开行之初每周1列，到如今每日2列常态化运行的发展速度，成了乌鲁木齐领跑"一带一路"建设的一个典型缩影。

乌鲁木齐国际陆港区，这也是中国西部最大的国际陆港区。"整个陆港区是个大格局，是丝绸之路经济带核心区新疆服务全国、服务亚欧的一个国际化平台。"乌鲁木齐国际陆港区首次开行的这一铁海联运线路，跨越欧亚大陆、贯穿大西洋、太平洋、印度洋，真正实现了"一带"和"一路"无缝衔接。

乌鲁木齐多式联运海关监管中心，总用地面积约364亩，总投资额7.9亿元，2016年12月举行揭牌仪式、封关运营，是乌鲁木齐国际陆港区的先导性工程，包含七个功能区：运输工具换装区、集装箱堆场区、集装箱拆拼区、查验区、检疫处理区、保税仓储区。

由此，乌鲁木齐打造科教文化中心，鼓励和支持丝绸之路沿线高校、科研院所、企业联办研发机构联合承担国家重大科技项目，发展多种形式的科技合作与交流；加强来华留学示范基地、援外培训基地建设，支持丝绸之路沿线国家高校合作办学试点项目；已经成为发展丝绸之路经济带"科技文化中心"的核心发展项目。乌鲁木齐也发展成为中亚国家重要的留学之选。

到2020年，乌鲁木齐形成中国最重要的股权投资企业聚集地之一。依托金融中心建设，在乌鲁木齐打造一个主要面向中西亚地区的区域性金融要素中心、人民币区域结算中心、融资中心和区域性资本中心。而打造丝绸之路上的金融服务中心，需要建设跨境贸易与投资人民币结算中心、外汇交易中心、股权交易中心和大宗特色资源产品期货市场。

到2020年，乌鲁木齐养老服务设施全市全覆盖，乌鲁木齐国际医疗服务市场基本形成，国际医疗服务中心建设初具规模，对外医疗服务能力进一步提升，中亚医学中心城市的主要功能基本形成。

国际化都市谱新篇

根据从乌鲁木齐市2018年版的陆港区区位示意图上显示,乌鲁木齐火车北站片区、西站片区、八钢铁路场站区、三坪中心站、高铁片区等集中连片,已初步形成了面积约67平方公里的港产城联动发展区域。

从2008年的乌鲁木齐铁路国际物流园,到2013年提出建设乌鲁木齐丝绸之路经济带国际物流枢纽基地,再到2015年提出建设乌鲁木齐国际物流中心,直至2016年正式命名为乌鲁木齐国际陆港区,陆港区名字的变化,也正好契合了乌鲁木齐市加快建设现代化国际城市的步伐。

一个个世界500强企业之所以落地乌鲁木齐,亦正是看中了乌鲁木齐加快建设丝绸之路经济带核心区"五大中心"过程中的国际化进程。"依托乌鲁木齐可以发展面向中亚、西亚和欧洲的市场。"

目前乌鲁木齐国际陆港区已开辟线路通达中亚及欧洲18个国家25个城市。货物品种也由最初的日用百货和服装等拓展为机械设备、水暖器材、电子产品及配件等200多个品类。班列数量更是从最初一年仅有55列,发展到2018年的1002列,而2019年1月至7月底,已开行600余列。

随着新疆建省以后,其作为首府城市的战略意义及政治、经济、文化意义越来越得到放大或彰显。2021年1月14日乌鲁木齐第十六届人民代表大会第五次会议通过的《乌鲁木齐市国民经济和社会发展第十四个五年发展规划和2035年远景目标纲要》,为乌鲁木齐未来五到十年的发展绘出了蓝图。

"十三五"时期是全面建成小康社会决胜阶段,也是首府史上发展极不平凡、具有里程碑意义的五年。"十三五"期间,地区生产总值由2330.8亿元增加到3337.32亿元;累计实现社会消费品零售总额6035.1亿元,较"十二五"期间增长了36.5%。

进入"十四五"时期,首府现代化城市建设迈入新步伐,首府进入了地铁时代,立体化交通网络初级规模,城市功能日趋完善,建成区面积增长到2020年的522平方公里。乌鲁木齐全力打好精准脱贫、污染防治、防范化解重大风险的"三大攻坚战"取得新胜利,防范化解重大风险取得积极成效,精准扶贫如期高质量完成，生态环境质量得到持续改善。人民生活水平显著提高，乌鲁木齐市政府推出的"九项惠民工程"概括起来就是：

1. 推进安全惠民，让市民生活更平安；

2. 推进就业惠民，让更多人端"饭碗"；

3. 推进教育惠民，让孩子们心更开心；

4. 推进医疗惠民，让市民看病更方便；

5. 推进社保惠民，为各族群众减轻负担；

6. 推进扶贫惠民，帮扶需要帮助的群体；

7. 推进安居惠民，解决更多家庭住房困难；

8. 推进暖心惠民，让市民生活更舒心；

9. 推进文化惠民，让市民精神身体双充实。

通过这九项惠民工程，大大提高了乌鲁木齐市民们的幸福指数。尤其是坚持以产业带动就业、创业促进就业、政策扶持就业，创造更多就业机会。做好高校毕业生、就业困难人员等重点群体就业，实现城镇人员就业10万人，城镇登记失业率控制在3.7%以内。建设"一站式"就业和社会保障服务大厅60个，农村富余劳动力转移就业6000人，完成各类职业培训11万人。培育5个具有聚集效应的创业孵化基地，新增创业4000人，带动就业1.2万人。建立高校"就业创业指导服务中心"和"创业苗圃"，大中专应届毕业生就业率达到85%以上，扶持400名高校毕业生自主创业，企业新吸纳大中专毕业生8500人以上。为推进医疗惠民工程，让市民看病更方便，乌鲁木齐市委、市政府深化了医药卫生体制改革，实行医疗医保医药联动，推动分级诊疗和区域医疗联合体系建设。促进基本公共卫生服务均等化，年内全面完成乡镇卫生院和村卫生室标准化建设任务，加快社区卫生服务机构标准化建设。全面实施全民健康工程，每年为各族群众提供一次免费健康体检。着力发展特色专科医疗服务，高标准打造国际医院、友爱医院、儿童医院城北新院等一批面向全疆、辐射周边国家和地区的现代化医院。坚持计划生育基本国策，促进人口长期均衡发展。促进妇女儿童和红十字事业发展。

还减轻各族人民群众的负担，健全覆盖城乡的社会保障体系，大力推进全民参保计划,持续扩面提标,确保各险种征缴率达95%以上。实行大病保险和门诊统筹,减轻各族人民群众的看病负担。推进智慧(电子)社保建设,扩大基本医疗保险异地就医结算范围,实现个人缴费网上办理。

为解决更多普通人民群众的住房困难问题,乌鲁木齐市政府以老城区改造提升为契机,加快惠及13万群众的保障性住房建设,完成5.2万户棚户区改造和5000户农牧民"两居"工程建设任务。完善住房保障体系,适度放宽住房保障申请条件,解决4000户中低收入家庭住房困难问题。推行物业企业分类评定、诚信管理等制度,提升物业市场管理水平。

为了让乌鲁木齐市的市民生活更舒心,乌鲁木齐市政府亦加快推进"医养结合"试点,完善养老服务设施,建成15个农村幸福互助院、社区日间照料中心。规划建设城市慢行系统,发展定制公交等新型服务业态,试点公交半小时优惠换乘。鼓励社会力量投资建设公共停车场,试点小区对外错峰停车和企事业单位对外开放停车场。加强国防教育,深入开展双拥共建活动,推进军民融合发展,落实优抚安置政策,提高重点优抚对象抚恤标准,争创全国双拥模范城"九连冠",共同谱写军政军民双拥共建新篇章。

为提升公共文化服务能力,让乌鲁木齐市民的精神身体双充实,加快推进基层文化设施建设,完成市文化中心"六馆"主体工程,进一步完善政府购买文化演出机制,将更多公共文体设施免费向群众开放。大力发展少数民族文化事业,鼓励创作更多反映少数民族现代文明生活的文艺精品。实施戏剧振兴、文学艺术提升、影视精品打造、网络文艺发展、文艺领军人才培育"五大工程",全面丰富优质文化产品供给。积极培育城市特色文化,打造3个特色文化产业示范园、2个特色文化街区、10家市级文化产业示范基地。加快推进奥林匹克体育中心和城乡公共体育设施建设,办好市第四届运动会。广泛开展全民健身活动,加快促进体育产业发展。大力培育现代都市文明,不断提高市民文明素质和社会文明程度,全力争创全国文明城市。推动统计、外事、工商、质监、人防、气象、档案、新闻出版、史志编纂等各项社会事业蓬勃发展。

乌鲁木齐市在广泛征求了社会各界意见和建议的基础上,经过自治区党委、自治区人民政府的研究后，决定向全体市民承诺2023年实施的十件民生大事：

1. 开展保障性住房建设。开工建设4.1万套保障性租赁住房、1.3万套公租房，实施城镇棚户区改造4.9万套，实施老旧小区改造1152个小区、覆盖21.91万户居民；

2. 推进"煤改电"（二期）工程建设。巩固提升"煤改电"（一期）工程，完成"煤改电"（二期）工程27.95万户改造任务，配套建设110千伏及以上电网项目32项；

3. 增加养老托育服务、城市公办幼儿园学位供给。实施城市社区养老"金色晚霞"工程，新建、改建100个社区老年人日间照料中心，加快构建城市地区"一刻钟"居家养老服务圈。实施社区医养结合能力提升工程，改扩建一批社区（乡镇）医养结合服务中心，重点为失能、高龄、残疾等老年人提供疾病诊治、康复护理、长期照护、安宁疗护为主的医养结合服务。开展普惠托育服务专项行动，实现65%的县（市、区）至少建成一所示范性托育机构，推进幼儿园开设2—3岁婴幼儿托班工作。在公办园在园幼儿占比低于50%的城市新建一批公办幼儿园，新增不少于4000个公办学位，逐步缓解城市公办幼儿园学位供给不足和优质教育资源不平衡不充分的难题；

4. 开展就业援助暖心活动。实现脱贫人口务工规模不低于108.7万人。促进失业人员实现就业16万人，帮助城镇就业困难人员实现就业2.9万人，实现城镇零就业家庭动态清零。启动"新疆建筑工匠"培训就业行动，完成12.5万人次培训和10万人就业任务；

5. 深化政务服务"一网通办""一事联办"。优化异地就医备案流程，扩大异地就医结算范围，不断提高线上结算率，有效解决跨省异地就医人员"垫资"和"跑腿"问题。依托"新疆公安微警务"小程序，推动更多公安政务服务事项"一网通办""掌上好办"，实现群众"足不出户"即可办理公安业务。在疆内推广使用身份证等6类公安电子证照，实现群众在政务服务、执法检查等场景出示电子证照代替实体证件。继续推动异地新生儿入户、异地首次申领居民身份证等更多高频政务服务事项"跨省通办"。优化不动产登记"一窗受

理、并行办理""网上办事大厅"服务效能,完善推广不动产转移登记与水电气联动过户及涉企不动产登记一件事联办;

6. 开展文化体育惠民活动。组织开展"群星耀天山""双百"、大家唱、广场舞等群众文化活动。持续开展"石榴籽"文化文艺小分队、专业院团惠民演出等区、地、县三级文艺下基层演出。重点推进"戏曲进乡村"项目,为全疆39个县市458个乡镇戏曲进乡村,每个乡镇每年配送6场演出。开展新疆曲子剧、锡伯族"汗都春"濒危剧种惠民演出。开展全民阅读系列活动和"流动博物馆"巡展。推动地州市建设体育公园10个、全民健身中心1个、社会足球场36个,推动仝疆77个大型体育场馆免费或低收费向社会开放。开展青少年冰雪运动普及工作,开展系列冰雪冬令营活动,布局50所体育传统特色学校;

7. 实施"四好农村路"建设和农村饮水工程维修养护项目。新改建农村公路6000公里,进一步提升农村公路通畅水平。实施农村公路安防工程5000公里,危桥改造100座,进一步提高农村公路安全保障水平,提升人民群众安全感。完成30个县(市)539处农村饮水工程维修养护任务,巩固提升203万农村人口供水保障水平;

8. 实施农民工安"薪"无忧工程。以工程建设领域等欠薪易发多发行业企业为重点,突出政府投资工程项目、国企建设项目和社会投资的房地产开发项目,确保农民工按时足额拿上工资,切实维护农民工劳动报酬权益。全面建成并运行新疆农民工工资支付监控预警平台,对工程建设领域劳动用工和工资发放进行全流程监管,从源头上预防欠薪问题。向社会公布重大欠薪违法行为,加强失信联合惩戒;

9. 推进"乌—昌—石"区域大气环境整治。坚持兵地一体、联防联控,推进重点领域多污染物协同治理,着力解决"乌—昌—石"区域大气污染问题,促进大气质量明显改善。实施绿色出行"续航工程",在重点高速公路、普通国省干线公路服务区建设充电桩、充电站,为人民群众绿色出行提供便利;

10. 实施困难重度残疾人家庭无障碍改造项目。为6300余户困难重度残疾人家庭进行无障碍改造,按需求安装低位灶台、坡道、扶手等无障碍设施,对家庭厨卫等生活设施进行改造，方便残疾人起居和独立生活。

自治区人民政府亦对以上十件民生实事跟踪督办、兑现承诺。希望社会各界和广大群众积极参与和监督，真正把实事办好、好事办实。

乌鲁木齐市通过"九项惠民工程"和"民生建设十件实事"的持续深入推进，新增了城镇就业64.9万人。养老、基本医疗保险覆盖率分别达到了96.9%、99.7%。全面深化改革持续深入，供给侧结构性改革阶段性成效显著，行政机关机构改革全面完成，"放管服"改革持续深化，国资国企改革稳步推进。对内对外开放持续扩大，丝绸之路经济带核心区建设示范引领作用显著增强，"五大中心"辐射带动作用日益显著，"两港一中心建设"取得突破性进展，中欧班列"集拼集运"模式全国推广，国家物流枢纽建设项目全面启动。民族团结不断进步，成功创建全国民族团结示范市，"三个离不开"（汉族离不开少数民族、少数民族离不开汉族，各民族互相离不开）"五个认同"（认同伟大祖国；认同中华民族；认同中华文化；认同中国共产党；认同中国特色社会主义。）和中华民族共同体认识更加牢固。宗教领域和睦和谐，党的宗教工作基本方针全面贯彻。全国双拥模范城市建设取得"九连冠"。科技创新活力持续迸发。文化事业和文化产业繁荣发展，各族群众精神文化生活不断丰富。社会治理体系和治理能力现代化加快推进，全面依法治市成效显著。党的建设全面加强，执政基础更加坚实。全面建设小康社会胜利在望，首府工作全面进入新时代、站在了新的历史起点上。

2023年7月21日晚，为期17天的由中国文化和旅游部、国务院新闻办公室和新疆维吾尔自治区人民政府共同主办的第六届中国新疆国际民族舞蹈节在乌鲁木齐市拉开了帷幕。

本届舞蹈节以"舞动梦想 和美丝路"为主题，来自亚洲、欧洲、非洲的千余名艺术家汇聚新疆，切磋舞艺，增进文化交流互鉴。开幕式上，各民族舞者同台演出，为观众带来精彩的"开幕秀"。

开幕式后，新疆艺术剧院歌舞团演员表演大型历史题材舞剧《张骞》。本届舞蹈节于7月20日至8月5日在乌鲁木齐举行，历时17天，汇聚国内外28台优秀剧（节）目，共计60场演出，涵盖芭蕾舞剧、民族舞剧、歌舞剧等艺术形式，演员阵容及演出规模达到历届之最。舞蹈节期间还将举办时尚秀、街舞展演、新疆舞蹈创作交流会、广场舞展演等配套活动。

未来五年，乌鲁木齐将逐步基本实现新型工业化、信息化、城镇化、农业现代化、建成现代化工业体系；文化润疆取得重大成效，中华民族共同体意识深入人心，国民素质和社会文明程度达到新高度，城市文化软实力显著增强；对内对外开放水平显著提升，参与国际经济合作和竞争新优势明显增强，丝绸之路核心区中心区基本建成；城乡区域发展差距和居民生活差距明显缩小，基本公共服务实现均等化；社会大局持续稳定长期稳定，基本实现治理体系和治理能力现代化，长治久安基础更加坚实；人民生活更加美好、人的全面发展、全体人民更加富裕取得更为明显的实质性进展；平安首府、健康首府、文明首府、富裕首府、幸福首府、美丽首府建设达到更高水平。

乌鲁木齐建城大事记

1755年（清乾隆二十年）乙亥

正月辛巳：清朝政府派兵平定准噶尔贵族集团武装叛乱，和硕特台吉班珠尔率部落万人归顺。清兵在西九家湾明故城废址土垒驻兵，并将地区名称正式定为乌鲁木齐。

1757年（清乾隆二十二年）丁丑

十一月乙卯：定边将军成衮扎布派绿骑兵500名，并由吐鲁番、额敏和卓派维吾尔地方兵百余名来乌鲁木齐进行屯田。

1758年（清乾隆二十三年）戊寅

正月癸丑：天山北路的哈萨克部落要求在乌鲁木齐进行交易，清政府解送陕甘两省库存绸缎及巴里坤储存官茶来乌鲁木齐。

1760年（清乾隆二十五年）庚辰

五月丙午：陕甘总督杨应琚奏请清政府设乌鲁木齐提督，管理地方军事。

1761年（清乾隆二十六年）辛巳

四月戊戌：将内地各省罪犯一批，遣送乌鲁木齐，从事农业生产；

十月辛卯：由安西、肃州、甘州、凉州各地动员贫民300余户，携眷来乌鲁木齐安置就农。

1762年（清乾隆二十七年）壬午

九月甲申：旌额理奏请清政府批准，在乌鲁木齐建筑城堡，并派都司永海、前总兵吴士胜领兵督建。

1763年（清乾隆二十八年）癸未

四月戊申：陕甘总督杨应琚奏称："乌鲁木齐为新疆要区，拟将副将改为总兵、添设镇标中营及城守营，原设左右二营，共成四营，由巴里坤提督节制。"

七月辛巳：建造营房1200间，可供3900名驻军居住，并架修乌鲁木齐河"虹桥"（今西大桥附近）。

1764年（清乾隆二十九年）甲申

五月甲戌：巴里坤提督移驻乌鲁木齐，乌鲁木齐总兵移驻巴里坤。

1765年（清乾隆三十年）乙酉

八月戊申：肃州移民800户，高台移民400户，来乌鲁木齐就农；

十二月：接旧城北垣，展筑"迪化"新城。驻军在水磨沟温泉东畔开设炼铁厂，土炉五座，日炼生铁五百斤。

1766年（清乾隆三十一年）丙戌

九月壬午：有400名遣犯，要求将家属接来乌鲁木齐，终身负罪边城，经批准把其中判有死罪者改为五年流罪，判有期罪者三年。年满后编入民册，连同家属安置农户。

1767年（清乾隆三十二年）丁亥

九月：迪化新城扩建竣工，周四里五分，城墙高一丈一尺五寸，底厚一丈，顶宽八尺，城壕四里八分，宽深各一丈，四道城门沿用钦定原称。

1771年（清乾隆三十六年）辛卯

五月丙午：安南国民黄公缵等偕眷一百余人归附我国，全部遣来乌鲁木齐。

1772年（清乾隆三十七年）壬辰

三月戊戌：去迪化城十里筑"巩宁城"（今老满城），城周九里三分，设四门，东曰"承曦"、西曰"宜穑"、南曰"轨同"、北曰"枢正"。移乌鲁木齐满营官兵三千人驻其中。

1773年（清乾隆三十八年）癸巳

五月丁丑：设乌鲁木齐都统，掌管地方军务，属伊犁将军节制。

1774年（清乾隆三十九年）甲午

正月：乌苏、精河二地因未设地方官员，经陕甘总督奏请清政府批准，划归乌鲁木齐管辖。

1784年（清乾隆四十九年）甲辰

七月乙寅：长青调任乌鲁木齐都统，抽派遣犯300名，开办乌鲁木齐铁厂，采矿炼铁。

1795年（清乾隆六十年）乙卯

截至本年统计：

迪化州属各地民户为3326户，男口14322人，女口12386；

乌鲁木齐地区耕地987789.亩，有498户商民兼种菜园，菜地27900亩；有112户商民兼种粮食，耕地1806亩；

乌鲁木齐地区储量1255000石，迪化仓储粮136200石；

地化州属金厂7处，金夫300余人，乌鲁木齐地区金厂2处，每年收课金200余两；

乌鲁木齐铁厂存生铁1103213斤，熟铁70800斤。

1796年（清嘉庆元年）丙辰

三月：永保撰写《乌鲁木齐事宜》，书中写道："迪化城……郭外西北俱有关厢，东郭无关厢，南关长约二三里，中有旧城一座。即二十七年（1762年）钦差协镇驻扎之区，此际具为民商所居之。旧城南北商贩市肆，繁华俨然成都会。"

1805年（清嘉庆十年）乙丑

六月乙丑：清政府下谕乌鲁木齐积粮，谕曰："迪化州地方繁庶，为乌鲁木齐附郭最要之区，现在存粮额仅有十三万石，为数未免较少……饬令迪化州按照市价，自来岁秋获后起，分两年采购，存储备用。"

1825年（清道光五年）乙酉

1月14日：乌鲁木齐都统英惠奏请在迪化城东修筑满营土城（注：即今天建国路一带），移满营兵驻居。

1828年（清道光八年）戊子

9月28日：据那彦成奏：每年由甘肃出关官茶为20余万封，但从古城、乌鲁木齐行销各地官茶为四五十万封，显系商民走私偷运，各地应设局稽查。

1845年(清道光二十五年)乙巳

12月4日：林则徐释回路径乌鲁木齐，填词吟红山："任狂歌，醉卧红山嘴。风劲处，酒鳞起。"并踏访纪晓岚"阅微草堂"遗址，观赏乌鲁木齐元宵灯会。

1848年(清道光二十八年)戊申

2月19日：甘肃按察使云麟、甘肃总兵官索文奏请捐修乌鲁木齐城垣。

1851年(清咸丰元年)辛亥

12月2日：乌鲁木齐提督桂明奏报制造枪炮，进行操演情况。

沙俄强迫清政府签定《伊犁塔尔巴哈台通商章程》，俄商天兴洋行在乌鲁木齐开业。

1859年(清咸丰九年)戊午

1月23日：设乌鲁木齐"宝迪局"，铸造铜钱，纹银一两，折合铜钱1200文。

1862年(清同治元年)壬戌

陕西回族阿訇妥得璘以卜卦算命流入乌鲁木齐。

1863年(清同治二年)癸亥

3月3日：平瑞奏称："乌鲁木齐所属各城，因历年饷需缺乏，兵丁困苦难支，经平瑞劝说商民捐输，已获实银五万余两。"

1864年(清同治三年)甲子

6月：平瑞指示迪化知州孔福从速征粮，"按亩勒征，严刑催比"，引起乌鲁木齐南山汉、回农民抗征暴动，各县农民纷起响应；

6月26日：汉族农民"团练"首领徐学功，回族"团练"首领马明等带领汉、回起义农民攻陷"巩宁城"，平瑞自炸身死。

1870年（清同治九年）庚午
3月：阿古柏由吐鲁番侵入乌鲁木齐。

1871年（清同治十年）辛未
6月：汉、回团练密切配合，擒杀乌鲁木齐伪行政官马仲，并将阿古柏赶出乌鲁木齐；

12月：索焕章反正，妥得璘逃亡玛纳斯，阿古柏乘"团练"追击妥得璘，二次侵入乌鲁木齐。

1872年（清同治十一年）壬甲
2月：徐学功、马明发动联合攻势，将阿古柏再次赶出乌鲁木齐；

6月：徐学功在乌鲁木齐汉城北门外集合队伍，准备追击阿古柏，因敌人偷袭受挫，退至沙山子；

阿古柏第三次侵入乌鲁木齐，大肆杀戮报复，指派马明之兄割舌挖心，残酷杀害。

1873年（清同治十二年）申戌
10月：白彦虎至吐鲁番，被阿古柏招服，并进入乌鲁木齐，为阿古柏防守古牧地东线阵地。

1875年（清光绪元年）乙亥
5月2日：清政府授任陕甘总督左宗棠为钦差大臣督办新疆军务，金顺为督办新疆军务帮办兼乌鲁木齐都统。

1876年（清光绪二年）丙子

6月：以刘锦棠为统帅、金顺为先锋的百营湘军共六万人，进入新疆；

7月12日：清兵与白彦虎大战古牧地，白彦虎败退；

7月22日：清兵登乌鲁木齐六道湾山梁，炮轰阿古柏，阿古柏、白彦虎溃逃达坂城。清兵由东门入迪化城，生擒阿古柏副将庞赛题，安抚各族民众。事后在六道湾修筑"一炮成功"纪念堡。

1877年（清光绪三年）丁丑

4月14日：刘锦棠率兵由乌鲁木齐出发，向达坂城进击。

1878年（清光绪四年）戊寅

3月4日：清政府拨款八万两，恢复乌鲁木齐农业生产；

12月2日：左宗棠提出新疆建置行省奏议。

1879年（清光绪五年）己卯

3月22日：清政府下令筹办乌鲁木齐善后事宜。指示地方官员"开垦田地，修筑城堡，疏通沟渠，整顿学校"。

1880年（清光绪六年）庚辰

12月5日：新筑满城竣工，满营官兵及眷属进驻，原迪化城商民居住，俗称"汉城"。

1881年（清光绪七年）辛巳

1月：签定《中俄伊犁条约》，开乌鲁木齐等地为商埠，划俄国"贸易圈"。

1884年（光绪十年）甲申

11月16日：新疆建置行省，设巡抚、布政使，以乌鲁木齐为省会；

11月19日：清政府授任督办新疆军务部右侍郎刘锦棠为新疆巡抚，调任甘肃布政使魏光焘为新疆布政使。

1885年（清道光十一年）乙酉
5月：刘锦棠、魏光焘先后进入乌鲁木齐，建立巡抚及布政使衙署；
刘锦棠在乌鲁木齐倡建"宝新局"，从事冶炼铸造。

1886年（清光绪十二年）丙戌
刘锦棠在乌鲁木齐创办印书院；
乌鲁木齐居民共为7342户，38944人。为适应建省后的需要，将汉城、满城合并扩建，城周展为1152里，将原四道城门辟为七道。

1887年（清光绪十三年）丁亥
乌鲁木齐河西"关湖"潴水池改建为"鉴湖"，供公共游览。

1888年（清光绪十四年）戊子
沙俄政府在乌鲁木齐设立领事馆。

1889年（清光绪十五年）己丑
1月20日：刘锦棠请假回籍省亲，巡抚职务由布政使魏光焘代理。

1890年（清光绪十六年）庚寅
设乌鲁木齐官钱局，铸造"光绪通宝"红铜钱。

1891年（清光绪十七年）辛卯
4月1日：清政府授任陕西布政使陶模为新疆巡抚。
8月14日：设乌鲁木齐博达书院。

1892年（清光绪十八年）壬辰

7月3日：清政府颁博格达山神匾额，文曰："复帱遐取"，颁大小龙潭（大小天池）匾额，文曰："岩疆被泽"。

12月3日：设乌鲁木齐俄文学馆。

1894年（清光绪二十年）甲午

5月12日：陶模奏请分设新疆电报。

1895年（清光绪二十一年）乙未

11月20日：陶模调任陕甘总督，新疆布政使饶应祺升任新疆巡抚。

1896年（清光绪二十二年）丙申

9月16日：饶应祺因俄文学馆教学成绩优良，奏请朝廷奖励；

英人在上海所办"布道总会"，派传教师洪特尔（汉名胡进洁）来乌鲁木齐设"福音堂"。

1901年（清光绪二十七年）辛丑

地方当局批准各大商号发行本店本票；

清室贵族镇国公载澜流放到乌鲁木齐。

1902年（清光绪二十八年）壬寅

6月4日：饶应祺奏请乌鲁木齐武备学堂，培训新兵骨干；

10月6日：饶应祺调为安徽巡抚，新疆布政使潘效苏升任新疆巡抚。

1903年（清光绪二十九年）癸卯

乌鲁木齐"宝新局"改组为"宝新公司"，开办石油、石蜡、制皂等工艺；

开办乌鲁木齐通往北疆各地"驿车"。

1905年（清光绪三十一年）乙巳

9月16日：潘效苏因贪污革职，授任安徽布政使联魁为新疆巡抚。

1906年（清光绪三十二年）丙午

1月4日：改博达书院为学堂，并将原俄文学馆并入；

4月17日：清政府将甘肃平庆泾固化道尹王树枏升为新疆布政使；

11月17日：联魁奏请组建新疆陆军；

沙俄道胜银行筹建乌鲁木齐分行；

地方当局设习艺局，传授木、革、五金、绳、毡毯等工艺；

设乌鲁木齐石油公司，用土法炼油；

修筑乌鲁木齐河"巩宁桥"（今西大桥附近）。

1907年（清光绪三十三年）丁未

设新疆提学使，并成立乌鲁木齐高等学校；

开办乌鲁木齐陆军学堂；

在水磨沟设立铸币局与官水磨；

布政使王树枏倡建省城农林试验场。

1908年（清光绪三十四年）戊申

3月8日：改新疆课吏馆为法政学堂；

4月22日：设工艺局，管理手工业生产；

布政使王树枏发行新疆纸币，并限制商店本票；

开设新疆邮政，英籍邮员毕德森为襄办。

1909（清宣统元年）己酉

5月：农历四月初八，在红山庙会上，陕甘籍平民与士兵因不满地方当局在征兵问题上袒护津帮商人，以致发生冲突，打死津帮商人七八人；

10月5日：联魁奏设乌鲁木齐巡察学堂、将弁学堂，训练警察和保卫人员。

1910年（清宣统二年）庚戌

5月6日：省城农林试验场（即"说园"，今八一中学故址）建成，并增设实业讲习所；

11月13日：清政府调山东巡抚袁大化为新疆巡抚；

《新疆图志》在乌鲁木齐印刷出版。

1911年（清宣统三年）辛亥

1月19日：设新疆提学使；

4月：迪化总商会成立，杨维新任会长，当年有97家商号入会；

10月，甘肃提学使杨增新授任新疆阿克苏道尹，来乌鲁木齐候职；

10月22日：革命党人刘先俊来乌鲁木齐组织武装起义。30日起义失败。革命党人牺牲143人，刘先俊慷慨就义，时年29岁；

上海布道总会派青年牧师美斯再来乌鲁木齐，在"福音堂"开设西医诊所。

1912年（民国元年）壬子

1月19日：袁大化派陆军协统王佩兰率骑、炮五营由乌鲁木齐出发，狙击伊犁民军东进；

5月18日：北京政府任命新疆镇迪道兼臬司杨增新为新疆都督；

6月5日：袁大化离乌鲁木齐东返。

1913年（民国二年）癸丑

4月2日：设乌鲁木齐通俗图书馆，藏书1200册，每年经费800元；

4月9日：省会总商会改组，易炳元当选会长，选出会董12人。全城商号1200家。

1914年（民国三年）甲寅
地方当局将原印书院改为官报局，出版《新疆公报》；

迪化府改为迪化县。

1916年（民国五年）丙辰
2月26日：由于全国各地纷纷发表讨袁声明，杨增新另施骗术，在元宵节宴会上杀死卫队营长夏鼎，特务营长李寅，并亲手悬起五色国旗，企图嫁祸于人，推脱拥护袁世凯称帝罪责。

1917年（民国六年）丁巳
乌鲁木齐回族商人马正元以纹银一万两，购得俄式磨面机一部，在鉴湖西侧安装生产，日产面粉5000斤；

德商顺发洋行在乌鲁木齐南梁开业，廉价收购土产羊羔皮及各种野生皮张，运销国外。

1918年（民国七年）戊午
8月：乌鲁木齐发生瘟疫，死亡一千余人；

当年开始营造乌鲁木齐鉴湖公园。

1919年（民国八年）己未
2月19日：省政府责成实业厅整顿乌鲁木齐农林试验场，并派徐正本为经理员。

5月2日：改管钱局为工农银行。

1920年（民国九年）庚申

设藩正街（今民德路）官办电灯公司，不久即因亏损停办；

乌鲁木齐无线台建成；

设公路局，地方当局拨款17万元修筑乌鲁木齐至奇台公路。

1921年（民国十年）辛酉

地方政府组织私营骆驼运输，乌鲁木齐共有运输骆驼1400峰。

1922年（民国十一年）壬戌

2月3日：苏联政府派哈赞司可来乌鲁木齐，要求在省城设立苏联商务代表处；

杨增新将乌鲁木齐市三屯碑一带农田、草场拨给焉耆蒙古王满出克扎布作采邑，并任命该王为"蒙古顾问"以便控制。

1923年（民国十二年）癸亥

鉴湖公园建成，杨增新命名为"同乐公园"；

实业厅在南门外开官办皮革厂，经营二年因亏损倒闭。

1924年（民国十三年）甲子

6月：苏联驻乌鲁木齐总领事馆设立；

当年西北航空委员会在通航新疆境内的乌鲁木齐、苏联、伊犁三地建站。

1925年（民国十四年）

阜民纺织公司在鉴湖西侧（今新花印刷一厂院内）建厂。资本纹银100万两，设有天津海经洋行经售纺纱机3000锭。

1926年（民国十五年）丁卯

进口汽车30辆，开辟由乌鲁木齐至塔城公路运输。

1927年（民国十六年）

设乌鲁木齐电报局。

1928年（民国十七年）戊辰

7月1日：杨增新下令改五色旗为三色国旗，表示归顺南京政府；

7月7日：激进派官僚樊耀南发动政变，枪杀杨增新。

1930年（民国十九年）庚午

4月：设省城电报局；

5月：新绥汽车公司第一批运输汽车到乌鲁木齐；

设省银行。

1931年（民国二十年）辛未

5月：中德合办的欧亚航空公司成立，并筹建乌鲁木齐站；

5月：国民军三十六师师长马仲英率部由酒泉进入哈密，攻陷巴里坤，省城气氛日趋紧张；

10月1日：金树仁代表新疆省政府与苏联政府签订《新苏临时通商协定》；

12月22日：由李景枞领航的西北航空公司客机首次飞抵乌鲁木齐。

1932年（民股二十一年）壬申

11月14日：由机组主任石密德，机师卢兹驾驶的"欧亚五"客机试航来乌鲁木齐；

12月15日：欧亚航空公司客机正式通航乌鲁木齐；

进行人口登记，乌鲁木齐城乡共有31080户，140688人。

1933年（民国二十二年）壬申

2月19日：马仲英派马世明窜入乌鲁木齐近郊，占领妖魔山，向省城开炮轰击，金树仁派省军出击，双方在西大桥一带鏖战三昼夜，马世明败退；

3月20日：首批东北抗日义勇军抵乌鲁木齐，截至年底共四万人绕道苏联来新疆；

4月12日："少壮三杰"陈中、李笑天、陶明樾策动白俄"归化"军在东北义勇军配合下，发动政变，赶走金树仁；

6月10日：南京政府派"宣慰使"黄慕松来乌鲁木齐调解盛、马纠纷；

6月26日：盛世才以"密谋惑乱"罪名将"四一二"政变策划人陈中、李笑天、陶明樾三人处决；

7月29日：南京政府任命刘文龙为新疆省主席，盛世才为边防督办，张培元为伊犁屯垦使兼第八师师长；

9月2日：南京政府派外交部长罗文干来乌鲁木齐处理新疆问题；

9月7日：由罗文干监视，盛世才、刘文龙正式就职；

12月下旬：新疆地方政府派陈德立、姚雄由乌鲁木齐出发，赴苏联谈判苏新贸易及各项援助事宜。

1934年（民国二十三年）癸酉

1月21日：马仲英率兵万余人围攻省城，27日东北军500名出城反击，失利败回，乌鲁木齐关城46天；

3月初，苏联出兵解围，马仲英于3月7日乘夜败退；

5月：成立迪化市政府，因城市人口不足3万，旋于1937年撤销，改市政委员会；

成立运输管理局，并由苏联购进卡车400辆，开辟省内长途运输。

1935年（民国二十四年）乙亥

1月7日：改俄文法政学院为新疆学院；

3月21日：《天山日报》改版，改用五号铅字排印；

5月：王寿成、王宝乾、万献廷、张义吾、满索尔等25名共产党人陆续由苏联来乌鲁木齐，参加地下工作。同月，反帝总会第一次改组，王寿成（俞秀松）任秘书长；

7月：南京政府驻苏联大使武官邓文仪来乌鲁木齐，视察"新疆政局"，盛世才向邓保证："新疆不脱离中央，不实行共产。"

1936年（民国二十五年）丙子

4月12日：改《天山日报》为《新疆日报》；

5月：陈云、滕代远、冯铉等同志为接应中国工农红军西路纵队，经苏联来乌鲁木齐；

11月19日：盛世才查封博格达书馆及新绥汽车公司乌鲁木齐办事处。

1937年（民国二十六年）丁丑

5月6日：中国工农红军西路总队400多名指战员进入乌鲁木齐；

7月：西路军总队对外称"新兵营"，开始汽车、炮兵、装甲车、航空和电讯等特种兵训练；

9月：八路军驻新疆办事处在乌鲁木齐成立，邓发由莫斯科来乌鲁木齐接替陈云党代表职务；

10月：盛世才制造第一次"阴谋暴动案"，先后逮捕2000余人。

1938年（民国二十七年）戊寅

7月1日：由霍尔果斯乌鲁木齐星星峡国际公路全线通车；

10月4日：杜重远偕同萨空了、陈纪滢来乌鲁木齐参加全疆第三次代表大会。会后，杜任新疆学院院长，萨空了任《新疆日报》社副社长，陈返回重庆，著《新疆鸟瞰》一书。

1939 年（民国二十八年）己卯

1月1日：新疆省银行改组为新疆商业银行。财政厅长周彬（毛泽民）兼任厅长；

3月14日：名作家茅盾（沈雁冰）、马列主义理论工作者张仲实来乌鲁木齐；

7月1日：改革币制，废除以"两"为单位的旧币，发行以"圆"为单位的新币；

7月15日：石墩木梁的新西大桥建成通车；

8月24日：新疆各族人民所捐献的十架"新疆号"战斗机由乌鲁木齐起飞，奔赴保卫武汉前线；

12月5日：中苏民航班机阿拉木图乌鲁木齐重庆线正式通航。

1942 年（民国三十一年）壬午

1月29日：新疆机械化旅旅长，盛世才四弟盛世骐在住所南花园中弹身亡。盛世才借故大肆逮捕各界进步人士；

7月3日：蒋介石指使国民党第八战区司令朱绍良由兰州乘飞机抵乌鲁木齐，受到盛世才的热烈欢迎。并受盛世才委托向南京政府汇报新疆政局；

7月20日：朱绍良二次飞抵乌鲁木齐，传达蒋介石对盛世才的"爱抚"。盛世才再次上书蒋介石表示"感恩归顺"；

8月29日：朱绍良陪同宋美龄及国民大会要员顾祝同、梁寒操等来乌鲁木齐，盛世才夫妇亲临机场欢迎；

9月17日：盛世才将全疆各地工作的100多名中共党员全部调集乌鲁木齐，实行软禁。

1943年（民国三十二年）癸未

1月9日：国民党派遣第一批来新工作人员抵达乌鲁木齐；同时，美英两国在乌鲁木齐设领事馆；

1月16日：国民党新疆省党部在乌鲁木齐成立，盛世才任主任委员；

2月：被软禁在乌鲁木齐的100多名中共党员分批关入狱中；

3月1日：国民党派驻乌鲁木齐的外交、监察等机构正式建立；

6月4日：撤离哈密的"红八团"经乌鲁木齐西返；

6月16日：在乌鲁木齐工作的苏联顾问、专家全部撤离。

1944年（民国三十三年）甲申

1月5日：恢复迪化市政府建制；

4月14日：盛世才制造"八一一阴谋案"逮捕在乌鲁木齐担任党政要职的国民党人220人；

6月18日：美国副总统华莱士由苏联来乌鲁木齐，逗留两天，观察政局，20日去重庆；

10月1日："伊犁事变"爆发，国民党军队大批调入乌鲁木齐。

1945年（民国三十四年）乙酉

10月12日：三区政府代表阿合买提江、阿巴索夫等来乌鲁木齐与张治中等进行谈判；

12月：由乌鲁木齐至哈密与甘肃邮政联运班车运行。

1946年（民国三十五年）丙戌

7月1日：新疆民主联合政府正式宣告成立。张治中任主席，阿合买提江、包尔汉任副主席，屈武任迪化市市长。

1947年（民国三十六年）丁亥

2月初：董必武派中共联络员彭国安随阿巴索夫由南京来乌鲁木齐，指导地下革命活动。三区"民主青年团"与乌鲁木齐"共产主义者同盟"合并，组建"新疆民主革命党"；

5月28日：南京政府任命麦斯伍德为新疆省主席，乌鲁木齐出现大批反麦传单，吐鲁番随之发动暴动。

1948年（民国三十七年）戊子

8月28日：乌鲁木齐地下革命组织应邀派罗志等人前往北平参加中国人民政治协商会议，因飞机失事，中途遇难，继派涂志前往参加；

9月16日：中共中央派邓力群同志由苏联经伊犁来乌鲁木齐，指导新疆和平起义；

9月24日：陶峙岳召集原国民党军队驻新疆部队师以上军官会议，酝酿和平起义；

9月26日：原省政府委员发出通电，宣布起义，并于当日组成新疆省临时人民政府；

10月3日：以屈武为团长的"新疆各族各界欢迎人民解放军入疆代表团"由乌鲁木齐出发，五日抵达酒泉，受到彭德怀等领导同志的亲切会见；

10月20日：中国人民解放军战车第五团进驻乌鲁木齐，并于当晚接管城防；

10月24日：中国人民解放军六军十七师空运抵乌鲁木齐；

10月25日：中国人民解放军、三区革命军、国民党起义部队在乌鲁木齐胜利会师；

12月17日：省、市人民政府宣布成立。

1950年

2月12日：中国人民解放军迪化警备司令部成立；

7月11日：中苏民用航空公司北京至阿拉木图航线开始通航。

1952年

7月7日：坐落在迪化水磨沟的新疆七一棉纺织厂举行开工典礼；

8月1日：新疆八一农学院成立；

10月1日：新疆十月汽车修配厂开工投产；

12月：红雁池水库引水渠与和平渠配套工程全部完成，并交付使用。

1953年

12月30日：苇湖梁电厂第一台机组投产发电。

1958年

5月10日：乌鲁木齐库尔勒公路全线通车。

1984年

12月5日：乌鲁木齐火车站面积为8390平方米的新候车楼投入使用。

1986年

3月5日：乌鲁木齐新建的卫星地面站开通乌鲁木齐至北京、广州的全自动和半自动卫星电话线路；

7月8日：乌鲁木齐国内卫星通信地球站开通。

1987年

4月1日：乌鲁木齐—成都的114次列车正式开通；

5月4日：新疆艺术学院在乌鲁木齐市成立。

1988 年

1月10日：乌鲁木齐—奎屯临时列车开运；

8月1日：乌鲁木齐无线寻呼中心正式开通。

1990 年

4月26日：新疆专用汽车厂试制成6151型绞接客车，结束了乌鲁木齐不能生产大型客车的历史；

9月7日：总投资约14亿元的乌鲁木齐石化总厂聚酯工程开工。

1992 年

6月23日：中国乌鲁木齐—哈萨克斯坦共和国阿拉木图国际旅客列车开通仪式在乌鲁木齐隆重举行；

7月30日：经测定亚洲大陆地理中心（简称亚心）位于北纬43度40分37秒，东经87度19分52秒，实地位置确定在乌鲁木齐县永丰乡包家槽子村境内，距乌鲁木齐市30多千米。

1993 年

8月26日：新疆第一家股份制试点企业——乌鲁木齐友好股份有限公司成立；

12月26日：高新技术产业开发区挂牌"国家高新区"。

1995 年

3月20日：乌鲁木齐—霍尔果斯通信光缆线路铺通，亚欧光缆中国短到此全线贯通；

9月14日：兰新铁路复线正式开通运营。

1996 年

9月1日：1996年乌鲁木齐对外经济贸易洽谈会开幕。

1998 年

7月30日：位于乌鲁木齐东南郊的柴窝堡湖西南引水工程试通水成功；

8月20日：吐（鲁番）—乌（鲁木齐）—大（黄山）高等级公路举行通车典礼，结束了新疆没有高等级公路的历史。

2000 年

8月1日：新疆八一钢铁股份有限公司成立并揭牌；

11月3日：乌鲁木齐—奎屯高速公路全线通车；

11月6日：乌鲁木齐市宽带城域网工程启动。

2001 年

5月28日：香港优势博览会·乌鲁木齐举行；

9月1日—8日：第十届乌鲁木齐对外经济贸易洽谈会举行；

9月22日—26日：2001乌鲁木齐丝绸之路国际服装服饰节暨乌鲁木齐国际服装服饰品牌展示会举行。

2006 年

8月8日—10日：第七届亚太城市首脑会议在乌鲁木齐举行；

12月8日：中泰化学成功上市，推动乌昌工业发展。

2007 年

8月1日：乌鲁木齐市米东区正式成立。

2008 年

北京奥运会火炬传递活动在乌鲁木齐举行。

2009 年

9 月 12 日：新组建的乌鲁木齐职业大学正式成立。

2012 年

10 月 15 日："田"字型快速路网（一期）工程实现全线通行。

2013 年

1 月 29 日：大众汽车在新疆生产的第一辆轿车在乌鲁木齐经济技术开发区（头屯河区）下线；

5 月 28 日：乌鲁木齐文化产业园在八道湾开园；

10 月 19 日："田"字路二期工程全面开工，乌鲁木齐进入高架时代。

2014 年

3 月 20 日：乌鲁木齐地铁 1 号线土建工程开工仪式举行；

9 月 25 日：乌鲁木齐克南高架东延工程全线贯通。

（杜雪巍辑）

参考书目

蔡锦松著：《盛世才在新疆》，河南人民出版社1998年版。

乌鲁木齐市地方志编纂委员会编辑室编：《乌鲁木齐》（内部发行），1987年5月初版。

于维诚著：《新疆建置沿革与地名研究》，新疆人民出版社1986年2月第1版。

甘肃省古籍文献整理编译中心编：中国西北文献丛书二编第一辑之《西北稀见方志文献》第五卷之（清）和瑛撰：《三州辑略》卷八。

魏长洪著：《魏长洪新疆历史文选》，新疆大学出版社2013年4月第1版。

王树枬纂：《新疆图志》（一），新疆人民出版社2015年4月第1版。

吴蔼宸著：《历代西域诗抄》，新疆人民出版社1982年2月第1版。

中国西北文献丛书第一辑《西北稀见方志文献》第六十卷《新疆四道志》。

王希隆：《新疆文献四种辑注考述》之（清）永保撰《乌鲁木齐事宜》，甘肃文化出版社1995年12月第1版。

昝玉林著：《乌鲁木齐史话》，新疆人民出版社1983年1月第1版。

中国西北文献丛书·第四辑：《西北民俗文献》第二卷之黄壶州：《红山碎叶》。

《乌鲁木齐文史资料》第四辑，新疆青少年出版社。

新疆社会科学院历史研究所编：《"清实录"新疆资料辑录》12卷，新疆大学出版社2009年8月第1版。

1998年《新市区文史通讯》第1辑,2004年《沙区文史》第5辑,2005年《水磨沟区文史》第八辑,仲应学著文"迪化屯堡"。

仲应学著:《新疆史海觅宗》。

窦谦作编著:《乌鲁木齐记忆》,新疆摄影美术出版社2006年8月第1版。

乌鲁木齐市党史地方志编纂委员会编:《乌鲁木齐市志》第三卷经济(上),新疆人民出版社1997年10月第1版。

甘肃省古籍文献整理编译中心编:中国西北文献丛书二编·第一辑:《西北稀见方志文献》第三卷之(清)阚凤楼原纂、吴廷燮补编《新疆大记》。

《天山区文史》47期,2000年,仲应学之"乌鲁木齐清代第一座城池——屯城"。

《乌鲁木齐文史资料》第五辑,新疆青少年出版社1983年8月第1版。

乌鲁木齐晚报社编:《新疆博闻录》内部资料。

齐清顺:《清代新疆汉民族的文化生活》,载《新疆大学学报》1996年第4期。

新疆维吾尔自治区对外文化交流年协会编:《满族民俗文化》,新疆美术摄影出版社、新疆电子音像出版社,2008年7月第1版第76页。

纪大椿主编:《新疆历史词典》,新疆人民出版社1994年8月第1版。

周轩著:《清宫流放人物》,紫禁城出版社1993年7月第1版。

纪大椿著:《新疆近代史论文选粹》,新疆人民出版社2011年7月第1版第338页。

甘肃省古籍文献整理编译中心编:中国西北文献丛书二编·第一辑《西北稀见方志文献》第七卷之(清)佚名纂《迪化乡土志》。

中国西北文献丛书二编·第二辑:《西北史地文献》第三卷之(清)长庚撰《乌鲁木齐守城纪略》。

管守新著:《清代新疆军府制度研究》,新疆大学出版社2002年6月第1版。

新疆师范大学文学院博士文丛之姚晓菲编著:《明清笔记中的西域资料汇编》之椿园七十一之《西域闻见录》卷六《布拉敦、霍吉占叛亡纪略》,学苑出版社2016年3月第1版。

曾问吾著:《中国经营西域史》,《新疆文库》编辑委员会、新疆人民出版社2014年2月第1版。

［英］包罗杰著:《阿古柏伯克传》,商务印书馆1976年第1版。

苗普生、田卫疆主编:《新疆史纲》,新疆人民出版社2004年3月第1版。

齐清顺著:《当午耕耘录》,新疆人民出版社2011年7月第1版第272页,转引自何维扑《刘襄勤史传稿》。

吴晓霞编:《新疆风土杂记》之茅盾著"新疆风土杂忆"文,新疆美术摄影出版社2009年版。

中国人民政治协商会议乌鲁木齐市委员会文史资料研究委员会编:《乌鲁木齐文史资料》(第五辑),新疆青少年出版社1983年版。

陶葆廉著(西北行纪丛书)《辛卯侍行纪》甘肃人民出版社2002年1月第1版。

陶葆廉口述、刘永亨撰:《陶勤肃行述》。

《新疆通志》第15卷政务志·政府,新疆人民出版社2006年12月第1版。

陈理、李德龙:《新疆巡抚饶应祺稿本文献集成》北京:学苑出版社2009年版。

《清史列传》,新疆大臣传五,中华书局。

朱寿朋:《光绪东华录》,中华书局,1958年。

曹尚亭:《吐鲁番五千年》(下卷),新疆大学出版社,2007年。

［俄］尼·维·鲍戈亚夫连斯基:《长城外的中国西部地区》,商务印书馆,1980年。

谢彬:《新疆游记》,新疆人民出版社,2001年。

李寰:《新疆研究》(下卷),重庆印书局,1944年。

台湾中央研究院近代史所编:《海防档·电缆》,台北出版社,1957年。

新疆维吾尔自治区地方志编纂委员会编:《新疆通志综合经济志》,新疆人民出版社,1995年。

高健、李芳:《〈清三通奥续通考〉新疆资料辑录》卷211,新疆大学出版社2007年版。

《新疆通志·外事志》,新疆人民出版社1995年版。

锋晖编:《广禄回忆录——时任民国驻中亚领事的回忆》,社会科学文献出版社2013年7月第1版。

陈慧生、陈超著:《民国新疆史》,新疆人民出版社2007年10月第1版。

包尔汉著:《新疆五十年》,文史资料出版社1984年版。

杨增新著:《补过斋文牍》和《杨增新日记》,文海出版社影印本。

宫碧澄文:《杨增新之死》,载于《新疆文史资料选辑》第三辑新疆人民出版社1979年8月第1版第29页。

《新疆文史资料选辑》第十四辑:《杨增新轶事》张其英遗稿,新疆人民出版社1985年4月第1版。

潘祖焕遗稿:《杨增新治新种种》,载《新疆文史资料选辑》第三辑1979年版。

买玉华著:《金树仁统治时期的新疆政治与社会》,新疆人民出版社2014年9月版。

刘向晖、陈伍国著:《隐没戈壁的历史碎片》,新疆美术摄影出版社2007年7月第1版。

吴蔼宸著:《边城蒙难记》新疆人民出版社2010年4月第1版第8页。

新疆政协文史资料第79辑:《新疆抗战编年纪事》(1931—1945)序言。

宫碧澄:《国民党在新疆的活动点滴》,《新疆文史资料选辑》第五辑。

《金绍先文政论丛稿——海峡情思》,团结出版社,1993年7月。

《新疆文史资料选辑》,第14辑第79页。

丁剑著:《吴忠信传》,人民出版社,2009年12月第1版。

《新疆文史资料选辑》第七辑,第136—137页。

张治中著:《张治中回忆录》,华文出版社2007年版。

张治中著:《从迪化会谈到新疆和平解放》,新疆人民出版社1987年10月第1版。

图书在版编目（CIP）数据

乌鲁木齐传：一带一路上的璀璨明珠 / 杜雪巍著 . —— 北京：新星出版社，2024.6

（丝路百城传）

ISBN 978-7-5133-5672-5

Ⅰ . ①乌… Ⅱ . ①杜… Ⅲ . ①文化史 – 研究 – 乌鲁木齐 Ⅳ . ① K294.51

中国国家版本馆 CIP 数据核字 (2024) 第 103222 号

出版指导 陆彩荣
出版策划 马汝军 简以宁

乌鲁木齐传：一带一路上的璀璨明珠
杜雪巍 著

责任编辑 简以宁	**责任校对** 刘 义
责任印制 李珊珊	**装帧设计** 冷暖儿 闫 鸽
内文排版 刘洁琼	

出 版 人 马汝军
出版发行 新星出版社
　　　　　（北京市西城区车公庄大街丙 3 号楼 8001　100044）
网　　址 http://www.newstarpress.com
法律顾问 北京市岳成律师事务所
印　　刷 天津裕同印刷有限公司
开　　本 660mm×970mm　1/16
印　　张 20.75
字　　数 300 千字
版　　次 2024 年 6 月第 1 版　2024 年 6 月第 1 次印刷
书　　号 ISBN 978-7-5133-5672-5
定　　价 89.00 元

版权专有，侵权必究。如有印装错误，请与出版社联系。
总机：010-88310888　　传真：010-65270449　　销售中心：010-88310811